社会工作抗疫丛书

要发挥社会工作的专业优势，

支持广大社工、义工和志愿者开展

心理疏导、情绪支持、保障支持等服务。

习近平

2020年2月23日

社会工作抗疫丛书

献给

在那段不平凡的日子里

发挥专业优势、参与疫情防控的广大社会工作者

丛 书 组 编 中国社会工作教育协会
丛 书 主 编 马凤芝
丛书执行主编 沈 黎

社会工作抗疫丛书

社会组织参与新型冠状病毒感染疫情防控实务案例

上海爱德公益研究中心 主编

華東理工大學出版社
EAST CHINA UNIVERSITY OF SCIENCE AND TECHNOLOGY PRESS

图书在版编目(CIP)数据

社会组织参与新型冠状病毒感染疫情防控实务案例/上海爱德公益研究中心主编.—上海：华东理工大学出版社，2023.12
(社会工作抗疫丛书/马凤芝主编)
ISBN 978-7-5628-7472-0

Ⅰ.①社… Ⅱ.①上… Ⅲ.①新型冠状病毒-病毒病-社会组织-参与管理-疫情管理-案例-中国 Ⅳ.①R512.93

中国国家版本馆CIP数据核字(2023)第257261号

策划编辑 / 刘 军
责任编辑 / 孟媛利
责任校对 / 王雪飞
装帧设计 / 徐 蓉
出版发行 / 华东理工大学出版社有限公司
地址：上海市梅陇路130号，200237
电话：021-64250306
网址：www.ecustpress.cn
邮箱：zongbianban@ecustpress.cn
印 刷 / 上海雅昌艺术印刷有限公司
开 本 / 889 mm×1194 mm 1/32
印 张 / 10.5
字 数 / 252千字
版 次 / 2023年12月第1版
印 次 / 2023年12月第1次
定 价 / 89.00元

内容提要

本书从社会服务机构、基金会、社会团体、社会组织联合行动四个方面，对 25 个组织的疫情防控实践进行描绘与分析，客观呈现了在党和政府领导下的新型冠状病毒感染疫情防控中社会组织的行动、成效和经验，对社会组织的行动进行了总结和提炼，可为社会工作行业今后更好地配合政府应对突发性公共卫生事件提供借鉴。

本书的出版得到了基金会救灾协调会和浙江敦和慈善基金会的资助以及由中国慈善联合会、浙江敦和慈善基金会联合开展的中国青年慈善学人“敦和·竹林计划”的支持。

社会工作抗疫丛书

主编序言

2020年年初，突如其来的新冠疫情横扫中华大地。此次疫情百年未遇，波及范围广泛。在疫情突发、全国人民齐心协力抗击疫情的日子里，中国社会工作教育协会和全国社会工作专业院校的师生经历了个人生活与专业实践整合、个人生活与国家社会命运联结的一段特殊又非凡的岁月。总结那些日子社会工作参与疫情防控工作的实践经验，对发挥社会工作在应对突发疫情时和疫情防控工作中的角色功能，完善突发社会公共卫生事件应急治理体系，以及提升国家治理能力具有重要意义。

一、坚守社会主义核心价值观和社会工作伦理，迅速行动，主动作为担当

新冠疫情发生伊始，中国社会工作教育协会在第一时间就发出了倡议，号召社会工作专业参与疫情防控，号召会员单位、社会工作专业师生积极行动，发挥社会工作专业的独特作用，根据自身情况，以各种方式参与到疫情防控工作中。同时，中国社会工作教育协会提出了组织高校社会工作专业师生参与疫情防控工作的原则，并做了具体的工作部署。

第一，社会工作专业要积极行动，承担专业责任。有关高校要积极响应习近平总书记和党中央的号召，发挥社会工作专业的独特功能，在积极参与国家重大事件中彰显专业能力，承

担专业社会责任。

第二，明确提出在党和政府统一领导下工作的原则。社会工作专业参与疫情防控工作，要主动寻求党和政府指导，在党和政府统一指挥下，积极建言献策，提供社会工作专业服务。

第三，提出了社会工作服务的模式和初步设想。社会工作专业师生参与疫情防控工作，要在地方民政部门和卫健委协调下，建立社会工作联合服务组织和网络平台，统一发布信息，统一调配资源和人手。

第四，提出了社会工作参与疫情防控工作的重点领域和服务内容。在疫情防控中，社会工作专业重点服务社区和医疗场所两个场域。社会工作专业部门要积极联合民政部门和卫健委，在当地民政部门和卫健委的部署领导下，为医护人员及其家属提供减压服务，为病患及其家属提供心理和情绪疏导服务，为社区工作者提供培训和支持服务，宣传社区疫病预防知识，关注社区弱势群体需要并提供相应服务。此外，社会工作专业部门要在志愿者服务培训方面开展专业服务。

为组织协调疫情防控工作，中国教育协会成立了中国社会工作教育协会社会工作参与疫情防控工作小组，副会长和副秘书长分工负责各片区相关工作，组织和协调全国高校社会工作专业师生、会员单位参与疫情防控工作。在中国教育协会的号召和组织下，各高校社会工作专业师生和会员单位积极行动，发挥社会工作专业的独特作用，以各种方式参与了抗击疫情工作。

二、 用专业知识服务疫情防控工作

在疫情防控工作的第一阶段，在社会工作机构和社会组织行动起来的情况下，迫切需要对疫情防控工作中的社会工作专业服务规范做好指引，以保证社会工作服务品质和对社会需求的有效回应。为打好打赢这场没有硝烟的疫情防控人民战争，中国社会工作教育协会第一时间召集11所高校的社会工作专家学者编写了《社会工作参与新型冠状病毒肺炎疫情防控工作实务指引》（以下简称《指引》），他们在两天时间内完成了编写任务，第三天就在中国社会工作教育协会的“社工抗疫之声”公众号上发布，供全国社会工作机构和基层社区工作者使用。此《指引》不仅对指导会员单位参与疫情防控工作发挥了作用，还指导社会工作师生专业规范地回应社会需要，为灾区群众提供服务，更为社会工作机构和社区工作者参与疫情防控提供了及时的专业服务指引，得到了业内广泛好评。随着疫情的变化及前线的试行使用，我们也不断地对《指引》进行了补充和完善。

在新冠疫情防控的关键时期，习近平总书记要求把人民群众生命安全和身体健康放在第一位，制定周密方案、组织各方力量开展防控，采取切实有效措施，坚决遏制疫情蔓延势头。为了传播社会工作疫情防控的理论和方法、链接资源、沟通消息、对公众进行疫情防控知识宣传教育、预防社会问题的发生，中国社会工作教育协会设立了“社工抗疫之声”微信公众号，以此为阵地，在线上及时发布面向一线社区工作者、专业社会工作机构、社区志愿者、社区居民等群体的社区抗疫防疫的相关知识和信息。从2020年2月初到5月，“社工抗疫之声”微信公众号累计发文200余篇，阅读量达10万余人次。根据疫情防控工作的需要，中国社会工作教育协会的服务水平不断提升，实现了从线下到线上，从社区到家庭和个人，从公众教育到丧亲者的哀伤辅导与家庭复原和社区防疫力抗疫力建设的飞跃。为了给前线社会工作者、社区工作者和志愿者提供支持，中国社会工作教育协会特别设计、组织开设了社会工作参与新冠疫情防控在线课程，通过直播、录播、沙龙、论坛等多种形式，依据抗疫一线工作人员的情况反馈，针对社区抗疫情况不断增设培训课程，为全国社会工作者、社区工作者和志愿者提供服务指引课程、线上服务模式课程、危机干预以及专门的哀伤辅导课程。截至2020年5月，在民政部慈善与社会工作司的指导下，中国社会工作教育协会开播了13个系列的公益性社会工作疫情防控专题课程，课程总时长近120小时，学习者超8万人次，受到社会各界的认可和好评，发挥了社会工作教育为前线社会工作参与疫情防控提供专业支持的作用。

2020年2月23日，习近平总书记出席统筹推进新冠肺炎疫情防控和经济社会发展工作部署会议并发表重要讲话，他特别指示："要发挥社会工作的专业优势，支持广大社会工作者和志愿者开展心理疏导、情绪支持、保障支持等服务。"习近平总书记的话是对全国社会工作者参与疫情防控工作的鼓励和肯定。

三、 专业精准评估，科学施策服务

社会工作参与疫情防控工作，有一定的理论支撑，有一套方法技术，其在疫情防控各阶段对个人、家庭、社群的社会需要的回应及其专业服务，涵盖了从宏观社会政策倡导到微观社群服务等方面。

新冠疫情的影响范围是全国性的，波及全国范围内的社区、家庭和个人，对社会经济运行和人民生活产生了严重影响。国内外的历史经验表明，如果一个国家在发生重大社会公共卫生事件时救灾和响应机制不完善，应对出现重大失误，就有可能引发社会动乱，甚至影响到整个国家的稳定。突发疫情对整个社会提出的问题是：疫情防控期间如何组织社会生活？如何预防疫情连带而来的社会问题的出现？为了预防和解决诸多社会问题，社会工作应当为社区、家庭、个人提供什么帮助，以满足疫情防控状态下的特殊需要，保证社区、家庭和个人与社会间良好的社会联结，进而保持社会秩序稳定，使人们保持身心健康？

新冠病毒传播异常迅速，波及范围广泛，给人们造成了巨大的伤痛。疫情暴发初期，社会工作专业教育者所具备的“专业敏感”告诉我们，此时社会工作需要即刻行动，回应因疫情产生的社会需要，这主要基于专业的预见和判断：第一，由于疫情防控需要所采取的各项措施在保护生命的同时，将对社会经济运行和人民生活产生严重影响，因此需要对公众进行疫情防控知识宣传和教育，关注公众的社会心理反应。第二，要关注社会弱势群体的需求满足和因其脆弱性而产生的问题，因为突发的社会公共卫生事件对不同社会成员的影响是不同的。社会弱势群体，在具体的社区封控期间的就医、信息掌握、资源获取、能够获得的社会支持网络的质量和数量，以及与社会的联结形态等方面，与其他社会成员相比大都有所不同，其所拥有的金钱与物质保障也不同。社会工作者要对这些群体及时进行需求评估，并且制定好预防问题发生和解决问题的方案。

突发的疫情和疫情防控工作的特殊性对传统社会工作服务

提出了挑战。全国各地都有不同的服务需求，特殊时期的服务方式与之前的危机干预社会工作有很大不同。为回应需要，除线下服务外，中国社会工作教育协会依托各专业委员会，根据疫情防控工作的进展，先后组织建立起十多支协会统一领导的服务工作队伍，有计划、有针对性地开展疫情防控社会工作服务和研究，形成了线上远程跨区域服务模式、线上下沉社区服务模式、线上远程国际社区服务模式等创新性的服务模式。

疫情防控是全民共同参与的总体战、阻击战，是一项“系统工程”，每个环节都不容忽视。打赢疫情防控战，有两条关键战线：一是医疗战线，即医生治病救人；二是社区战线，即人们居家阻断传染链。因此，医院和社区成了社会工作重点服务的领域，而社区防控工作成效直接影响着疫情防控战的成败。

居家防疫状态下，社区成了一个封闭的小社会，所有的社会生活需求都要在社区中得到满足，各种原本潜在的个人、家庭、邻里间的问题和矛盾同样可能因封闭的环境而集中显现，满足人们需要的资源因疫情防控等特殊条件会捉襟见肘，由此形成社区需求与回应需要满足能力间的聚集性张力。人们在疫情防控这种特定情境中生活，围绕家庭成员患病和治疗所产生的紧张、焦虑，会带来个体的“心理健康”问题，人们会因生活不便而产生不满甚至愤怒情绪。上述所有问题集中呈现，便形成了对社区工作的“挤兑”，稍有不慎就会激化出不可收拾的矛盾，这些也考验着社会和社区的治理能力。此时社会工作者需要即刻行动，回应因疫情而产生的社会需要，服务社区、家庭和个人。第一，服务社区。关注每个人、每个家庭，给社区中弱势群体以关怀，特别是关注弱势群体的需要满足和服务，包括独居老人、留守儿童、残疾人以及低收入家庭等，使他们的生活不因信息和物资匮乏而受困。第二，支持在疫情下负重“逆行”的社区和各部门工作者、志愿者开展服务工作，对这些人进行社区工作方法和技能培训，使之为社区提供有效能的服务，防止因知识不足而导致工作疏漏。

四、从优势视角出发增能社区，以能力建设增强社区团结和社会联结

疫情防控是对社区治理能力的考验，既要有强大的行政工作力量组织起有序的社区生活，又要有精细化的社会工作力量去满足社区居民需求并破解各种难题。专业的社会工作与行政性的社区工作目标一致、工作对象上有交叉点，但不等于行政工作。例如，在突发的疫情面前，社会工作专业以专业知识、价值评估疫情防控可能对社会经济运行和人们正常生活带来的影响，从提供满足社群需要的服务到为预防社会性问题发生而进行的公众宣传教育，从心理辅导、情绪支持到为弱势群体提供物质援助，致力于预防和解决问题，提升个人和社区解决问题的能力。其背后是社会工作以人为本、尊重和重视人的价值基础和专业工作理念。

第一，以人际联结增强个人和社区的心理纽带和联结感，促进个人和社区的心理健康。

社会工作和心理咨询都强调处理疫情防控下可能产生的心理健康问题，都会教授人们通过自我情绪疏导法来缓解各种紧张和焦虑问题，都会从公众宣传教育入手，让每个人掌握与疫情防控有关的知识并获得安全感，以预防和消除恐慌、紧张和

焦虑等不良心理。但社会工作强调人与社会的联结是个人、社群心理社会功能良好发挥的前提条件，认为心理健康问题既是个体的问题，又与其所处的环境有密切关系；社会工作强调和关注社会结构因素、社会环境和社会脉络对人们生活的影响，注重个体与社会关系的状态，强调每个人良好的身心健康离不开良好的社会联结下的人际关系。为此，中国社会工作教育协会疫情防控社会工作的服务方案都强调关注弱势群体，特别是疫情中的独居老人、残疾人、留守儿童和低收入家庭，关注他们与社区的联系情况，重视消除社会排斥，以社区联结和人际纽带为个体和家庭增添力量，促进社区心理健康。在疫情防控中，社会工作注重评估了解社区资源和运用生物—心理—社会方法，并将此方法运用到我们的技能培训中，以支持服务对象、患者和社区。

第二，关注弱势群体需要，实现公平正义。

社会工作注重以人为本，关注疫情中弱势群体的社会处境。在突发疫情和公共卫生事件中，不同的社会阶层、不同的地理位置受疫情影响的状况不同。社会工作关注个体和社群与更广大社会系统的联结，消除不平等，防止在马太效应下脆弱人群的劣势积累。例如，疫情防控下边远贫困地区低收入家庭青少年停课期间是否因没有学习所需的手机或电脑而无法正常学习？在新媒体技术快速发展的背景下，对某些弱势群体不利处境的关注也是十分重要的议题。

第三，建设关怀社区，以社区凝聚力促进社区团结互助，提升社区抗逆力。

社区对个体来说蕴含积极的社会意义。“社区”包含两种情况，一种是指居住在同一地域上的社群，另一种是指具有某种共同身份认同的功能社群。这两种社区结合在一起形成了人际关系网络。对于现代人来说，每个人既是所居住地域的一分子，又属于某一社会团体。“社区”具有以下特征：一是社区成员具有“感情联结”；二是“特殊主义”取向，不同于“公事公办”“不讲情面”的“普遍主义”取向；三是集体取向，认同整体利益和由此引发出的集体身份认同，以实现整体利益为出发点的“利他主义”行为和个人对集体的忠诚与投入。由以上特征发展出社区成员间基于“我们”认知上的归属感和认同感，并进一步发展出“社区意识”。社会工作强调社区应该被视为一个网络，包括非正式人际关系网络，在社区中每个人因为血缘联结、共同兴趣、居住地域、友情、工作等关系联结起来。网络内的各部分都发挥功能，以个人或集体的形式去回应他人的困境，帮助面对困境的人士。

疫情防控社会工作在社区中的工作方案和实务的目标是：第一，维持每个人的社区生活和社区联结，使生活在社区里的人们团结起来，具有归属感，建立友谊；第二，强调建立关怀社区，让家庭和社区积极参与疫情防控工作并为社区和邻里提供支援，建立有效的支持系统和网络，增强社区的团结互助，增强社区抗逆力。

第四，以优势视角助力社区能力提升。

社会工作关注每个人的身心健康。身心健康是个人乃至家庭和社区发挥良好社会功能的基础和条件。如前所述，社会工作能够清楚地评估和辨识出在疫情防控处境中可能出现的个体身心健康和社区问题，但社会工作解决问题的理念不同于单纯的心理咨询或心理辅导。社会工作对“心理健康”问题不做个人归因，而是将个人问题放到社会脉络中，认为需求未被满足是问题产生的原因，因而个人问题背后都有结构性的原因；将人们与社会、社区和家庭进行联结，而不是将问题简单归结于个人或者个人心理问题。社会工作并不是一味给予，而是做能力建设、能力提升。社会工作者相信，每个人、每个家庭和每个社区都存在资源，可以用于解决问题，克服困难，使其进步和成长。因此，在疫情防控中，人们需要团结，需要互相扶持，需要相互信任，也需要理解和包容。为社区增能，发掘、激发和调动社区资源，进行社区能力建设，是消除问题的根本之计。以社区为本的疫情防控社会工作强调从治理角度到服务意识的转变。在疫情防控中，如何让生活在同一个社区里的人意识到“我们在一起”的重要性，团结合作，理解包容，从而带给邻居、他人友谊和温暖，需要社会工作者对社区生活有充分的了解，也需要社会工作者更好地认识社区脉络、社会结构、人际联结、人际关系的重要性。

疫情防控社会工作服务方案包含对有需要的个人、家庭、社区及所涉及的各类人群的服务。社会工作者应采取以社区为本的策略，在社区中满足需求，化解矛盾，促进社区能力的提升，为疫情防控筑牢社区这道防线。围绕社区赋能的目标，中国社会工作教育协会组织专家力量，在2020年1月27日筹备完成并陆续实施了下述工作和服务：① 开展“2＋3”线上社区下沉抗疫服务；② 开展“隔离人员”线上社会支持服务；③ 进行医护人员及其家属心理社会支持服务；④ 进行社区工作者心理社会支持服务；⑤ 建立全国高校社会工作专家服务库；⑥ 组织成立社会工作者志愿服务团队；⑦ 建立资源和服务人员需求信息发布平台，以统一调配资源和服务；⑧ 建立与政府部门协调工作的渠道；⑨ 通过线上服务平台，招募资深社会工作者为医护人员提供线上心理疏导解压服务。疫情防控社会工作服务分布在全国各地，形成了多领域的服务模式，包括武汉市江汉区北湖街“2＋3”线上社区下沉抗疫服务项目，黄冈市新冠疫情防控服务项目，黑龙江省“1＋4 政社联动”新冠疫情社区防控社会工作支持项目，陕西省社会工作抗击疫情专业支持服务体系建设项目，天津市河东区抗疫情暖心医护人员支援服务计划项目，北京市社区守护者服务项目，湖北青少年、家庭和亲子服务项目，湖北地区养老院服务项目。

中国地域辽阔，人口众多，自然灾害频仍，疫情和突发公共卫生危机也考验着各级政府的社会治理能力。认真总结疫情防控中社会工作的实践经验，将社会工作纳入社会风险防控体系和常态工作中，是实现国家治理体系和治理能力现代化的重要举措。“社会工作抗疫丛书”既是中国社会工作教育工作者在疫情防控工作中的记录，又是对社会工作参与疫情防控工作的实践经验总结的成果，更是社会工作教育者知识传播、教育和知识生产角色与责任的体现。

社会是一个系统，其中的各部分相互影响。社会工作的专业功能在于帮助个人、群体和社区解决因一时或某种社会结构性障碍导致的社会功能失调，以及由此产生的困难和问题，通过专业方法进行公众教育，进而预防问题的发生，同时增强个人、群体和社区的抗逆力。从本质上说，社会工作是社会福利制度的操作化表达，社会福利制度的功能和作用通过社会工作的服务传递出去，以实现社会福利的制度目标。社会工作参与疫情防控工作，就是发挥社会工作作为社会福利制度传递系统的功能，对突发疫情中发生的公共危机和弱势群体的处境进行危机干预，发挥其社会稳定机制的作用。

谨以此文纪念那段不平凡的日子，为社会工作参与、完善疫情防控和突发公共卫生危机应急响应体系、提升危机防控和治理能力提供经验借鉴。

是为丛书序。

中国社会工作教育协会副会长兼秘书长

北京大学社会学系教授

马凤芝

2023 年 8 月 9 日

本书序言

进入21世纪以来，随着经济全球化的发展和人类活动的加剧，地球正面临着前所未有的挑战。工业化的快速发展、城市化的不断推进，自然灾害和全球性公共卫生事件频发，公共卫生问题日益凸显，不仅给人们的生命财产带来巨大损失，也严重影响了社会的稳定和可持续发展。

大灾面前有大爱。面对灾害，从政府到民间，从社会组织到企业，无不迸发出巨大的责任担当，展现了中国特色的灾情应对与解决之道。“物有甘苦，尝之者识；道有夷险，履之者知。”在政府主导、社会协同、公众参与的灾情应对模式中，社会组织上传下达、内接外联，架起了社会各界联系与合作的桥梁，活跃于抗灾救灾工作。特别是在过去三年多抗击新冠疫情实践中，从线上到线下，从国内到国际，从社会团体到基金会，再到社会服务机构，从应急物资捐赠到心理支持服务，再到社区防控、特殊人群服务、助力复工复产以及疫后社区关系重建等，社会组织作为参与社会治理主体中的重要力量，发挥了不可替代的作用，在公共卫生领域彰显了其独特价值。各类社会组织知难而进、迎难而上，形成了诸多宝贵的实践经验。

然而，我们必须看到社会组织成规模参与应对公共卫生突发危机尚属首次，面临着专业技能不足、参与方式有限、联合协作不够、信息披露不充分等问题。有鉴于此，上海爱德公益研究中心于2020年6月受基金会救灾协调会委托，开始编撰《社会组织参与新型冠状病毒感染疫情防控实务案例》，针对2020年社会组织响应抗击新冠疫情的行动、成效和经验进行梳理，希望能集行业众家智慧进行反思、复盘和变革，为行业今后更好应对突发公共卫生危机提供借鉴。

本书是对民间社会组织参与抗疫救援的建设性表达，分为社会服务机构行动编、基金会行动编、社会团体行动编和社会组织联合行动编四个部分，挑选了各领域较具特色的组织为案例对象。在操作层面，各部分通过对不同社会组织参与抗疫救援行动的研究，有针对性地对其行动理念、思路、方式和成效进行还原、总结和反思。这些生动丰富的行动研究案例，展现了社会组织各尽其能回应公众需求的行动过程，以及其在面对突发危机时的疑惑和困境。这些行动机构或扎根一方社区，推动韧性社区的构建；或围绕具体的弱势群体，展开精准救助；或联合行业力量，完善协同机制……每家机构就像一隅离离生长的小草，在自己的领域默默坚守，直到秋雨穿越春夏，铺陈起社会组织参与应急救援的漫山亮色。有些机构的行动和成效或许并不完美，然而他们的行动所沉淀下来的经验却弥足珍贵。

本书的最终问世，令人欣喜、欣慰。全书从案例采编、成稿到正式出版历时三年多，倾注了编撰团队的大量心血和来自一线行动者的诸多思考。其间我国疫情防控经历了应急性超常规防控、应急常态化防控和向“乙类乙管”常态化防控过渡转变三个阶段，编撰团队对案例内容和数量进行了多轮行业投票、价值论证和完善调整。好事不怕磨，慢工出细活。相信等待是为了更好地与读者相遇，迟开是为了更有价值地绽放。

需要强调的是，本书呈现的并非社会组织抗疫行动全貌，也未对此进行理论构建，但是它有其独特的价值，即通过对大量案例的梳理与分析，能够为政府及社会各界了解社会组织在疫情中的作用和处境提供参考，为广大社会组织参与应对重大突发事件和在灾害管理中发挥作用打开新的思路。这些来自民间的生动实践不求放诸四海而皆准，但求成为广大社会组织迈出改进和发展步伐的一份助力。我们可以从实务案例中汲取智慧和力量，化作未来从容应对“风雨”的底气，结合组织使命、宗旨，探寻社会难点、痛点和新需求，承担起社会组织在社会发展过程中应负的主体责任。倘若在以后的灾情应对中，社会组织能够从本书中获得些许有益的启示并付诸行动，当足以慰藉众多辛勤参与此书的编撰者。

独行快，众行远。我们热切地期待行业内外部合作的推进，和衷共济、和合而生，共同面对现实的不确定性，以不变应万变，以变应变、以变治变、以变创变，共创世界更美好的未来。

丘仲辉

中国慈善联合会副会长

爱德基金会理事长

上海爱德公益研究中心理事长

2023 年 8 月

目 录

社会服务机构行动编

基金会行动编

社会团体行动编

社会组织联合行动编

社会服务机构行动编

社会服务机构是我国公益慈善行业重要的组织类别，较基金会所处的行业上游位置，其多半活跃于基层社区，直接面对服务对象。在2020年的疫情防控中，面对严峻的疫情形势，全国社会服务机构充分发挥专业优势，在政府的统一领导下，依法科学有序地参与疫情防控，为大众提供物质支持、心理援助、情绪疏导、人员排查、防护宣传等服务。他们与当地社区、医院、基金会等协同合作，扎根基层一线，号召社会力量积极作出应急响应，尽己所能，主动履行社会责任，彰显了社会工作的使命与价值。

疫情防控期间，社会服务机构凭借天然的专业优势、扎实的社会资本积累，以参与者、协调者和增能者的角色，积极投身于基层防控和社会治理行动中，取得了较好的社会反响。为了能够在较短时间内遏制疫情暴发之势，除了发挥制度优势快速反应外，动员整合零散而多元的民间社会力量作为行政力量的延展与补充亦至关重要。此时间段内，各种诉求、矛盾和利益在危急时刻形成了巨大的张力，亟须为其找到平衡与纾解的路径。在此复杂与紧急的压力情境中，社会服务机构成为多元利益主体间的桥梁与协同力量：一方面，弥补行政力量的失灵，协助政府联络群众、收集信息、落实行动、动员民众；另一方面，链接社会资源，精准对接特殊人群的服务需求，营造互帮互助的社区共同体。

本编选取了四家社会服务机构的疫情行动案例：北京协作者社会工作发展中心抗疫案例、大鱼社区营造CAN计划抗疫案例、恩派公益组织发展中心行动案例和成都市爱有戏社区发展中心抗疫行动案例。这四家社会组织分别代表了社会服务机构里面向服务对象提供直接社工服务的机构（如协作者），或间接提供社工服务的机构（如大鱼社区营造）及支持性社会组织（如恩派）等不同组织类别。这些组织因其定位与服务群体的差别，有着不同的组织行动策略，但在疫情防控期间都运用社会工作专业方法，主动寻求防疫抗疫的行动空间，参与基层治理，实现了组织能力与韧性的提升。

北京协作者社会工作发展中心是一家致力于服务流动人口的社会工作专业机构，疫情防控期间发起了“农民工抗疫救援行动”，打造了“紧急救援—教育倡导—专业支持”三位一体的社会工作介入灾害管理行动模式，解决了以物质救济为主要手段的传统赈灾工作忽视服务对象能力建设的问题。**大鱼社区营造组织**致力于疫情防控背景下社区空间的营造，将被疫情割裂开的个人与家庭重新黏合在一起，关注普通人，实现同频共振，构建社区互助支持网络。在48天的时间里，该组织的**CAN计划**聚集了300多位共创者，发起了超过300场线上会议，组成了20余个行动小组，实现了上万次线上线下的“连接”。**恩派公益组织发展中心**是一家支持性的社会组织，在疫情防控期间坚持秉承“构建社会建设的支持体系”的机构使命，联合各界发起“社区战疫”公益行动，后期逐步转向社区关系重建的工作，整合原有项目和资源，将更多的力量汇聚到抗击疫情的行动中，通过组织内部合作和外部协同转“危”为“机”。**成都市爱有戏社区发展中心**专注于城市社区发展，以“协力构建更具幸福感的社区”为使命，疫情防控期间形成了针对“个体免疫力”“家庭免疫力”“社区免疫力”三个层面的社会工作专业服务模式，依托已有项目资源和社区工作经验，开展了物资筹措、社区宣传、家户管理、心理支持、技术交流、研究推广等工作，助力社区防疫工作顺利开展，并且在疫情缓解后及时提供促进复工复产、抗疫人员支持等社会服务活动，构建“韧性社区”。

社会服务机构具有资源整合和跨领域合作的双重优势，在防疫常态化背景下，更加强调助人自助，增强服务对象的内在动力，提高其抗逆力。社会服务机构动员社会将关注和资源投放到社区，助力社区一线工作者，帮扶受疫情影响的社区脆弱人群，培育居民自组织及志愿者社群，据此建立长效和系统的疫后社区修复机制。随着疫情的发展，社区防疫抗疫需要更多社会资源的共同参与，社会服务机构凭借长期积累的资源优势与经验优势，搭建涵盖疫情咨询、专业赋能、资源对接、经验分享等内容的交流平台，发扬社区参与精神，与政府、企业、社区伙伴和基金会等其他力量一同协作，为社区防疫提供支持，共同组成最坚固的社区防疫防线。在“疫后重建”期，社会服务机构需协助社区建立社区应急机制，提升社区的风险应对能力，筹措与运营社区基金，组建志愿服务队，紧密跟踪疫情发展，实时回应社会需要。可见，各类社会服务机构以其与社会大众结合的紧密性、对各类服务活动需求应对的灵活性、与各级政府合作的连续性等特点和优势，在防疫抗疫中发挥了举足轻重的作用。

（南京大学社会学院　田蓉）

第一章　社工机构如何在灾害管理中发挥优势

——北京协作者社会工作发展中心抗疫案例

疫情的突发性、严重性和紧迫性，使得很多民间社会组织面临着规范性应急机制的缺失或不足，缺少处理重大突发事件的经验与能力等问题，以致显得手忙脚乱。① 如何在疫情防控中发挥社会工作的专业优势，将行政管理与专业服务相结合，是社会治理在新冠疫情大考中亟待解决的问题。北京协作者社会工作发展中心发起的农民工抗疫救援行动，将社会工作专业理念和方法，与能力和脆弱性分析框架有效结合起来。该行动打造的“紧急救援—教育倡导—专业支持”三位一体的社会工作介入灾害管理行动模式，解决了以物质救济为主要手段的传统赈灾工作忽视服务对象能力建设的问题，将疫情防控与社会建设紧密结合起来。② 本章通过对北京协作者社会工作发展中心参与新冠抗疫行动的梳理，期待为行业从业者在应急响应和专业化服务方面提供借鉴。

一、协作者：团结协作，助人自助

北京协作者社会工作发展中心（以下简称协作者）成立于 2003 年，是一家致力于服务流动人口的社会工作专业机构，是民政部第一批全国社会工作服务示范单位。经过 17 年的努力，协作者从只做社会服务的机构逐步成长为集服务、倡导、支持于一体的综合性机构（见图 1 - 1）。

---

① 徐家良. 疫情防控中社会组织的优势与作用：以北京市社会组织为例 [J]. 人民论坛，2020（23）：28 - 31.

② 南京协作者. 协作者在“新时代社会治理共同体与社会工作发展”主题征文大赛中获奖 [EB/OL].（2020 - 11 - 10）[2020 - 12 - 18]. http://www.facilitator.org.cn/news/aboutus01/news-id/890/?ivk_sa=1024320u.

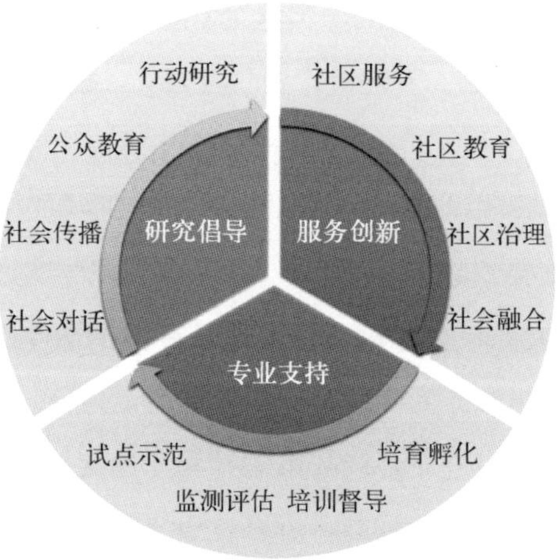

图 1－1　协作者战略服务体系示意图

（一）协作者的成立：让每个弱者都有力量

协作者的发起人一方面都有农村生活的经历，他们觉得有义务去“反哺”农民工这一群体；另一方面，他们认为农民工问题是全球化、城市化影响下的中国社会转型面对的主要挑战，在这一群体身上的任何改革性突破，都会惠及整个社会。因此，他们将农民工群体作为服务对象。

协作者的服务理念是“团结协作，助人自助”。该机构拟通过开展“服务创新—研究倡导—专业支持”三位一体的服务，在回应服务对象现实需求的同时，协助其在服务参与中由受助者成长为助人者，并在实践中总结提炼本土经验，推动本土社会工作和社会组织的发展，最终实现“每个人不再因为地域、职业、文化和性别的差异而遭受歧视，都可以怀抱尊严和梦想，自由地行走在大地上”的组织愿景。

（二）战略服务体系：联动创新管理模式

协作者具有政府、企业、非政府组织、高校及志愿者等多元合作伙伴，在流动人口密集的地区分别建立了南京协作者、珠海协作者、青岛协作者、江西协作者。五地协作者各自独立，相互支援，形成了全国的服务网络。此次农民工抗疫救援活动也是各地协作者联合发起的。

社会组织在我国尚处于发展的初级阶段，能制定明确的战略规划并积极实践的社会组织并不多见。协作者在多年实践中逐步构建了“服务创新—研究倡导—专业支持”三位一体的战略服务体系，以扎根基层的社会工作服务为基础，同步开展行动研究，探索社会创新技术路径和政策建议，进而开展政策倡导和专业支持。此次的抗疫救援也是在这一战略框架下实施的，可以看出当危机来临时，一个机构的应急反应速度取决于长期的服务管理和组织治理程度。

（三）灾害管理经验：发挥社工专业优势

协作者成立后开展的第一项服务是“2003 年农民工抗击非典”的紧急救援行动。在救援工作第一阶段，协作者为面临灾害困境的服务对象开展了物资发放、心理辅导及信息资源传递等服务，发挥了社会工作者的资源协调者、支持者和倡导者的作用。在第二阶段的工作中，协作者为灾后的服务对象及志愿者开展赋权增能服务，发挥了社会工作者教育者、倡导者的作用。此次救援行动输出了《外来工预防“非典”手册》读本，印制、发放 32 900 册；设计、印制预防“非典”海报 5 400 张并进行张贴宣传；开展赈灾志愿者培训 4 期；开展的灾后回访及救助服务使 204 人直接受益。[①]

此后，协作者经过 2008 年农民工应对金融危机干预项目、2017 年冬季紧急救援等一系列农民工灾害管理工作，在紧急救援、减灾能力建设和灾害管理、志愿者网络培育等方面积累了较为丰富的农民工

---

① 李真．从微观到宏观：流动人口社会工作服务项目案例集［M］．北京：中国社会出版社，2017.

灾害管理经验。

二、抗疫救援行动：需求为本，精准援助

2020年新冠疫情暴发于春节假期，农民工群体是春节流动的主要人群。基于2017年农民工服务的经验，协作者判断，该群体受经济条件、社会保障、信息获取能力、社区支持等因素的影响，在疫情中属于高风险、高脆弱性人群。2020年1月22日，北京协作者紧急启动了农民工抗疫救援行动（以下简称救援行动），行动工作模式见图1－2。

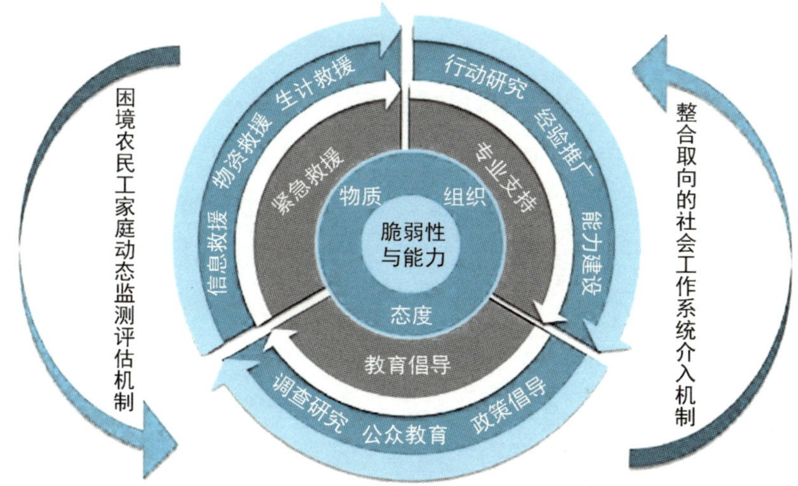

图1－2 “农民工抗疫救援行动”工作模式图①

（一）分析工具：脆弱性与能力分析框架

协作者此次救援行动参考脆弱性与能力分析框架而展开。这一分

① 广州社工．李涛：如何发挥社会工作在灾害管理中的专业功能——基于农民工抗疫救援行动的实践反思［EB/OL］．（2020－11－24）［2020－12－18］．https://www.sohu.com/434037523_748115.

析框架是哈佛大学在20世纪80年代对国际上30个非政府救援项目进行研究时总结的一套工具，它认为，长期而言，紧急救援应以增强人们的能力、降低人们的脆弱性为目标。能力是个人或团体现有的力量，与他们的物质、体力、社会资源、信仰、态度等均有关系；脆弱性会削弱人们应对突发灾难或持续紧急情况的能力，它先于灾难而存在，使灾难更严峻，令人更难做出有效的反应。

协作者运用这一框架，从物质、组织和态度三个层面对服务对象的能力和脆弱性进行了系统分析，基于优势视角与既定的服务战略体系，制定了整合取向的社会工作介入机制，结合动态监测评估，从紧急救援、教育倡导和专业支持三个方面开展行动。

（二）执行内容：三位一体的灾害管理行动模式

在“紧急救援—教育倡导—专业支持”三位一体的灾害管理行动模式的指导下，协作者在疫情中快速识别服务对象的需求，不仅对其开展紧急救援服务以保障其生命安全，还从优势视角出发挖掘其潜能、提升其能力，以实现助人自助，同时通过调查研究、公众教育、政策倡导、行动研究、经验推广等提高社会大众对农民工群体的正确认识以及社会服务的专业化。

1. 紧急救援：个性救援，赋能“弱者”

疫情之下，防疫物资紧缺是大家共同面临的挑战。对农民工群体来说，如何获取与识别科学的信息、如何解决隔离期及复工后的出行和生计、如何避免社会保险的中断或缺失、如何保障身体和心理健康、如何协助解决子女教育等问题使他们面临的挑战更加多元。鉴于此，协作者从信息救援、物资救援、生计救援和能力建设四个方面进行赋能介入。

（1）信息救援方面。协作者针对困境农民工家庭信息获取能力有限的问题，设置专人专岗进行疫情监测与定向发布，撰写发布了题为《致打工者的一封信》的疫情应对告知书，由社会工作者和专家顾问开展每日在线咨询服务，为农民工及其子女答疑解惑。截至 2020 年 6 月 30 日，协作者累计开展了 76 个个案咨询服务，涉及疫情防控、子女教育、法律救援、夫妻沟通、心理支持等多方面的内容。

（2）物资救援方面。协作者于 2020 年 2 月 19 日筹集到第一批口罩，并于 22 日进行了第一次线下救援物资发放。随后，在社会各界的支持下，协作者筹集到越来越多的防护物资，进行了第二、第三、第四、第五批线下救援物资发放。自 1 月 22 日至 4 月 2 日，协作者为 622 个困境家庭发放了防护物资，包括 10 343 个口罩、20 桶消毒湿巾、27 瓶消毒液/酒精等物品。

（3）生计救援方面。协作者根据困境农民工家庭困境评估标准，发放小额生计救援金，协助他们渡过疫情的紧张时期。截至 2020 年 6 月 30 日，协作者累计为 113 个困境农民工家庭发放共计 134 167.2 元小额生计救援金。

（4）能力建设方面。协作者累计开展了 9 个主题 368 次在线能力建设活动，为 184 个农民工家庭带去兴趣课堂、防疫知识等服务；为 126 个困境儿童及其家庭开展包括学业辅导、职业规划和情感慰藉等内容在内的线上服务，以及 686 次一对一“陪伴天使”个案服务。

2. 教育倡导：动态监测，因势利导

服务对象的需求是什么？在不同时期又会发生怎样的变化？社会服务组织该如何把握服务对象的需求以提供更好的服务？这些是社会服务提供者切实关心的问题，也是检验社会服务是否有效的关键。在疫情中，协作者通过个案访谈和问卷调查等定性和定量结合的研究方法，对以上问题开展了循证研究。

2020 年 1 月底至 7 月初，协作者从服务对象数据库中抽取了 46 个困境农民工家庭作为样本，进行动态需求监测评估，开展了四轮个案访谈。同时，协作者还从服务对象数据库中随机抽样，向 311 个农民工家庭定向发放了在线问卷，对其健康情况、社会保障、疫情信息获知情况等方面的现状和需求展开了调查。从调查中协作者发现，农民工群体的需求已经不再局限于就业，而是包括子女教育、健康知识获取等在内的多元化需求，并且他们的需求也随着疫情的发展而变化。通过四轮动态监测，协作者对疫情发展中服务对象需求的变化开展了实时把握和评估，简要结论见表 1－1。

表 1－1　疫情发展四阶段动态需求监测

时间	监测内容	监测发现
1.22 — 2.13	① 困境农民工家庭特征 ② 返乡情况 ③ 信息获取渠道 ④ 对疫情的认知情况 ⑤ 社区防控情况 ⑥ 防护意识 ⑦ 心理状态 ⑧ 亲子关系	① **返乡情况：**回家成本高，老家条件、疫情等原因导致 60.87%的受访农民工家庭无法返乡 ② **认知：**手机为主要信息来源，普遍缺乏防护知识和儿童视角 ③ **物质：**缺少防护物资 ④ **心理：**58.70%的受访者感到担心，但多数人对疫情发展较乐观 ⑤ **亲子关系：**家长忽视孩子的感受，缺少疫情认知引导 ⑥ **外部支持：**社区重管控、少服务
2.26 — 3.3	① 返城情况 ② 复工情况 ③ 生活问题 ④ 儿童线上学习情况	① **返城情况：**56.25%的农民工携家人返城，43.75%的农民工家庭滞留老家 ② **复工情况：**39.13%的农民工复工，但工作和收入均受到影响 ③ **经济条件：**部分家庭的基本生活难以得到保障，通过借钱维持生活 ④ **线上学习：**部分儿童上网课受设备和网络的影响，家长辅导能力不足

（续表）

时间	监测内容	监测发现
4.7 — 4.11	① 复工情况 ② 儿童学习情况及复课安排 ③ 疫情对家庭的影响 ④ 对外出务工的看法 ⑤ 社会保障享有情况	① **复工情况**：16.28%的家庭仍未复工，13.95%的家庭的劳动力未能全部复工 ② **学习情况**：家中孩子线上学习效果差 ③ **疫情影响**：负面影响较大，超八成家庭表示受到最大影响的是收入和子女教育 ④ **外出务工意愿**：农民工外出打工的信念减弱 ⑤ **未来改变方向**：计划在稳定就业、加强子女教育和注重卫生健康三方面积极改变 ⑥ **社保情况**：72.09%的家庭享有新农合，18.60%的家庭有城镇职工社会保险，32.56%的家庭享受社会救助，16.28%的家庭获得了残疾补助
6.5 — 6.20	① 儿童复学复课情况 ② 家庭复工情况 ③ 疫情对家庭的影响 ④ 长远规划及灾害管理意识 ⑤ 亲子关系	① **复工情况**：97.82%的困境农民工家庭复工 ② **疫情影响**：消费力下降，收入下降，非正规就业机会减少 ③ **政策认知**：84.78%的困境农民工家庭不了解疫情防控期间和农民工有关的扶持政策 ④ **意识提升**：13.04%的家庭对长期规划有了基本概念，15.21%的家庭的灾害管理意识提升 ⑤ **返校复课比例**：除北京以外，65.21%的受访困境农民工家庭的儿童已经返校复课 ⑥ **学习情况**：87.18%的受访农民工家庭的儿童更喜欢去学校上课 ⑦ **亲子关系**：69.23%的儿童认为疫情防控期间和家长相处良好

以需求为导向是社会工作服务的原则，但在具体实务中并非易事，在疫情中开展循证实践更加不容易。协作者为了切实了解服务对象的需求，动态跟踪并做了四轮评估。在大量数据和个案访谈的支撑下，协作者发布了个案研究报告 4 期、系列个案故事 24 个。通过这些报告和个案故事，协作者如实地向政府和公众传递了困境农民工家庭的处境与需求，为政策倡导和公众教育提供了宝贵的数据和信息。

3. 专业支持：分享经验，引导发展

协作者意识到，困境农民工的问题绝非个人、单个组织能够解决的，需要联合社会各界的力量；脆弱人群服务也绝非协作者单个组织的使命，而是所有社会组织面临的挑战。协作者自成立以来就开始探索“服务创新和政策倡导相结合的服务模式”，2007 年开始探索“志愿者培育与组织推广相结合的组织建设模式”，2010 年注册成为兼具服务性与支持性的民办社工专业机构。自成立以来，协作者开展了包括国家部委委托课题在内的 30 多项调查研究工作，参与了多项政策和标准的制定，彰显了民间组织在行业支持和影响方面的价值。

除了为困境农民工及其家庭提供服务，疫情中协作者为行业发展也做出了诸多努力。在行动研究方面，协作者对北京市 448 家社会组织进行调研，发布了《疫情之下，社会组织在行动——北京社会组织应对疫情状况调查报告》，为政府及社会各界了解社会组织在疫情中的处境提供参考，为制定和落实社会组织扶持政策提供依据。在经验推广方面，协作者积极参加行业会议，分享救援行动的经验，其撰写的论文《如何发挥社会工作在灾害管理中的专业功能——基于农民工抗疫救援行动的实践反思》在中国社会工作学会和广州市民政局举办的“新时代社会治理共同体与社会工作发展”主题征文中荣获二等奖。在能力建设方面，疫情防控期间，协作者为其他社会组织开展了 50 余次培训，培养社会组织负责人和业务骨干在疫情下进行项目管理和开展救援行动的能力。

（三）服务方法：专业助人技巧

社会工作作为一种专业的助人活动，与疫情的救援防护工作有着很高的契合度。不同于物资发放，社会工作服务人数可以快速增加，规模可以快速扩大，协作者的服务更注重需求为本、数据为证和精细化管理。在具体服务中，无论是微观层面的服务、中观层面的支持还是宏观层面的倡导，协作者充分利用社会工作的专业技巧，使服务更加高效。

1. 多重专业角色

协作者以信息宣传、物资发放等服务为契机，面向困境农民工家庭和公众开展了提升自我防护能力和社区互助方面的教育，将危机变为降低服务对象脆弱性、提升社群抗灾能力的灾害管理契机。在此过程中，协作者的社会工作者发挥了多重角色的专业功能（见表1-2）。

表1-2　社会工作专业角色及理念在救援行动中的体现

<table>
<tr><th colspan="2">社工角色</th><th>对应抗疫救援工作</th><th>理论依据</th></tr>
<tr><td rowspan="3">直接服务</td><td>服务提供者
（困境农民工的减压阀）</td><td>① 个案辅导：发掘困境农民工家庭脆弱性与潜力，提出介入策略
② 咨询服务：每日在线答疑解惑，涉及疫情防控、子女教育等内容
③ 知识培训：为农民工家庭开展兴趣课堂、防疫知识培训</td><td rowspan="3">① 优势视角
② 增能理论
③ 小组动力学
④ 社会支持理论</td></tr>
<tr><td>支持者
（防疫意识与能力的助推器）</td><td>① 就业辅导：提供就业信息支持与法律支持
② 在线互助小组：运用优势视角和小组动力学建立社群，培育核心家长志愿者，通过疫情议题小组、议题会发挥能动性
③ 增能个案工作：帮助农民工分析问题，提升其对抗风险的能力和灾害管理意识，实现“助人自助”</td></tr>
<tr><td>倡导者
（科学防疫的呼吁者）</td><td>① 推荐志愿服务：为农民工的家庭成员推荐适合的志愿服务
② 倡导防疫措施：通过发布《致打工者的一封信》倡导科学防疫</td></tr>
</table>

（续表）

社工角色		对应抗疫救援工作	理论依据
间接服务	资源筹措者	① **防疫物资筹措：**从合作机构、政府部门等处筹措防护物资 ② **专家资源筹措：**链接各行业的专家资源（如心理咨询师、医生），为困境农民工家庭授课	① 脆弱性理论 ② 优势视角 ③ 增能理论
	政策影响者	① **研究报告：**通过个案及行业研究报告传达困境农民工的需求，在文章中提出政策建议 ② **会议发言：**在行业、抗疫经验交流会中建言献策 ③ **媒体倡导：**通过新闻媒体表达农民工的困境，为其发声	
	行政管理者	① **方案设计：**科学设计项目方案及个案服务计划 ② **信息协调：**对诸多防疫信息和救助资源进行有序管理	

在直接服务中，隔着网络与电话，一端输出的是焦虑和疑惑，一端输出的是陪伴和力量。社工通过个案工作和小组工作的方法赋能困境农民工家庭，成为他们在疫情防控期间的“减压阀”“助推器”“呼吁者”，扮演了服务提供者、支持者和科学防疫的倡导者等角色。

在间接服务中，社工运用社会工作研究方法精准识别服务对象及困境农民工群体的防护能力如何、在物质方面有哪些需求、在对疫情的认识上还有哪些薄弱环节等，以便及时进行干预和支持。他们通过多方筹措资源满足了困境农民工家庭在物质和信息获取上的需求，其研究成果也为政策制定、公众传播提供了案例和数据支撑，扮演了资源筹措者、政策影响者和行政管理者的角色。

2. 社工理念指导

优势视角是社会工作基本的专业理念，其关注人的内在力量和优势资源。所以在需求评估和项目设计过程中，协作者不仅关注困境农民工家庭的脆弱性，而且看到了他们背后的能力。协作者认为，农民工群体在疫情中也有一些内在的能力。如在物质层面，农民工返乡后家中有一定的粮食储备，比被封闭在城市里情况更乐观一些。正因为看到了农民工群体的潜能，协作者的抗疫救援才不囿于单方面的物质救济、信息输出，而是鼓励他们自救互救、互相支持并提高自身的能力。

在具体的服务中，平等、尊重、共情、接纳等微观技巧随处可见。如在发放小额生计救援金的服务上，协作者会邀请接受救助的家庭参与一些力所能及又相对有趣的志愿服务，如亲子互动、知识分享等，以实现让他们有尊严地获得救助的目标。又如在个案访谈中，社会工作者并不仅仅是为了收集信息，而是在与受访对象建立合作关系后，在叙事中重新发现和肯定彼此的努力，从而满足其需要，促进其意识的觉醒。

在个案和小组服务中，社会工作者根据具体情况提出了个性化的短期和长期介入策略。比如，阿建因为哥哥突然离世、面临裁员而感到迷茫和焦虑，社工感受到了他的压力和韧性，便邀请他参与青年工友的服务，拓宽其人际交往圈子，增强其抗逆力。针对农民工家庭中沉迷游戏、消极上网课的孩子，社工邀请其参与协作者的公益少年营、社区自助图书馆等志愿服务，以协助其更好地认识自我、认识家庭并建立良好的朋辈关系。在小组工作中，协作者防疫课程以服务社群（互助小组）为基础，引导核心家长志愿者作为带领者，通过议题小组、议题会等方式，充分发挥家长的主观能动性，增强其他家长的社会支持网络。

3. 巧用传播策略

协作者在微信公众号和官网的推文传播方面也使用了一些实用技巧。除了故事性强、图文并茂等方式，协作者的文章系统性也较强。他们的文章按照行动内容和观点感悟分为“协作者致打工朋友的一封信”“疫情下的深呼吸”“线下救援”“在线救援服务”“社工手记”“协作者经验”“协作者视线”等系列，每篇推文下分门别类地附有相关链接，不仅如实记录了协作者的防疫动态，更使关注该领域的公众和同行能够便捷和全面地了解相关信息。

三、服务成效：多重赋能，实现转变

截至2020年7月31日，协作者“农民工抗疫救援行动”服务了766个困境农民工家庭，包括1 705名成人、5 007名儿童，以及11所打工子弟学校。其开展的一系列服务在微观层面缓解了农民工及其家庭的危机，并促进了其意识的转变。在中观层面，通过专业支持推动了社会组织和社会工作的发展；在宏观层面，加强了社会对困境农民工家庭处境的了解，为政策制定建言献策。

（一）微观层面：纾解弱势群体困境，促进意识转变

面对灾害中最脆弱的群体，协作者并未将服务对象看作被动的受助者，而是以社会工作专业理念中“助人自助”“赋权增能”理论为指导，转危机为契机。通过协作者的援助，农民工及其家庭获得了基础防疫物资和科学防疫知识。在提高他们的防护意识、缓解焦虑情绪的同时，协作者也会动员有能力的家庭成员参与志愿活动，提高其社会参与度。

引导受助者在接受服务的同时成为助人者，是协作者常用的服务

手段，也贯穿了协作者成长的轨迹。协作者从服务对象中培养的志愿者不在少数，如王瑞海等成员通过协作者的培育从农民工成长为优秀的社会工作者。“建设没有围墙的社会工作学院”是协作者的夙愿，疫情的出现加速了它的实现。2020 年 9 月 8 日，“协作者学院”正式开学，其致力于为有志投身公益而又缺乏资源与学习机会的打工青年提供社会工作专业学习与实践的机会。清华大学公益慈善研究院院长王名认为，这是一个很好的助人自助的平台。[①] 使弱者实现助人自助，使公益发展有人才可用，“协作者学院”使这一目标有了实现的可能。

（二）中观层面：助力社会组织成长，推动社会工作发展

协作者通过对社会组织骨干成员进行能力建设培训、开展社会组织应对疫情状况专题调查、参与研讨会为行业发声等方式加强了社会组织之间的资源联动，支持社会组织有序参与疫情防控，有效推动了社会组织机构和社会工作专业的发展。

（三）宏观层面：引导社会大众关注，谏言政策制定

协作者充分发挥了社会工作的公众教育和政策倡导功能，将脆弱人群的需求传递给政府和社会，受到了媒体及政府部门的高度肯定。在公众教育方面，协作者联动社会媒体呼吁宣传，救援行动得到了包括中国国际电视台、《财新周刊》、《南方日报》及《南华早报》等 46 家媒体的报道。各家媒体纷纷对疫情下困境农民工的生存状况进行报道，引起了公众广泛的关注。中国国际电视台以协作者救援行动为例，肯定了社会组织在抗疫救援中的重要作用，“在政府负责疫情防控工作的同时，社会组织填补了服务资源的匮乏之处”。

---

① 赵莹莹．“协作者学院”助力打工青年投身公益［N］．人民政协报，2020－9－15（10）．

在政策倡导方面，协作者通过翔实的研究报告和个案故事展现了困境农民工家庭的处境与需求，并且应邀在民政部和国家卫生健康委员会组织召开的疫情防控工作会议上介绍了救援经验，使救援行动成为丰富社会工作介入灾害管理的本土实践样本。2020 年 3 月，民政部官网刊登了《疫情面前，一位专业社工的责任与担当》一文，其中提到了协作者创新的助人自助农民工服务模式，以及协作者社工督导李真与同事们发挥社工专业优势进行抗疫救援的故事。

四、讨论与反思：内外兼修，多方协同

从协作者救援行动中社工的个案管理、调查研究、编写科学防疫资料、引导农民工成为志愿者自我赋能等专业行为，我们能看出社工在疫情防控中的独特作用。协作者清晰的行动路径、匹配的组织架构、强大的资源体系和扎实的服务基础，值得社工机构及公益组织借鉴。

但是从此次协作者参与抗疫的行动中，我们也看到了社会组织的无奈之处。作为服务农民工群体 17 年的社工机构，协作者在疫情下毅然承担起了专业使命，却也不由得引发深思：社会在发展，为什么农民工群体依然脆弱并容易被遗忘？从灾害管理的角度来看，农民工群体的脆弱性其实是先于疫情而存在的，而且在疫情之后依然会存在。此脆弱性的背后，既有个人意识和能力的问题，又有社会保障的长期制度性缺失的问题。这就要求服务者要更系统性地介入该群体的服务活动中，让农民工群体从被动接受服务到有能力自己发声，实现参与社会治理的目标。因此，重大公共危机事件发生后，社会工作和社会组织应如何进一步在灾害管理中发挥作用，是一个值得讨论的问题。

在发达国家，专业社会工作是应急管理体系的一个重要组成部分，特别是在医疗卫生方面，专业社会工作对于早期及时处理各类急病案例、防止事态扩大起着重要的作用。但是在我国，相关制度并不完善。在本次疫情的紧急事态中，社会工作者从事非常时期一线工作时专业边界很容易被模糊，社区工作者们承担了更多的基层防控工作。因此，社会工作机构如何在灾害管理中发挥优势，可以从加强外部支持和内功修炼等方面着手。

社会工作服务视角强调专业性、参与性、系统性和整合性。本次疫情深刻地反映了一个事实，那就是任何一个组织主体都无法独立应对疫情防控，必须促成多方参与、联防联控。其中，常态化防控工作需要重点做好三个联动：一是政府、市场和社会的三方联动；二是社区、社会工作和社会组织的“三社联动”；三是民政、财政、卫生、应急管理等政府机构跨部门和跨专业的联动。政府部门要建立联合行动机制，从医疗救治、疾病防控、应急管理、社会救助、社区参与等多角度协作，齐心协力地推动社会工作的专业建设，推动“三社联动”。①

社会工作机构自身的专业服务能力和应急管理能力是其能够有效响应灾害管理的核心竞争力。从协作者的抗疫经验中可以总结出，社会工作机构要提升应对重大突发事件的能力，就需要从内部建立一套应急机制：一是要有充足的人力资源储备，能及时响应需求；二是要有较广泛的社会资源，能在短时间内筹措物资；三是要有规范的管理体系，能够保证社会组织在紧急状态下临危不乱地投入应急事务。此

① 广州社工，李涛：如何发挥社会工作在灾害管理中的专业功能——基于农民工抗疫救援行动的实践反思［EB/OL］.（2020－11－24）［2020－12－18］. https://www.sohu.com/434037523_748115.

外，社会工作机构的救助性服务要与发展性服务紧密地结合起来：一方面，机构在日常工作中需要重点关注服务资源的有效性，及时识别服务对象中最脆弱的人群；另一方面，机构在服务脆弱人群的同时，要转变服务思路，真正实现“助人自助”。

（撰写：陈静怡）

第二章　以青色组织理念探索构建社区互助网络

——大鱼社区营造CAN计划抗疫案例

大鱼社区营造或许是第一个在疫情中提出以青色组织理念发起抗疫行动动员的组织。

弗雷德里克·莱卢（Frederick Lelu）在其《重塑组织：进化型组织的创建之道》一书中如此总结青色组织：“我们激发了一些灵魂去探索我是谁以及什么才是人生目的等问题。人生的终极目的不是成功，而是能够真实地表达自己，尊重自己的天赋与使命，并且服务于人类以及我们的世界。在青色阶段，生命被看作一段个人与集体朝向我们真实本质不断发展的旅程。人类的智慧发展到一定的阶段才能完成组织的青色型的进化。”①

疫情中，大鱼社区营造组织是怎样在人们闭门不出的情况下探索出一个具有青色组织特点的社区互助网络的？

一、大鱼社区营造CAN计划萌芽

（一）设计师背景的大鱼社区营造

大鱼社区营造组织，全称上海市长宁新华路街道大鱼社区营造发展中心（以下简称大鱼营造），于2018年初由五位“80后”设计师在上海成立。五位发起人中的四位有建筑学专业背景，且他们均已创业并建立了各具特色的团队，另一位正在从事社区营造专业的博士研究与实践。因为大鱼社区营造CAN计划（社区防疫互助网络计划），又有一位拥有服务设计背景的伙伴加入了理事会，让大鱼营造的核心

① 弗雷德里克·莱卢．有了青色组织，工作不再是种折磨［J］．企业观察家，2017（9）：118－119.

能力拓展到更系统的领域。

几位发起人共同意识到，在城市更新的背景下，关于空间的营造是一种有力的载体，但其内核和价值是关于社区中人的营造。而关于人的营造，需要的是社会创新与跨专业的协作。

在从事社区营造之前，大鱼营造发起人之一的何嘉是一名建筑师，他对“自组织”抱有浓厚的兴趣。在他看来，进化为一个更理想的韧性社会的关键，可能就是要弄清楚“连接”是如何建立起来的？“连接”为谁而产生？参与机制是怎样的？

在理论层面，何嘉提到了帕特南（Putnam）的社会资本理论。帕特南是一位社会学家，他介绍了两种重要的社会资本，一种是黏性，另一种是连接（见图 2-1）。“我脑中一直有这样一个从个体到社群、从社群到网络的模型，我们年轻人对一个相对封闭的社群其实是缺乏归属感的，更多的是因为相同的兴趣和价值观而连接在一起。”

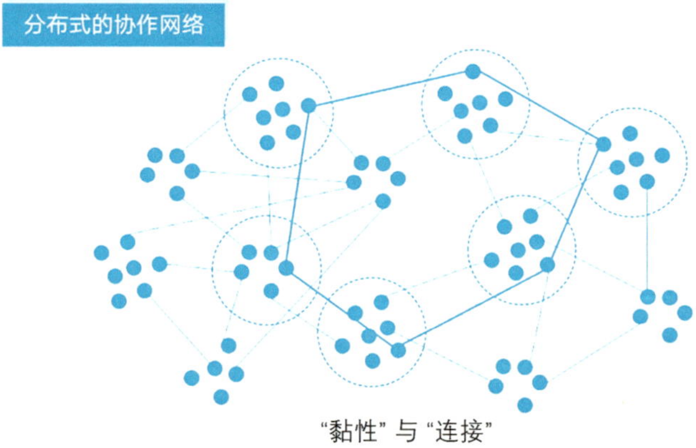

图 2-1　对两种社会资本组成社会关系网络的理解

（二）物理隔绝下的“孤岛”

新冠疫情防控期间，大鱼营造发现家庭和个体被割裂为一个个

“孤岛”，原先秩序井然的社会生活被打破，生活在“孤岛”中的人渴望被共情、被支持。

一方面，在疫情的冲击下，现有的社群体系存在一定的不足之处：政府部门自上而下的管理方式，在疫情中发挥了特别重大的作用，但在构建社区互助等软性机制上存在不足；一些社区原有的物理连接在社区隔离状态下丧失了原有的黏性；大多数社区没有办法解决好自己的问题，自我救助的能力有限；一些社会组织由于没有着力点和存在的物理隔绝等主客观原因而出现失能状态。

另一方面，疫情激发了人们巨大的社会责任感。来自各行各业的年轻人都想在疫情防控期间为社区、社会做一些力所能及的事。

大鱼营造设想，在整个社会一起抗击疫情的强大使命感之下，社会的连接力突然变得很强，大鱼营造有没有可能让分散的行动者变得更加紧密？当人与人的物理连接被限制，社区自下而上的力量还能做些什么？

针对这个问题，大鱼营造提出了“让孤岛重新相连”的倡议，希望人们在物理上与社区隔离时，能够重建连接，实现组织化和互助协作；希望摸索出一种真实的社区需求，能够成为自我组织、自我管理、自我学习、共益共享的社群互助网络。

大鱼营造认为，社区作为社会治理体系的最小单元，是形成分布式互助支持体系的天然载体。在社区层面研究互助支持体系，不仅是面向疫情期间的防控工作，更是系统性、可持续性地面向未来、面向疫情逐渐稳定后社区工作的持久战。在人们生活的社区，需要生长出自我组织、自我服务、自我学习、互助共享的社区支持网络。[①]

---

① 何嘉．韧性青年｜何嘉：如何助力涌现的青年韧性力量［EB/OL］．(2020－07－03)［2020－09－07］．https://mp.weixin.qq.com/s/cdL0RMmxA5g4u9BF7WtWNg.

CAN 计划便是在此情形下产生的。

（三）大鱼营造的四个理念

2020 年 2 月 3 日，大鱼营造正式线上开工。2 月 4 日，面向全网发出了“社区防疫互助网络”计划（Community Anti-coronavirus Network，简称 CAN）。

CAN 计划将多专业的智慧进行联合，让社区中更多的细分场景、细分人群、细分需求形成系统，将其成果在社区场景中落地。同时，通过建立一套名为“社区防疫互助锦囊”的工具包，将成果工具包化，把经验与知识传播出去，支持更多的社区以其各自的社区状态为基础，自建互助支持网络。

如图 2－2 所示，CAN 计划提出了四个理念：

第一，尽管我们在线上，但是课题来自身边社区的真实需求。

第二，看见更多的孤岛人群，让各领域的积极行动者建立连接。

第三，每个人都是平等的，我们需要以分布的形态来自我组织，然后去共创、去协作。

图 2－2　CAN 计划发布

第四，行动不仅在线上，它需要有设计思维和产品逻辑来产出和行动，并通过工具包化支持更多社区的践行。

CAN 计划特别强调可以产品化的工具包，目的是可以从线上再回到线下，以便复制到更多的社区，支持更多社区践行。

二、发现真实需求

发现真实需求是 CAN 计划的首要理念。

2020 年 2 月 10 日，大鱼营造发起了《社区“孤岛”在线调研问卷》，希望了解“孤岛”在社区场景下的真实需求。截至 2 月 16 日，共收集到 398 份有效问卷。这些数据成为 CAN 计划研发、产品团队开展工作的重要依据。①

参与在线调研人数占前五位的“孤岛”人群分别是：正在被动隔离/自我隔离的居民；即将复工/已经复工的上班族；生活在病例集中区被限制自由的居民；等待开学的学生；担心返工潮给生活带来威胁的本地居民。

同时，这些接受问卷调查的“孤岛”人群也在关心其他容易被忽视的“孤岛”人群，如独居老人、环卫工人、心理疾病患者、城市流浪者、无法被照顾的其他疾病的患者等。

问卷调查了社区封控期间居民购买生活物资的渠道，以此判断社区互助的程度。数据显示，私人利用商业渠道获取物资仍然为主要手段，占比总和超过 80%。

调查分析发现，团购群是最能体现社会互助的指标，最需要关注

---

① CAN 研究员小组．来自孤岛的声音｜网络“孤岛”问卷调研数据［EB/OL］.（2020－03－02）［2020－09－07］. https://mp.weixin.qq.com/s/U3ACOlskG2wjVykaibDF-A.

的人群是“50后”和更年长的老人，他们是在社区互助和血缘互助方面相对较弱的人群。

疫情防控期间，有一些“孤岛”人群已经在行动。

问卷显示，容易自发形成互助网络的“孤岛”人群包括：个体经营有困难的商户、与子女不在一个城市的父母和需要照顾宝宝或宠物的居民（见图2-3）。①

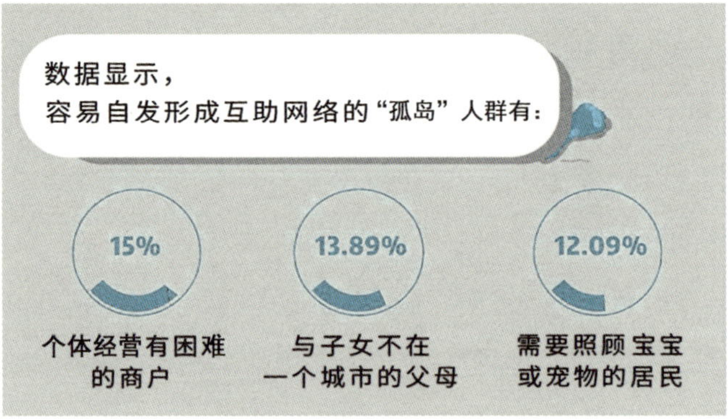

图2-3　容易自发形成互助网络的“孤岛”类型

那么，哪些人是社区互助最弱的群体？

调查指出，在居住地受到“另眼相看”的非本地居民、家人不在身边独居在家的青少年和有较大感染风险的外卖骑手，均没有社区互助相关数据，需要各类社会组织提供支援。

从心理压力层面看，问卷结果显示，压力较大的“孤岛”人群都是奋战在一线的防疫工作者或其家属，例如社区的工作者及其家属和奋战在一线的医疗工作者及其家属等。他们属于最需要心理支持的人群。

---

① CAN研究员小组．来自孤岛的声音丨网络“孤岛”问卷调研数据［EB/OL］．(2020-03-02)［2020-09-07］．https://mp.weixin.qq.com/s/U3ACOlskG2wjVykaibDF-A.

此外，社区中心理压力比较大的“孤岛”人群还包括：有亲属身处疫情严重地区的居民、在居住地受到“另眼相看”的非本地居民和需要照顾家中老弱病残的居民。

如图 2－4 所示，问卷总结了社区“孤岛”最迫切的十大需求。据此，CAN 计划呼吁大家关注这十个需求，并希望有想法和资源的人加入 CAN 计划网络。

图 2－4　十大社区防疫的关键场景

三、以青色组织理念组织协作网络

（一）青色组织的特点

弗雷德里克·莱卢在《重塑组织：进化型组织的创建之道》一书

中提到，迄今为止，人类在组织设置上经历了四种协作方式，这四种协作方式基于四种非常不同的世界观：冲动—红色、服从—琥珀色、成就—橙色和多元—绿色。每一种协作方式都为人类社会带来了重大的突破，使人们能够处理更复杂的问题，并取得了前所未有的成就。①

其中，成就—橙色把组织比作机器，多元—绿色把组织比作家庭。但是，将组织视为机器让人感到乏味和压抑，而视组织为家庭并不总是能够带出人性中更好的面向。因此，青色组织将组织视为一个活生生的有机体或生命系统。这种视角有以下三个特点：

1. 零层级

青色组织中没有老板，没有主管，团队自己确定工作方向和要点，分析问题，制订计划，评估业绩，甚至在招聘、采购和时间安排方面也由团队成员自主决定。组织中没有中间管理层，没有人力资源、采购和销售等部门。

2. 自由发挥

团队成员工作的出发点不是岗位职责，而是团队成员自己的主观能动性。每一个组织中的成员都能去诠释工作的内涵与意义。

3. 使命共振

在青色组织中，组织战略依靠组织成员商讨得出，每一个人都对这个战略负责，并且要充分发挥自己的内驱力，朝着共同的使命前进。②

莱卢指出，在青色组织中，管理的任务（设定方向与目标、规划、指挥、控制与评估）并未消失，只是这些任务不再集中于专职的

---

① 弗雷德里克·莱卢．重塑组织：进化型组织的创建之道［M］．进化组织研习社，译．北京：东方出版社，2017．

② 弗雷德里克·莱卢．有了青色组织，工作不再是种折磨［J］．企业观察家，2017（9）：118－119．

管理角色，管理任务已经被分散得无处不在。更准确地说，尽管（也正由于）没有了全职管理者，但在进化型组织中，任何时候都有更多的管理和领导在发生。①

（二）CAN 的组织设计

1. 招募共创者

社群营造的第一步往往是达成共识，这个过程被大鱼营造称为“同频”。疫情极大地激发了人们的社会责任感，“发挥自身的能力，为抗击疫情做些什么”成为很多人共同的使命。因此，CAN 计划没有耗费大量精力就找到了群体的共识。他们发现，加入的共创者主要包括以下四类人群：

（1）社区、社群营造者，创新社区治理的探索者，社会工作者；

（2）具有一定专业服务能力者，如医疗、心理、教练、创新教育、亲子互助社群的成员；

（3）社会创新领域的设计师，如服务设计、产品设计、平面设计、多媒体设计人员；

（4）社会学的研究者。

2. 设计共创流程，构建协作圈层

在 200 多名共创者加入之后，大鱼营造并没有明确地告知大家做什么，而是从设计思维角度突出了行动路径（见图 2－5）：根据调研问卷以及对社区的观察提出社区真实的需求；有资源的协助链接资源，每个课题的提出者都可以在选题大会上抛出课题，自由组队；组队成功后通过对课题的研究和线上共创，产生行动提案或者产品提案；将最小化的践行方案在各社区实验；形成行动方案或行动产品（工具包）。

① 弗雷德里克·莱卢．重塑组织：进化型组织的创建之道［M］．进化组织研习社，译．北京：东方出版社，2017.

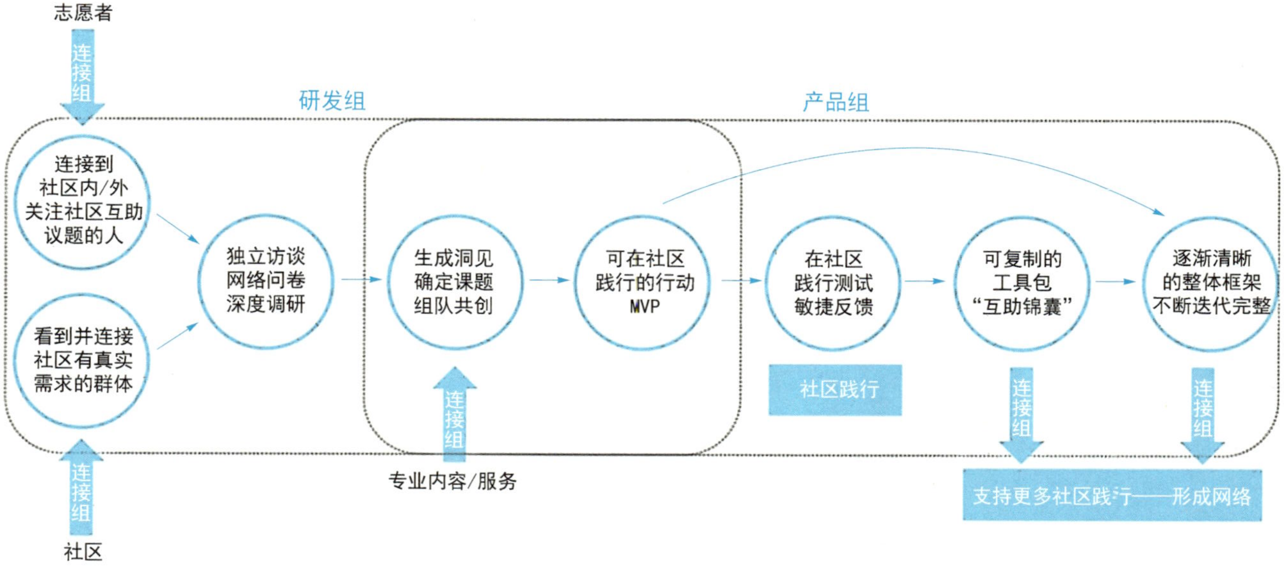

图 2-5　CAN 网络从连接到产出工具包的流程

为此，大鱼营造建立了五个大圈子。

（1）连接圈。基于已有的社区社群展开更多线上组织与互助活动；连接更多外部行动者，形成资源互通与本地化。

（2）研发圈。针对社区中的各细分群体展开访谈、调研，让更多群体的需求、痛点被看到；产出调研访谈内容，形成课题；尝试促成跨专业组圈，形成行动提案。

（3）践行圈。下沉至社区开展线下行动，发动社区内生力量，以互助形式开展非营利性行动。

（4）产品圈。及时汇集信息，将经验做法形成产品交付给不同社区，如社区资源卡/防疫 TIP 卡/社区互助卡等。

（5）内容圈。在共创的过程中不断向公众传播信息，分享经验。①

每个大圈子下又会形成很多小圈子和协作圈层。在这个网络里，每个人都可以在这样的自组织机制下主动举手形成课题，不限人数地自由组队。认领了课题的圈主和社群小秘书形成了一个个分布式的小群，开始分布式地行动。每个参与者都可以进入不同的圈子，承担不同的任务。如图 2-6 所示，圈子之间和人与人之间都没有上下级关系。

图 2-6　CAN 计划各圈层的协作关系

① 何嘉．疫情里的十四天，我们逐渐成型了一个自助助人的社区网络［EB/OL］.（2020-02-19）［2020-09-07］. https://mp.weixin.qq.com/s/ZnpXHJYYeP9JOTZ32BFd9g.

3. 设置关键角色

每个圈子都有圈主和各种各样分工协作的角色，大鱼营造主要承担两个重要的支持角色：社群官和“药剂师”。

社群官就是社群秘书，负责社群的日常维护，如组织召开讨论、整理会议纪要，后期则根据目标节点做项目管理等。“药剂师”：负责整合不同的建议、意见，引导其他组员将各自的工作往一致的课题方向引导，协助圈主完成提案。“药剂师”的角色类似于产品顾问，当产品由多个互不熟悉的共创者联合完成时，“药剂师”还要负责帮助打磨团队产品，提出指导建议。

4. 建立讨论机制

社区互助网络建立的最初，CAN 计划实行“一日一议”的讨论制度，每天围绕最新抛出的某个课题进行讨论。中期改为每周三举行一次圆桌会议，由研究圈的成员主要负责，讨论疫情下社会学课题或者各个行动组的课题开展情况。

5. 使用互联网工具

线上的社区互助网络离不开互联网工具，除了微信这种即时通信软件，CAN 计划充分使用了可多人协作编辑的石墨文档，以及协同办公软件“我斜杠”APP，快速创建团队、在线协作。

四、落地执行

在 48 天的时间里，CAN 计划聚集了 300 多位共创者，发起了超过 300 场线上会议，组成了 20 余个行动小组，产出近 10 组社区防疫的行动和工具（见图 2－7），实现了上万次线上线下的联结。

（一）发起项目，组队共创

CAN 计划启动后，最先行动的是一批服务设计师，他们快速设

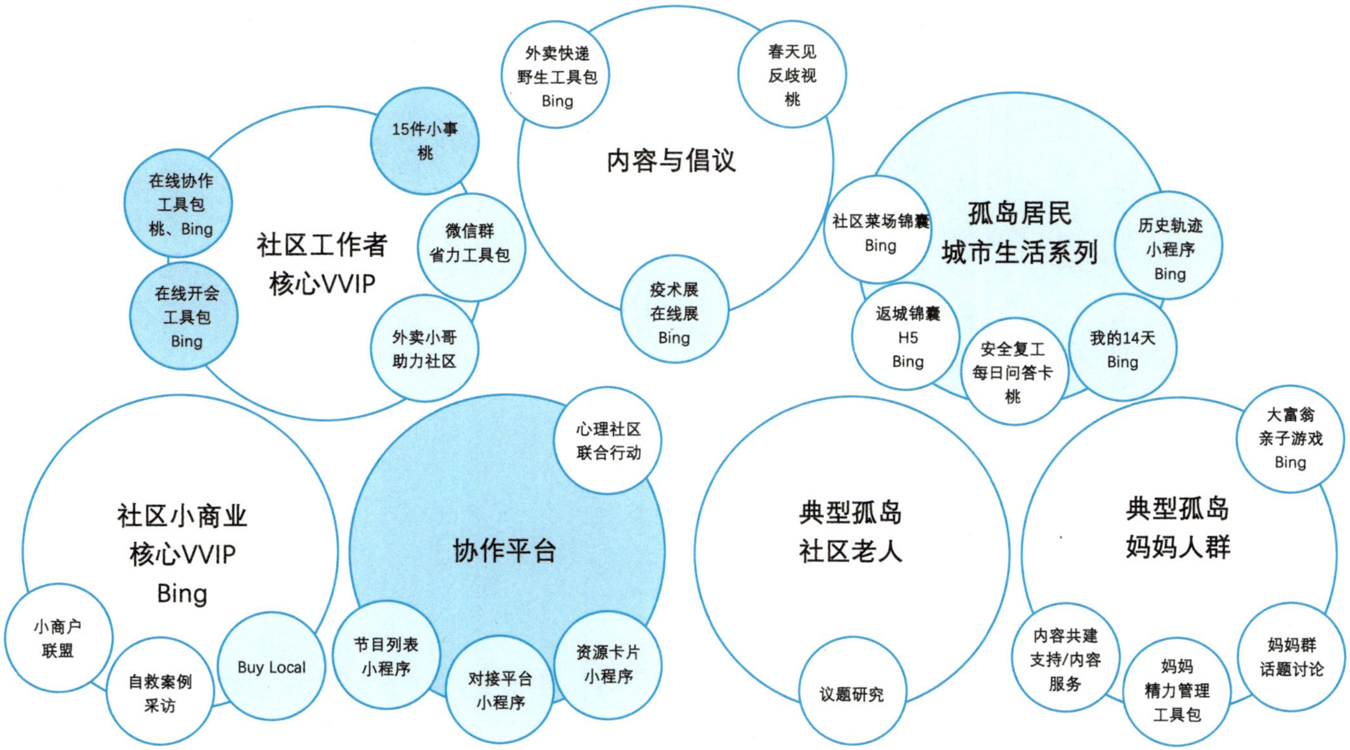

图 2-7 目标人群与行动提案示意图

计了美观且详细的返程锦囊，该锦囊后来扩展成了工具包。

疫情防控期间，服务设计师陆雨昕在英国伦敦留学，她感觉自己成了“孤岛”。后来，她加入了一个志愿者的微信群，发现自己既没有资金也没有渠道，实在不知道可以做什么。看到 CAN 计划后，她发现 CAN 计划关注的就是像她一样的“普通人”，她可以通过产品设计去帮助在疫情中身处困境的人群。

陆雨昕发现一个朋友一直在朋友圈里分享如何返回上海的经验。于是她提炼出返程所需的条件，在团队里进行讨论。不久之后，第一个“安全返沪锦囊”项目组成立了。2 月 13 日，他们产出了 CAN 计划的第一个锦囊。

至少有 12 位共创者自发参与了第一个锦囊的设计。正如莱卢所说，这些组织绝不是“扁平化的”，这些组织是活的，并能向各个方向移动，为所有人提供机会。“你能达到的高度取决于你自己的才能、兴趣、性格以及你激发出的同事们对你的支持，再也不会受限于一张组织架构图。”①

（二）测试反馈

根据最初的需求调研，需要照顾宝宝的居民是典型的“孤岛”人群。CAN 计划的“拯救妈妈项目组”成立的目的就在于解决妈妈们的问题。该小组产出的第一个工具包是“宝贝的一天”时间管理工具（见图 2-8），该工具包旨在帮助孩子们养成按时完成任务、自我管

扫码获取工具包

图 2-8 “宝贝的一天”时间管理工具

① 弗雷德里克·莱卢．重塑组织：进化型组织的创建之道［M］．进化组织研习社，译．北京：东方出版社，2017.

理时间的好习惯。[①]

在这个工具包的设计中，有 13 位共创者提供了工具包的使用反馈。其中，一位共创者专门撰写了体验文章，提出任务板太多、可设置任务缓冲区等意见和建议。之后，该工具包参考其提议，优化了用户体验。[②]

（三）扩大影响

大鱼营造意识到，在分布式协作的过程中，当一个群体真的在共同努力，他们就可以协作完成一件超出想象的事情。[③]

2020 年的清明节对于 CAN 计划而言是一个重要的节点，CAN 计划试图将目光从疫情聚焦到后疫情。

当时网络上许多人充满悲痛和焦虑感。为此，CAN 计划在社区内举办了一场持续 24 小时的清明诗会，由 24 位社群的主理人分别认领每个小时，他们在同样的规则下各自拟定主题，接力读诗。大家一起用充沛的情感来纪念和告别那些在疫情中逝去的某些人、某些事。活动结束后，很多读诗群里的成员意犹未尽，将读诗活动作为固定项目定期举行。

5 月 4 日，CAN 计划举办线上“五四韧性青年大会”，邀请众多疫情防控期间的行动者、行动网络来分享他们的工作和经验，呼吁全社会支持青年行动力量。同时，大鱼营造发起了韧性青年助力基金，

---

① 拯救妈妈项目组．打开“宝贝的一天”工具包，愿妈妈们好好爱自己［EB/OL］.（2020－03－08）［2020－09－07］. https://mp. weixin. qq. com/s/2nFHZfqdX67zgOAQ-XsFWA.

② 冬晖妈妈．用了“宝贝的一天”一周后，我更懂孩子的世界了［EB/OL］.（2020－03－23）［2020－09－07］. https://mp. weixin. qq. com/s/MbczATDzcpvB3BYvxvWMTg.

③ 何嘉．韧性青年｜何嘉：如何助力涌现的青年韧性力量［EB/OL］.（2020－07－03）［2020－09－07］. https://mp. weixin. qq. com/s/cdL0RMmxA5g4u9BF7WtWNg.

希望形成更完善的支持网络，建立一个让更多积极行动者可以申请的资金池，为青年行动助力赋能，支持有担当的青年群体践行公益服务、孵化出可推广的产品。

五、 经验与遗憾

（一）经验

疫情防控期间发起的 CAN 计划是一个成功的志愿者自组织实验。何嘉认为，CAN 计划成功的原因包括“术”和“道”两方面（见图 2－9），“术”包括使用了圈层组织的一些自组织化工具、线上信息技术的同频工具，应用了服务设计里的设计思维和产品研发的逻辑等。

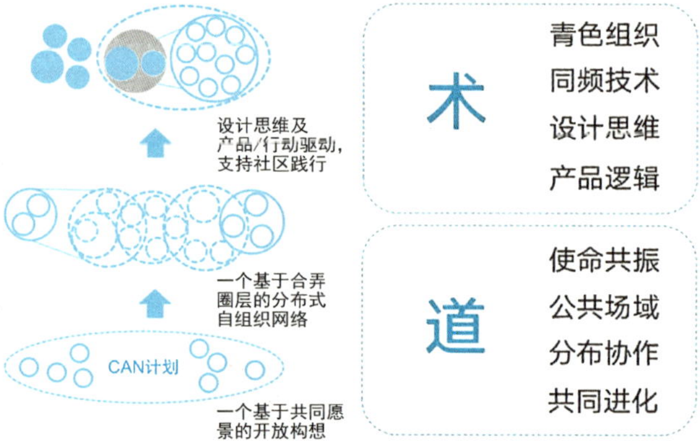

图 2－9　CAN 计划分布式协作网络的“术” 和“道”

何嘉指出：“这里的‘道’可能是更重要的。不管是针对疫情的行动，还是平时我们运营社群，或者在社区营造领域，可能都会用到的‘道’就是‘找到使命的共振，构建一个公平的场域’。这样把很多人聚在一起，进行分布式的协作，其实是一种有着共同使命的个体和群体互相成就、共同进化的一个过程。”

1. 以需求为前提，以产品为导向

CAN 计划充分应用了服务设计思维来进行在线社群营造。服务设计思维在社群营造上的应用一般分为以下几个步骤：(1) 需求调研；(2) 发起项目，组队共创；(3) 测试反馈；(4) 生成工具包，不断升级迭代；(5) 规范化复制推广。在具体实施这些步骤的时候，CAN 计划的发起人们以需求为前提，以产品为导向做了一定的优化和调整。

2. 以青色组织理念构建社群网络，充分发挥每个人的功能

关于赋能，莱卢指出，在进化型组织中，员工不需要被他人善意地赋能。赋能是进化型组织的根基，被牢牢地镶嵌在组织架构、行动流程和实践方法之中。

CAN 计划的核心网络并没有以项目内容来分组，而是从协作流程的角度构建基本架构，并设置了“社群官”“药剂师”等关键角色，确保在使命共振的前提下，每一个共创者都能根据自身的兴趣爱好、特长发光发热，真正实现开放和跨界协作。

(二) 遗憾

1. 共识消散，共创者退出

在 CAN 计划发起之初，大鱼营造设想的理想状态是远期能有一个基于社区的可持续互助网络，该网络蕴含一套自组织的机制，从课题提出到调研、共创与行动，形成一套被验证的流程，以期在未来更好地响应各种复杂情况。

CAN 计划的行动力变化出现了一定的周期性（见图 2－10）。CAN 计划的社群行动力在 3 月中旬达到顶峰，但随着疫情的平稳，志愿者们陆续复工，CAN 计划的社群行动力明显下降。4 月，共创

者开始总结和阶段性复盘，希望转变 CAN 计划的定位。随着疫情的缓解，超过一半的共创者慢慢淡出了 CAN 计划。

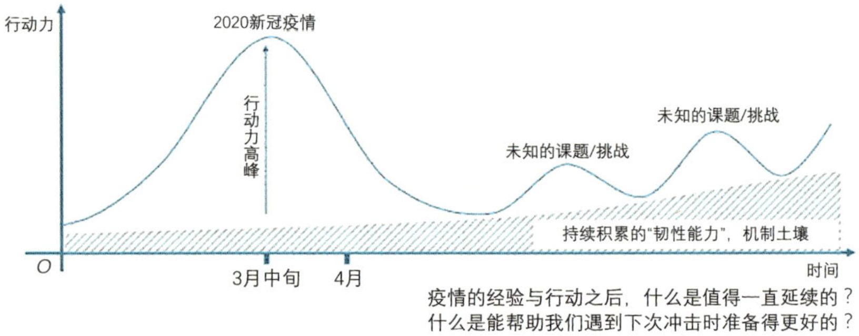

图 2-10　CAN 计划行动力变化

行动随疫情的缓解而停滞，几乎是 CAN 计划的必然结果。维系青色组织的前提之一是共识，当疫情缓解，共创者们的使命感衰退，CAN 计划便失去了当初聚集起来的动员力。

2. 筹款未达预期

CAN 计划没有建立可持续性的激励机制。尽管后来很多志愿者淡出的原因并不是因为经费，但是没有办法按照角色给予一定补贴，源自筹款能力和机制设计的不足。在 CAN 计划初期，大鱼营造将其作为一个整体项目进行筹款；疫情防控期间，CAN 计划获得了三家基金会的支持。但是，当基金会资金落实时，一些志愿者已经开始淡出。后期基金会的支持也并不是支持 CAN 计划本身，而是支持 CAN 计划产出的产品，即 CAN 计划中少数三四个组产出的工具包。这给 CAN 计划整体发展带来了一些道路选择上的困扰。

资金分配的倾斜一定程度上影响了 CAN 计划的青色理念。大鱼营造设想中构建的分布式协作网络应该是去中心化的，但后期由于某些单个产品获得了基金会资助，大鱼营造出现了“被资方支持的产品需求带着走，为了完成工作，又开始变得有中心”的倾向。

同时，疫情的时效性也给筹款带来了一些难度，筹款不足对大鱼营造的团队收支带来了影响。据一位发起人透露，大鱼营造全员上岗支持 CAN 计划，仅持续了四个月。

CAN 计划呈现了去中心化的协作网络的提案的多样性、包容性、创新性。尽管只发展到非常初级的阶段，也没有形成一个能保持热度的计划，但 CAN 计划还是贡献了很大的价值。

（撰写：刘素楠）

第三章　自救+协同，社会组织也可转“危”为“机”

——恩派公益组织发展中心行动案例

恩派公益组织发展中心（以下简称恩派）① 成立于2006年，是中国具有代表性的支持性公益组织之一，被民政部评定为5A级社会组织和“全国先进社会组织”，致力服务于公益孵化、能力建设、社区服务、收购评估、社会企业投资、社创空间运营等领域。

一、关于恩派

秉承“助力社会创新，培育公益人才”的初始使命，恩派首创的“公益孵化器”迄今已孵化超过1 000家社会组织和社会企业，其他各项业务资助与支持了超过3 000家公益机构，培训公益人才数万人，涵盖养老、教育、环保、青少年发展、扶贫、助残、社区服务、社会工作等诸多领域。

2019年，恩派的使命变更为“构建社会建设的支持体系”，并制定了“通过创新实践和持续倡导影响政策、资源、服务、空间、人才等，促进社会组织、社会企业和社区自组织的成长”这一阶段性目标，旨在实现“平衡、信任、共建、共治、共享的社会”的全新机构愿景。

2020年初，新冠疫情的暴发对中国乃至世界都是一次重大的考验。不仅公共卫生健康领域面临挑战，整个社会的经济发展也遭遇重创。在充斥着不确定性的社会中，社会组织如何“善其身”并“济天下”呢？或许恩派在整个疫情防控期间的行动能够给我们一些启示。

---

① 非注册名称，代指恩派及其发起的社会服务机构、基金会、社会企业及各城市的办事处、项目点的集合。——笔者注

二、恩派在行动

自救是指在一个危险环境中，在没有他人的帮助扶持下，靠自己的力量脱离险境；而协同则是指协调两个或者两个以上的不同资源或者个体，协同一致地完成某一目标的过程或能力。对事务双方或多方而言，协同的结果使个体获益，整体加强，共同发展。在疫情之下，社会组织该如何实现这两个目标？自救对于协同，协同对于自救分别意味着什么？

2020 年春节前夕，新冠疫情暴发、武汉封城。本是走亲访友、欢聚一堂的日子，却因为疫情变得格外冷清且紧张。恩派公益基金会执行秘书长与有共同志愿的恩派员工们，自发组成恩派联合防疫志愿服务队，开启了恩派人的抗疫行动。在号召发起的当天，恩派志愿者微信群的人数就有 50 人，随后加入的人越来越多，整个恩派在全国有 300 多位员工，将近一半的人加入了此次志愿行动，从农历正月初三到二月，恩派联合防疫志愿服务队变成了大恩派防疫作战部。

当时面临的问题是：作为一家支持性的社会组织，恩派可以为防疫抗疫做些什么？为了回应这一问题，恩派内部对疫情发展趋势做了研判，迅速对防疫作战部的工作做了决策与规划：充分发挥自身专业能力和资源积累优势，投入抗疫行动，秉持公益支持性组织的行动策略，发挥网络枢纽平台的优势，链接各界力量，挖掘各地需求，为社会组织和社区提供关键性的防疫支持，与抗疫工作者们共克时艰。

大恩派防疫作战部整合完毕后，员工们根据自己所长分别加入研发组、协调组、筹资组、综合支持组、社区组、能建组、“红哨子”等多个独立工作的小组，在线上线下同时开展抗疫工作。抗疫初期，工作每天从早上七点持续到第二天凌晨，各小组组长和组员一方面收集社会需求，另一方面链接社会资源，争取在第一时间将信息和资源对接给有需要的人，与时间赛跑，与疫情抗争。

根据疫情形势的变化，恩派不断调整工作内容和重心，提出“社会组织自救”的口号。在协同发展的目标下，恩派的大恩派防疫作战部联合一批疫情防控期间关注社区并向一线社区工作者投入资源的支持性机构发起“社区战疫支持联盟”，以及后来的社区发展促进网络。

图 3－1 对恩派在各个阶段的行动和计划进行了梳理，并总结了恩派在整个疫情防控期间行动的特点和经验。

（一）行动早期——大恩派防疫作战部

恩派在武汉有长期项目和办公室，作为最先直面疫情的城市，当时武汉居民急需物资支持。武汉恩派立即响应，在大年初一发起“益汇江汉，爱心不离”行动，统筹各类救助物资并提供咨询。武汉恩派工作人员直接参与一线的物资对接、转运、分发。恩派联合防疫志愿服务队通过在各地建立的社区信息网络，定期推送草根组织和基层社区在疫情防控中的典范实务、伦理方法，提供最新的资源信息，为社会组织和社区提供防疫支持。

疫情冲击下，社会组织的资金来源也遭遇挑战。恩派率先提出：疫情引发了社会领域的“金融风暴”，社会组织应先“行业自救”，再“组织自救”。[①] 随后，该组织于 2020 年 2 月 7 日发布了《社会组织危机应对指南》1.0 版本，受到了广泛关注。此后随着疫情发展形势和对防疫的经验总结，恩派公益基金会又发布了《社会组织危机应对指南》2.0 版本。这份危机应对指南共分为五个部分：疫情下的社会形

---

① 社会创新家．恩派吕朝：疫情带来“社会组织金融风暴”，大洗牌来了［EB/OL］.（2020－02－23）［2020－10－29］. https://mp.weixin.qq.com/s/t8zoCLJUvdBUTlgJBY5ycQ.

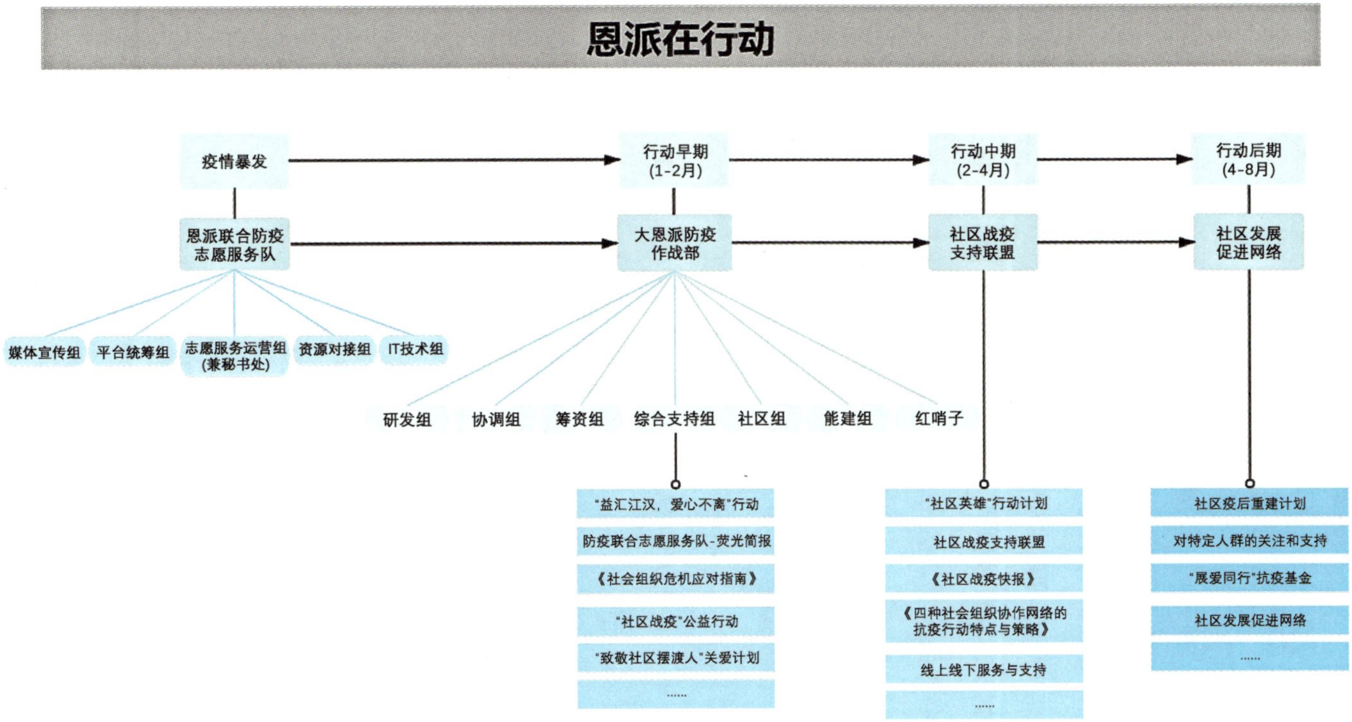

图 3-1　恩派公益组织发展中心抗疫行动概览图

势与挑战、业务交付与运营实现、市场营销与客户关系、服务/产品研发与管理、团队建设与能力提升。① 该指南从宏观到微观，从社会组织最关心的问题入手，为其他社会组织在疫情中实现自救提供了建议。

此外，为倡导社会将关注和资源投放到社区，助力社区一线工作者，帮扶受疫情影响的社区脆弱人群，培育居民自组织和志愿者社群，并据此建立长效和系统的疫后社区修复机制，恩派公益基金会联合社会各界发起了“社区战疫”公益行动。其中“致敬社区摆渡人”关爱计划主要针对在社区联防联控主战场奔忙的社区工作者，共分为四个部分：晚安计划、子女关爱计划、加油包计划和神秘礼包计划。在关爱“社区战疫”脆弱群体和社区基层工作者的“驰援一线战疫英雄”公益行动中，数百位恩派各地员工参与了公众筹款。截至 2020 年 3 月 6 日，共有 5 546 人参与捐款，筹集资金 247 442.57 元，首笔善款 131 880 元用于启动“致敬社区摆渡人”关爱计划。②

“致敬社区摆渡人”关爱计划启动后，从 2020 年 3 月 16 日到 2020 年 4 月 12 日，500 名武汉一线社区工作者和志愿者连续收到来自恩派志愿者的问候短信。有社区工作者反馈：“我们都是在夜里崩溃过的人，如若只是一味自顾不暇地煎熬，周遭将是疮痍和孤独。”③ 恩派志愿者会在志愿者群中相互鼓励、分享每天发送的短信内容并回复，增强对社区摆渡人的了解，同时也收到了很多惊喜和感人的小故事。

---

① 恩派．社会组织疫情危机自救建议 V2.0 [EB/OL]. (2020-03-02) [2020-10-29]. https://www.npi.org.cn/info/build?id=1234350975910187008&tabIndex=2.

② N有益思．驰援一线战“疫”英雄｜武汉“致敬社区摆渡人”正式启动 [EB/OL]. (2020-03-08) [2020-10-29]. https://mp.weixin.qq.com/s/ZaJ_UkWqnD1bl6JvoE0USg.

③ N有益思．致敬社区摆渡人｜晚安计划温情回顾 [EB/OL]. (2020-05-02) [2020-10-29]. https://mp.weixin.qq.com/s/bnQdRG72G5V1qxnzid4X2Q.

（二）行动中期——社区战疫支持联盟

随着疫情的发展，社区防疫抗疫需要更多社会资源的共同参与，为了汇集这些资源，高效地发挥各方面力量，恩派将重点放在社区，联合汇丰社区伙伴计划于 2020 年 2 月共同发起了“社区英雄”行动计划，以支持全国各地社区组织参与社区建设，提升社区防疫力，同时促进资讯互通、资源共享，传播社区正能量。

“社区英雄”行动计划的目的是在当前社区防疫重点阶段，聚集各地参与社区防疫工作的社区志愿者，促进全国各地民间社区防疫经验交流。同时，通过搭建涵盖疫情咨询、专业赋能、资源对接、经验分享等内容的交流平台，动员社区居民发扬社区参与精神，与政府、社会组织、社区伙伴和其他力量一同，为社区防疫提供支持，共同组成最坚固的社区防疫防线。

“社区英雄”行动计划的主要内容有：（1）英雄战报。收集整理最新的国内社区防疫领域的权威资讯，介绍全国各地社区防疫领域的好经验和好案例，推荐各类可以合作的社区防疫资源，汇总形成信息流，每天在群内定时推送。（2）英雄主播。采用在线直播的方式，邀请各个社区防疫志愿者分享社区防疫专业知识，协助大家掌握参与社区防疫工作的必备技能。同时邀请愿意参与社区防疫经验分享的专业防疫工作人员一起参与直播，分享各地社区防疫经验。（3）红哨子。其是由恩派科技公益产品团队开发的一款面向社区防疫参与者的公益性互联网技术平台。“红哨子”旨在动员联结社区力量，协助建立社区防疫参与机制，为全国的社区工作者、社会组织、社区自组织、社区居民提供便捷、真实、高效的社区抗疫需求发布对接工具，助力社区专业社会服务、志愿服务、心理关怀、防疫能力提升等多元需求快速集结响应，使每一位社区人都能为社区奉献自己的力量，守望、相助、守护社区。

除上述活动外，恩派也同时在推进针对疫情的各类线上活动，如在线带领亲子共同阅读绘本，在线征集三行情诗为守护者加油，引导和指导其他社会组织开展线上志愿服务活动等。恩派在抗疫和探索中总结经验，形成了《四种社会组织协作网络的抗疫行动特点与策略》，为后期的抗疫行动提供了方向和指导性建议。

恩派凝聚并筹措广泛的社会资源，与汇丰社区伙伴计划、联想公益基金会、万科公益基金会等组织共同发起社区战疫支持联盟，搭建了一个社区战疫支持者的交流、倡导与行动平台。该平台聚焦重建社区关系和社会资本提升，动员各类资源支持社区建设，并关注社区问题的解决和志愿精神的培养。① 社区战疫支持联盟以协作方式开展了一系列支持社区战疫的行动，如发布《社区战疫快报》，为社区工作人员提供资源、知识与经验。

（三）行动后期——社区发展促进网络

2020 年 4 月，外防输入成为中国抗疫“下半场”的当务之急，疫情防控步入了常态化阶段。恩派的防疫行动也随之转移了工作重点，面对较长的“疫后重建”期，社区“创伤”的平复仍有很长的路要走。此时的社区战疫行动由疫情防控期间聚焦疫情所带来的社区“创伤”与社区关系重建工作，逐步转向以社区发展为主。社区发展促进网络（China Community Catalyst，简称 CCC）前身是社区战疫支持联盟，其使命为推动城乡社区建设领域的基础设施建设，重建社区关系，提升社区社会资本，促进城乡社区发展。② 该网络致力于为

---

① 恩派 NPI.《社区战“疫”快报》VOL. 01 [EB/OL].（2020-03-10）[2020-10-29]. https://www.npi.org.cn/info/build?id=1234751903922425856&tabIndex=0.

② 恩派 NPI.《社区战“疫”快报》VOL. 04 [EB/OL].（2020-03-10）[2020-10-29]. https://www.npi.org.cn/info/build?id=1242054032424583168&tabIndex=0.

城乡社区建设机构和社区工作者提供信息分享、能力建设、研究报告、专项咨询等多元支持，使社区领域“发现需求—设计产品—资助试点—推广落地”的创新闭环得以发生。

在行动后期，恩派的支持主要体现在三个方面。一是推出“社区疫后重建计划”。随着疫情发展减缓，社区需要回归正常生活，恩派推出的该计划旨在引导居民、物业、商户多元主体共同参与，降低社区在抗击疫情过程中的受损程度，持续提升社区应对风险能力。该计划提供了社区应急机制建立、社区抗风险应对能力提升、社区商业支持、党建引领物业管委会社区支持、社区动员与居民自治、社区基金筹措与运营、社区普惠性服务体系建立、社区需求信息对接平台建立等一系列社区疫后重建具体应对措施。二是对特定人群的关注和支持。后期的抗疫行动越来越细化地回应特定人群的特定需求，恩派也针对不同人群的需求，提供相关支持，包括儿童群体、老年群体（主要是认知症群体和空巢老人）、残障人士、社区工作者等。三是发起“展爱同行”专项计划。星展银行（中国）有限公司携手恩派、绿洲食物银行和其他相关公益组织，捐赠500万元，推出“展爱同行”防疫专项计划，旨在促进亚太地区受新冠疫情重创的社区与群体未来的可持续发展。

三、自救：恩派行动的特点

（一）自下而上展现公益人的使命担当

武汉恩派办公地点位于华南海鲜市场对面，在短短一天内，志愿服务队组建完毕。从上层的平台统筹、资源对接到直接落地的信息技术组、服务组，一应俱全。武汉恩派几乎全员参与，各展所长，各司其职。也许正是这种“自下而上”的模式，才可以在短期内迅速反应和行动。这种模式不仅符合公益人使命驱动的本能，充分发挥他们在行动中的主观性、积极性和创造性，而且能够更贴近社区防疫实际需要，回应需求，让整个防疫工作高效运作。

（二）结合使命定位，充分利用自身资源

公益应该是一项专业的事业，每个公益组织也有其专业的领域。除了早期在武汉地区的“救急”和一些零星的与社区合作的项目没有直接参与一线抗疫工作以外，由恩派主导的抗疫项目和行动都是在做提供资源链接、扩大社会影响力、能力支持、平台支持、资金支持等支持性工作，这与恩派的定位——“公益行业的支持平台”是一致的。这样布局的优点在于，一方面充分发挥自身所长，用专业的能力为抗疫服务，提高服务效率；另一方面，能够始终保持自身使命定位的一致性。疫情是一时的，未来也可能会面对各类系统风险和非系统风险，对于社会组织而言，每一次应对社会需求的行动，都应回归到与自身使命的结合。不忘初心，方得始终。

（三）紧密跟踪疫情发展，实时回应社区需要

恩派的抗疫行动在早期以“救急”为主，平台主要提供信息、物资等人们急需的资源。武汉当地组织与社区合作，部分同事参与一线工作，依靠恩派强有力的全国服务网络，对接抗疫工作急需的物资和力量。“荧光行动”更是以武汉为中心，辐射全国。中期以集聚各种社会力量、扩大社会影响力为主，整合原有项目和资源，将更多的力量汇聚到抗击疫情的工作中。比如，汇丰社区伙伴计划是恩派与汇丰集团长期合作的战略项目，该项目通过支持社区提案的方式，提升居民自治能力和社区内生力。疫情暴发后，双方很快达成共识，发起“社区英雄”行动计划，支持与社区抗疫相关的项目。中后期，恩派开展了“社区疫后重建计划”和“‘展爱同行’抗疫基金”等关注疫

后社区重建的项目，分别从能力支持和资金支持方面，帮助社区通过自救的方式重新恢复活力。

从疫情发展之初的快速反应，到实施相适应的支持计划，恩派在抗疫行动中，明确自身“社区支持者”的身份，发挥自身专业知识和资源网络优势，充分回应社区各阶段不同的需求，支持社区发展。

四、协同：恩派行动带来的反思

疫情防控期间，恩派还有很多有特色和亮点的项目，诸多项目在如此庞大的工作体系中运转，资金流、人才流、信息流汇集于此并流通，究其原因，组织内部和外部协同机制的建立是恩派转“危”为“机”的关键。

（一）推进数字化工作

大恩派防疫作战部建立后，各部门首先在微信群（包括总群和小群）中讨论、沟通和协作。意识到微信作为社交软件在工作场域运用的不便，团队将工作软件更换为钉钉，之前的工作部门和架构同时存在，由这些小组和团队再向恩派内部员工和外部合作伙伴辐射。此次疫情让工作团队更加意识到线上协作的重要性，当工作方式、服务数据、工作流程都转为线上的时候，工作场景和业务流是否能跑通？面对这一挑战，恩派团队经过了一个多月的适应，于 2020 年 4 月实现基本操作。同年 8 月所有工作都能在线上进行，这也有利于在互联网平台拓展更多的资源与合作。多种协作工具的组合，让线上行政工作、数据管理、协作和维护等都成为现实。

（二）下沉到基层社区

武汉恩派在参与当地的疫情防控工作以及和政府合作时，得益于对当地情况的熟悉，能够很快收集来自社区的需求并对接。其他各地的恩派也是如此，长期扎根在社区的优势使得其社区协作网络不断发达起来。例如在上海屋里厢社区服务中心，项目负责人一方面在疫情防控期间凭借与社区建立的信任关系，发挥优势，筹措资源，积极有效地配合社区防疫工作；另一方面，提前策划社区防疫志愿者的招募工作，为之后的社区防疫、居民健康和志愿者支持做好保障。

恩派防疫抗疫工作的重点在社区。除了有社区服务防疫小组外，在后期的发展中，恩派也注重团队能力的开发。比如，筹款就成为新的工作。6 月，恩派接收的直接捐赠和物资捐赠总额约为 1 500 万元，其中来自乐高集团的玩具和爱佑基金会的资金均用来支持困境儿童和家庭，联想基金会的志愿服务小额项目资助也支持了服务的开展。恩派公益组织发展中心创始人认为，社会组织参与社区治理，一方面应意识到其调动民众力量的重要性，甚至可以说社区居民的参与和行动决定着社区建设的成败；另一方面也要意识到社会组织生存的危机，在大背景下这不仅是机构的存亡问题，而且是一个行业自救的问题，是更好地发挥作用和不给社区添乱之间的区别。

（三）夯实内外协同机制

从联合防疫志愿服务队开始，恩派的定位一直是枢纽型社会组织，主要开展资源对接、统筹安排、资金合理使用、与政府层面紧密互动、协作和完善等工作，但枢纽型社会组织在疫情防控工作中应当有更好的行动效果。因此，恩派不仅需要在内部建立更加流畅和全面的协作体系，更要在外部构建广泛有效的信息共享平台，未来面对类似的情况，便能作为枢纽型社会组织，迅速启动应急响应机制。简单来说就是，社会组织建立符合自身机构定位的应急管理和响应机制，找到可以一路前行的合作伙伴尤为重要。

疫情之下，社会组织的自救不是原地待命、不断消耗，而是在可能性中寻找生机，如果还是抱着原来的思维模式和逻辑，改变就不可能发生，而且也无法回应存在的价值和意义。就整个行业来看，当其面临危机时，唯有协同才能让可持续发展成为可能。

（撰写：宋立琴）

第四章　多元服务促成长，韧性社区共营造

——成都市爱有戏社区发展中心抗疫行动案例

如果说疾病的治愈率考验的是一个国家的医疗水平，那么疫情的防控考验的则是一国政府的社会治理能力。由于疫情防控是一项社会性活动，仅对患者进行救治或仅对感染者个人的行为采取约束措施很难取得良好的防控效果，疫情防控需要从全社会、多角度进行介入。与疫情防控紧密相关的公共卫生管理系统可分为两部分：一部分是政府和医院主导的正式系统，属于专业防疫，依靠医学科学进行健康维护和管理；另一部分是以邻里、社区为代表的非正式系统。社区层面的支持是社会保障体系运转的基础，也是促进公共卫生体系发展的重要推动因素。①

成都市爱有戏社区发展中心（以下简称爱有戏）基于其多年来聚焦社区发展与实践研究的资源优势和经验优势，开启了一系列以社区为“舞台”，以“营造”为基础，以“韧性”为目标的抗疫服务。本章对爱有戏一系列社区抗疫行动的发起、内容、成效等进行梳理，期待为其他公益组织开展常态化的社区支持提供借鉴。

一、以社区为“舞台”的行动者

2008 年的汶川地震让“社会工作”“志愿者”等概念进入了公众视野，普通公民也开始关注并参与解决社会问题与应对公共安全事件的实践。认识到公众参与社会治理的潜力与重要性，刘飞在 2008 年汶川地震后组建了成都市青年志愿者协会爱有戏公益戏剧社志愿者服务队，希望用拍摄戏剧的方式来反映社会中需要改变的状况，从而引发公众对

① 甄雪燕．简述民国时期社会团体在防疫工作中的作用 [J]. 光明中医，2011（5）：864 - 867.

社区中关乎国计民生的“小事”的关注。为了更好地满足基层社区的需求，团队于 2009 年成立了成都市爱有戏社区发展中心。机构自成立伊始，便一直专注于城市社区发展，以“协力构建更具幸福感的社区”为使命，通过参与式的方法培育社区社会资本，推动社区发展。

爱有戏目前有 290 余名志愿者，形成了社区发展、家庭综合支持、公共服务、支持性业务四大业务板块协同发展的格局，下设艺术与社会创新实验室和社区发展实践研究院（见图 4－1）。爱有戏的项目覆盖了成都市锦江区、高新区、武侯区、成华区、温江区和雅安市的近 100 个社区，机构核心项目的技术输出已涵盖宁夏、陕西、河南、山东、上海、杭州、南京、广东等近 20 个省、自治区、直辖市。

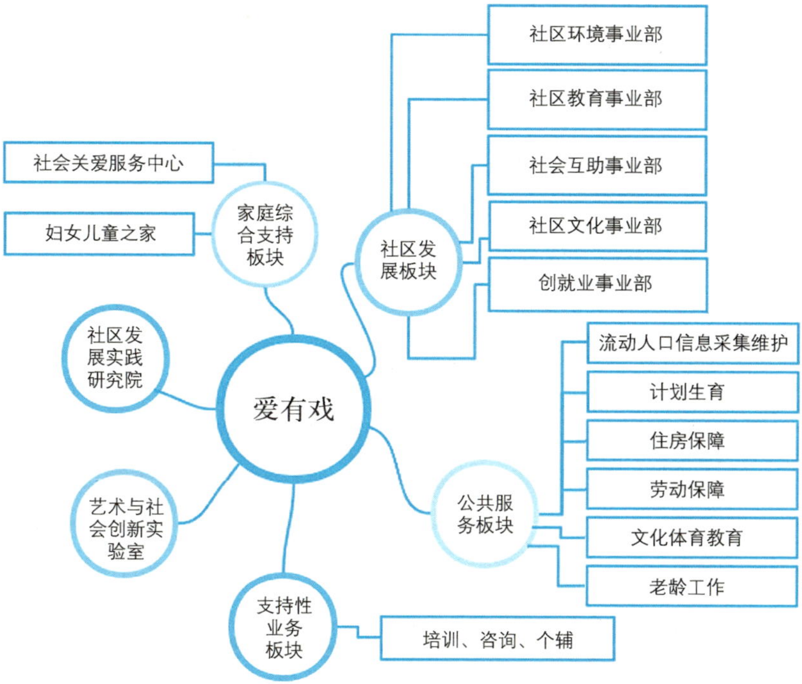

图 4－1　爱有戏业务与组织结构示意图

除了致力于社区支持赋能外，爱有戏在灾害响应方面也有一些经验：爱有戏曾通过“成都公益组织 420 联合救援行动”平台，在雅安地震的紧急救援阶段承担物资募集、运输、发放等工作，并在灾后重建阶段参与了在灾区建立社区工作站、开展居民心理疏导和社区文娱活动等灾后重建相关的社区工作。

二、扎根社区，提供发展型服务

自设立开始，爱有戏就专注于社区基本公共服务。目前，爱有戏公共服务板块共有 84 名专业社会工作者，他们承担了社区网格员的职责，也作为“防疫物资发放组”“防疫关爱工作组”成员参与了此次社区疫情防控工作。此外，和以往承担的灾害救援工作相比，此次疫情防控工作虽然也具有紧急性、突发性等特点，但是在政府—社会组织合作方面提出了更高的要求：社会组织个体行动自由度较小，需要紧密配合整体的疫情防控计划。因此，除了配合社区工作人员进行社区入户排查、卫生防疫宣传等社区疫情防控工作之外，爱有戏社工在社区工作中还强调在已有特色服务的基础上体现疫情防控工作的系统性、延续性。

秉持这种谨慎但有爱、有责任、求发展的态度，爱有戏于 2020 年 1 月 25 日起正式开启了抗击新冠疫情的相关工作。依托已有项目资源和社区工作经验，爱有戏开展了物资筹措、社区宣传、家户管理、心理支持、技术交流、研究推广等工作，助力社区疫情防控工作的顺利开展，并在疫情缓解后及时提供促进复工复产、抗疫人员支持等社会服务。

（一）多维度系统化助力社区抗疫

“社会系统”的思想是社会工作专业性的重要体现，在社区疫情防控工作中，除了要关注社区管理工作，相关工作者还需要从物资链接、心理支持等多个维度开展疫情防控工作，以确保社区和居民多层次、多样化的需求得到满足。

1. 提供心理照护

爱有戏关注到社区居民的心理需求，从家庭综合支持业务板块抽调社会工作师和心理咨询师“双师”人才十名，在成都市高新区、武侯区、成华区、双流区、新津区等地组建了“双师”心理援助队伍，并于2020年1月28日开通了成都市首个疫情关爱援助救助热线，并加入中国社会工作联合会，进入阿里健康平台，为全国一线社区疫情防控工作人员和公众提供心理咨询、心理援助等服务。截至2020年4月1日，爱有戏的心理援助累计服务7 608人次。

2. 助力物资捐赠

在疫情防控工作初期，社区面临的最大困难是各类抗疫物资严重短缺。作为重要的社会力量，爱有戏参与了中国灾害防御协会组织筹建的公益性平台，开展需求调查、捐赠对接和供应商的信息采集、审核与管理等工作，为医院和社区链接了诸多抗疫物资（见图4－2）。此外，爱有戏一方面同深圳壹基金公益基金会、延长壳牌四川加油站、新希望集团等12家单位建立了捐赠合作关系；另一方面依托核心项目“义仓”[①]“义集”

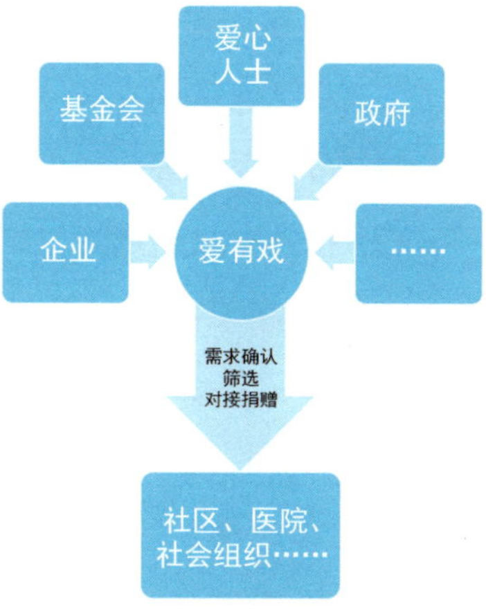

图4－2　资源链接平台示意图

---

① 义仓是一个爱心仓库，接收定期非现金的小额物资捐赠和服务时长捐赠。义仓的每一份爱心物资都有唯一编号，捐赠者可凭收据上的编号在网站或者APP上查到物资的来源和使用途径。

等，累计向140余个部门、街道、社区、社会组织提供防疫物资和生活用品，为社区困难群众、抗疫工作人员、定点隔离人员、特殊需求群体提供了切实保障。同时，义仓发展网络办公室收集湖北省本地的防疫需求，为六家义仓伙伴对接“小艾接力计划”的捐赠资源，促使当地资源与当地需求的无缝对接。

（二）专业方法支持社区防疫服务

个案工作、小组工作、社区工作并称为社会工作专业“三大方法”。在疫情防控行动中，爱有戏依托丰富的实践经验，参考“三大方法”，形成针对个体免疫力、家庭免疫力、社区免疫力三个层面的社会工作专业服务（见图4-3）。

(1) 提升个体免疫力。主要是指通过电话和网络为居民、居家隔离人员提供陪伴聊天、防疫咨询、心理疏导服务。通过入户探访独居老人、残障人士等困难群体，为有特殊需求的居民提供帮助个体适应居家隔离状态的服务。

(2) 提升家庭免疫力。针对疫情防控期间儿童活动受限等情况，机构发起“我们在一起”系列儿童互动活动，通过“微笑行动”“爱芽朗读者兴趣培训”等活动，丰富儿童的居家生活，调节由于环境封闭、行为受限等造成的焦虑、亲子沟通不畅等问题；成立相应的社区整合小组和社区教育小组，为公众提供“身体的信号”等网络直播课程和居家防护课程，促进家庭免疫力的形成和提升。

(3) 提升社区免疫力。爱有戏开展了以“爱心服务驿站”为代表的行动，为疫情防控工作者和社区居民提供饭菜加热、热水供应、休息歇脚和免费使用消毒物资等服务，保障社区疫情防控工作的顺利开展，提升社区免疫力。

开展社区排查	关怀弱势群体	促进个人健康	丰富文化生活	维持家庭生计	引导商家自救	解决物资供应	搭建邻里关系	开展邻里互助	
	• 社会心理援助热线 • 社会心理服务课程	• 居家运动线上课程 • 防疫知识小课堂 • 疫情通报小喇叭	• 线上学习类活动 • 乡村儿童启发绘画						个体免疫力
		• 居家防护实用课程	• 儿童社工线上工作方法	• 社区线上招聘会	• 邻里小商企自救联盟	• 邻里商居互助平台			家庭免疫力
• 社区工作排查指引							• 抗疫手账分享 • 绿植漂流记 • 环保生态砖制作 • 云旅行话题讨论	• “一个”社区团购 • 声音陪伴 • 声为你来 • 爱心服务驿站	社区免疫力

图 4-3　专业社区防疫服务内容

（三）注重模式推广，共享本土经验

助人是一个复杂的社会互动过程，如果不认真分析影响互动效果的心理、文化和社会因素，助人活动就难以取得预期的效果。经验对于社会工作者十分重要，当经验上升为理论、模式得到推广，就会成为行业共同的财富，推动社会工作事业的发展。

在缺乏公共卫生领域介入经验的状况下，爱有戏结合自身在社区营造、心理支持等方面的经验优势，运用行动研究等方法，总结梳理疫情防控期间社区排查、社会心理服务、社区营造三个方面的实用教程和指引，完成并公开发布了《社工参与社会防疫服务之外出排查指引》《社工参与社会防疫服务之热线服务指引》等专业指南。这些指南得到了政府部门的认同与推广。机构还与恩派"多巴胺团队"达成合作，推出了"家庭综合支持业务在突发性公共卫生危机下的临时性调整概述""突发公共卫生事件期间社工如何使用微信群进行疫情防控工作"等社会工作专业线上课程，累计阅读量超过7万人次。

除了对以往经验的梳理，爱有戏还注重社会工作者参与疫情防控本土经验的行业交流工作。爱有戏社区发展中心领导受邀参加社区应对新冠疫情国际联盟（IACCR）组织的"应对COVID-19咨询及技术交流会"，就"中国社区是如何互助和自助的""物资运输如何保障"等问题进行了回答，并以爱有戏参与疫情防控的实务工作为例，分享了中国非营利组织在重大公共卫生事件中的应对经验。

此外，爱有戏作为一家具有丰富社区工作实践经验的机构，在参与疫情防控的同时还承担了社会组织培育功能。爱有戏联合万科公益

基金会开展了“护航计划”（见图 4－4），资助了若干家湖北省的社会组织，发挥其在运营、技术等方面的优势，促进本土社会组织发展。

图 4－4 “护航计划”内容示意图

（四）常态化社区工作的过渡调整

在开展疫情防控相关工作的同时，爱有戏依旧注重常规工作和特色社区工作的开展。随着疫情防控工作的有效推进，国内疫情在 2020 年 5 月前后得到控制，各地陆续复产复工，爱有戏的工作重点也随之发生变化。针对社区这样的基层单元，如何帮助社区从疫情影响中恢复生机、增强韧性，爱有戏提供了一系列服务。

社区教育一直是社区工作者的重要工作，随着居民对疫情防控相关知识掌握程度的加深，社区宣传教育的重点由居家防疫知识宣传，引导居民尊重科学、相信科学，不信谣、不盲从、不恐慌，转变为复工复产后，在工作场所、公共场合的自我保护意识的普及和保持。爱有戏通过线上线下课程，为居民提供居家防疫、日常防疫、复工后的防护知识。

随着生活秩序的逐步恢复，常规社区服务在结合疫情防控常态化的要求下也恢复开展。“邻里月台”作为爱有戏的核心品牌项目之一，推出了“邻里来帮”社区服务活动：开展学生线上辅导；对贫困家庭、困境老人、精神障碍人士进行帮扶慰问，为其提供日常用品、防疫包等物资帮助；针对康复者提供心理疏导等服务；开展线上线下活动，帮助医护人员、社区工作者舒缓心理压力；开展“抗疫一线勇士家庭子女关怀计划”，为抗疫人员子女提供作业辅导、儿童教育等活动。

三、社区营造指引：防疫行动之基石

社区营造起源于 20 世纪 60 年代，是日本市民运动时期的产物，也是日本独具特色的一种社区治理模式，其目的是让居民生活得更好，保持地域的多样性和独特性，发掘地区传统文化潜力。社区营造以社区为主体，通过社区居民参与地方公共事务，凝聚社区共识，从而促进社区自主能力提升，使文化、产业、经济得以复兴，其是一个促进社区活力再现的整体性社区创造过程。①

社区营造的基础是居民的广泛参与。爱有戏在社区防疫行动中取得的成效与其在日常工作中注重和居民互动，而非单纯支持和帮助居民的服务策略密不可分。正是因为前期和社区居民建立了很好的关系，良好的社会声誉和群众基础有利于在疫情防控期间开展活动，获得企业资助等社会资源和社区行动中的居民的认同与配合，团队才能在疫情防控工作中迅速掌握社区和居民的情况，从而精准匹配社区防疫需求和居民需求，无缝式融入社区疫情防控工作。加上居民配合度也比较高，机构可以直接开展工作。其中，重点帮扶的 2 005 户贫困户是以往工作中就已经确定并建立联系的。

图 4－5 居民在“义仓”平台中的角色转换

社会工作者在很多情况下需要扮演资源链接者的角色，联络政府部门、企业、社会组织，向他们争取受助者所需的资源，并将资源传递到受助者手中（社区居民在绝大部分情况下都扮演着“受助者”的角色）。作为注重培育社区资本的组织（见图 4－5），爱有戏

① 刘远，司汉武．社会工作介入社区营造的途径与措施——以张家港市 H 社区为例［J］．商，2015（46）：70－71.

在开展疫情防控工作的过程中，非常注重对社区内资源的发掘和利用，让“受助者”转变为“助人者”。

“义仓”通过人与人之间的平等互助、频繁互动与交流，搭建人际关系网络，促进社区社会资本的增长。“义仓”承载着平等、尊重、良善以及人们对美好社区的向往，是促进居民参与、激发居民内生动力的重要力量。作为机构的核心项目，“义仓”在社区疫情防控中扮演着重要的资源平台角色。为了保障社区内的独居老人、残障人士、贫困居民等重点帮扶对象在疫情防控期间的日常生活物资供应，机构社会工作者在做好防护的前提下入户慰问，使“义仓”平台在疫情防控期间仍可以持续运转。

除了“义仓”项目，爱有戏的社区项目“邻里月台”也在社区中扮演着重要的角色。疫情防控期间，社区处于相对封闭的状态，多种居民日常社会活动被迫中止，经济社会活动被迫暂停。爱有戏开展了“线上线下助力金堂果农”活动，让社区居民从受助者转变为施助者，帮助果农销售滞销农产品。爱有戏发起的“爱心理发”等邻里互助活动则充分发挥了社区居民的特长，营造了温馨互助的社区氛围。

四、探索新的方向：构建“韧性社区”

南开大学吴晓林教授认为，韧性社区是以社区共同行动为基础，能链接内外资源、有效抵御灾害与风险，并从有害影响中恢复，保持可持续发展能力的社区。在梳理工作成果的同时，爱有戏也在思考，作为以社区为主要活动场所和服务对象的社会组织，未来可以拓展何种服务方式和哪些工作领域。

首先，在服务方式上，以往的社区活动以线下活动为主。疫情防控期间，线下活动难以开展，机构需要及时转换思路，拓展线上服务模式。

在各行各业都在积极发展线上业务的大形势下，爱有戏如何利用互联网技术实现线上的社区营造，是可以深入讨论的一个问题。为了保障社区活动的顺利开展，爱有戏与重庆的一家艺术中心一起探索“有艺无疫”线上社区营造项目，开展线上艺术课堂、战疫公益拍卖等活动，将善款存入机构下设的“义仓基金”，作为日后社区工作的资金。

其次，推动社区自组织的成长，不仅包括互益型的组织，还包括偏公共议题的组织的发展，让社区自组织的结构更加合理，与社会和老百姓的需求更加贴合。公共卫生服务是医疗卫生服务体系的重要部分，也是我国公民享受健康保障的底线。① 通过参与社区疫情防控工作，爱有戏发现，基层公共卫生领域缺少居民和社会组织的参与，缺少对公共卫生事件有响应能力的居民组织。社区是爱有戏的主要服务领域，其计划在未来与社区卫生服务中心等基层公共卫生部门合作，选取几个主要的社区类型，如高档小区、普通小区、城中村、拆迁安置小区等作为试点，在社区开展公共卫生类自组织的建设，具体方式为：运用社区教育等社会工作专业方法，通过开展社区教育、小组活动，组建社区内部的公共卫生服务团队。团队成员在日常生活中接受公共卫生方面的教育，在遇到社会公共卫生事件时，则作为核心志愿者参与工作。

随着社会结构分化程度提高，社会管理重心下移，社区建设政策不断深入，国家、市场与社区关系结构日趋成熟。社区与社区工作既是中国社会工作发展的突破口，又必将长期处于社会经济政策议程的中心位置。

（撰写：刘琦慧）

① 陈林．基层公共卫生服务现状研究［J］．中国社区医师（医学专业），2013（7）：368．

基金会行动编

新冠疫情对我国经济社会运行造成了严重冲击，公益慈善的热情再一次被点燃。以基金会为代表的公益慈善组织和其背后的公益人，似乎总是能够以一种积极的心态，在绝望中看到希望，将危机转化为契机，在苦难中乐观前行。在参与抗击新冠疫情的行动中，众多基金会基于自身的使命、价值和情怀，实施了一系列致力于推动行业整体发展的战略性措施，也为社会组织参与新冠疫情防控提供了坚实后盾。

基金会是公益慈善事业的重要主体。在我国的公益生态系统中，基金会既是直接行动主体，又承担着链接和联动上下游资源的特殊功能。基金会除了扮演项目执行者的角色外，还有两个更重要的角色，即资源链接者和资源供给者。当然，一些对公益行业具有使命感的基金会还将自己定位为行业生态建设的推动者。在抗击新冠疫情的行动中，各类基金会将自己的角色优势充分发挥出来，为疫情防控做出了重要贡献。本书第二编选取具有代表性的八家基金会，对他们参与抗击疫情的不同做法进行阐述和总结。大致来看，八家基金会可以归为两类。

第一类是资助型基金会，包括南都公益基金会、千禾社区公益基金会、招商局慈善基金会和正荣公益基金会（招商局慈善基金会和正荣公益基金会实际上兼具企业基金会的性质和优势，比如招商局慈善基金会既有依托企业优势的“灾急送”项目，又有专注于一线社区组织资助的“社区有招”项目）。资助型基金会在抗击新冠疫情的行动中更准确地表达了基金会的本质属性——作为资源的供给者，将资源从上游向下游传递。为激发社区自救力量，提升社区疫情应对能力，千禾社区公益基金会、招商局慈善基金会和正荣公益基金会都聚焦社区组织，建立起“基金会→社区组织”的资助链条；而南都公益基金会的资助链条则相对更长，通过联合发起并成立“社会组织抗击新冠疫情协作网络”，形成了“基金会资助→区域协调机构管理→省级枢纽机构联合当地社会组织”的行动链条，并以此推动其一直倡导的公益行业生态建设愿景。

第二类以爱德基金会、北京韩红爱心慈善基金会、壹基金、中国扶贫基金会为代表，它们都是在灾害救援领域拥有丰富经验的基金会。爱德基金会每年都会响应1～3个重大自然灾害；北京韩红爱心慈善基金会长期坚持关注偏远地区的医疗卫生建设和重大自然灾害应急救援，在汶川、日喀则等多个灾区应急救援中有过突出表现；灾害救助也是壹基金的核心业务领域，“壹基金救援联盟”已累积了十多年经验；中国扶贫基金会2014年发起人道救援网络，目前已经成为一个足迹遍布国内32个省、自治区、直辖市以及海外5个国家的防灾、减灾、救灾合作平台。这些在应急救灾领域有长期经验的基金会在疫情中都凭借其优势积极响应抗疫行动，发挥了重要作用。

（中国政法大学社会学院　李怀瑞）

第五章　联八方之力，合公益之效

——爱德基金会联合战疫行动案例

爱德基金会（以下简称爱德）成立于 1985 年 4 月。自成立以来，爱德先后与 20 多个国家和地区的近 300 家机构开展了不同形式的友好合作，在扶贫济困、城乡社区发展、公益倡导与行业支持等多个领域开展了大量工作，也赢得了行业内外的诸多赞誉。

在应急救灾领域，爱德有着比较丰富的经验。从 1987 年大兴安岭火灾后设立奖励基金开始，爱德年均响应 1～3 个自然灾害，先后参与了 1991 年华东水灾、1998 年长江洪灾、2008 年汶川地震等重大自然灾害的救援和灾区重建工作。同时，爱德也率先走出国门，积极协调国内外资源，开展了肯尼亚饥荒、菲律宾风灾、尼泊尔地震、厄瓜多尔地震、斯里兰卡水灾等国外重大自然灾害的救援工作。

然而，在公共卫生危机救援领域，国内公益组织的参与经验几乎为零。在这种情况下，爱德如何发动自身资源响应此次抗疫行动，为公益机构参与公共卫生危机的救援带来哪些启示，是值得思考和探究的。本章聚焦疫情下爱德发起的联合抗疫行动，探索公共卫生突发事件中公益机构有效参与的可行性路径。

一、 行动：从国内到国外不遗余力

2020 年 1 月 20 日，爱德在其微信公众号上倡导大家要警惕新冠病毒并注意学习预防新冠的知识。1 月 22 日，爱德联合其他社会组织发布了呼吁公益人和公益慈善组织积极参与抗击疫情行动的倡议；1 月 24 日，爱德正式启动一级紧急响应机制，募集到第一批捐赠物资和第一笔捐赠资金（100 万元），并于当天组织物流运送疫情防控物资；1 月 25 日，第一批疫情防控物资——10 吨（500 桶）消毒液运抵武汉市。之后，爱德全力投入这场联合战疫行动，募集了超过 8 400 万元的善款与物资，发挥了民间公益组织的力量。

(一) 国内抗疫工作

1. 应急物资捐赠

从 1 月 24 日启动一级疫情响应机制起至 5 月 31 日，爱德为湖北省、江苏省、云南省、内蒙古自治区、广东省等地的 400 多家医院和基层医疗机构、200 多所学校、社区和乡镇基层组织，以及南京市本地医院、养老院和 8 批江苏省援鄂医疗队赠送了急需的各类抗疫物资。爱德抗击新冠疫情采购物资具体见表 5－1。

表 5－1　爱德抗击新冠疫情采购物资表

类别	物　品	单位	数量	类别	物　品	单位	数量
医疗设备	负压式救护车	辆	8	防护用品	防护服	件	37 279
	病人监护仪	台	50		隔离衣	件	18 000
	额温枪	支	275		防护面屏	个	41 400
	高流量呼吸湿化治疗仪	台	46		正压式电动呼吸器	套	1 000
	呼吸机	台	23		护目镜	副	14 000
	空气消毒机	台	250		N95/KN95 口罩	个	33 400
	输液泵	台	25		一次性检查手套	副	476 300
	注射泵	台	50		鞋套	双	55 000
	血压计	台	152	消毒用品	消毒液	吨	316
	血氧仪	台	60		双氧水	吨	60
	玻璃体温计	支	200		医用酒精	吨	55

（续表）

类别	物　品	单位	数量	类别	物　品	单位	数量
消毒用品	免洗凝胶	吨	46	食品日用品	自热米饭	盒	1 006
	洗手液	吨	13		方便面、八宝粥	盒	1 400
食品日用品	安心裤	条	49 800		牛奶	箱	48
	水暖毯	条	1 157	其他医疗用品	新型冠状病毒核酸检测试剂盒	盒	13 000
	医护暖心包	份	1 450				
	护手霜	支	4 704		复合碘消毒棉签	瓶	4 000
	方便面	桶	6 000		采样试管	份	10 000

在物资采购方面，爱德制定了针对性方案，严把质量关。采购小组一方面跟受疫情影响严重地区的医疗系统和援鄂医疗队进行高效需求对接；另一方面按照相关卫生标准，严格甄别货源渠道，分类采购、运输和分发，避免了物资不适用带来的损失。在紧急物流方面，爱德主要依托与苏宁物流、中国邮政等物流公司的公益合作。在物资受赠方面，爱德通过与当地公益组织的合作解决“最后一公里”问题，执行物资递送与发放。

2. 助力医护后勤保障

为了确保奋战在抢救危重新冠病人一线的医护人员能够全身心投入抗疫，保护一线工作人员不被感染，爱德紧急采购了价值上千万元的正压式电动呼吸器 1 000 套，及时提供给武汉市和湖北省其他地区医院的抢救室以及江苏省援鄂医疗队，这一举措受到了一线医护人员的欢迎和肯定。

在全国抗疫的关键阶段，除了捐赠医疗物资以保障医护人员的安全外，爱德也注意到了一线医护人员日常用餐和其他生活方面的需求，并在南京市等地为社区医护人员和一线防控人员试点实施“医务人员赠餐项目”。爱德联合阿里巴巴公益平台、饿了么、淘宝直播共同发起“守护天使”爱心用餐公益项目。从 2 月 10 日开始至 3 月 22 日项目结束，共计 42 天，累计为全国 17 个城市（武汉市、湖州市、昆明市、贵阳市、北京市、广州市、杭州市、南充市、南昌市、厦门市、温州市、长沙市、郑州市、成都市、苏州市、南京市、西安市）的一线医疗系统工作人员和疫情防控工作人员供餐 141 785 份。

3. 支持本地社区防疫

在做好防疫物资支持的同时，爱德还结合其扎根社区、赋能社区的工作优势，开展了一系列支持社区防疫的工作，包括与餐饮企业合作，为坚守在岗的社区卫生人员免费供餐，向南京地区一线医院和服务机构提供急用的医疗物资、消毒液，加入社区防疫志愿者队伍，主动协助社区工作人员承担外乡返工人员活动轨迹与健康状况登记、进出社区的居民体温测量、为社区观察隔离户定时送饭、对隔离期满者进行探访和安抚等工作。爱德工作人员在积极支持社区防疫工作的同时，还鼓励其他社会组织投身社区服务。

4. 调整脆弱群体服务

疫情给人们的生活带来了诸多挑战，特别是对老人、儿童、残疾人等脆弱群体的挑战更大，原有的脆弱群体服务模式也不再适用。爱德结合以往经验、疫情发展和群体需求等因素，调整了服务模式。例如，爱德翠林山庄居家养老服务站发起了“好邻居敲敲门”项目，志愿者们坚持为社区高龄独居老人提供电话探访和代购送餐等服务；对于需要持续进行康复训练的孤独症儿童，爱德儿童发展中心通过视频形式对孩子们进行在线康复教学，最大限度地弥补因疫情落下的课业；聚焦贫困地区母婴健康关爱的“大地新芽”项目组则及时对项目执行模式进行调整，提供线上咨询和指导以及接送临产孕妇等服务；为了帮助受疫情影响地区贫困乡村学校顺利开学，爱德发起了“爱心抗疫助复学项目”，为10个省份的18所乡村学校提供了防疫物资和有助于疫后心理疏导的教学用品。

（二）其他国家和地区的抗疫工作

在国际疫情蔓延的情况下，爱德于2020年3月下旬开启了国际抗疫援助工作，积极携手社会各方力量，为有需要的国家，尤其是医疗资源较为紧缺、卫生条件相对落后的国家提供力所能及的援助，推动全球合作战疫。截至2020年5月31日，爱德已累计向亚洲、非洲、欧洲、美洲共16个国家和地区捐赠普通一次性口罩735 300个、N95口罩36 080个、KN95口罩2 050个、护目镜1 000副、呼吸机23台、医用隔离面罩11 120个、医用丁腈检查手套60 000副、防护服5 800套、高流量呼吸湿化治疗仪5台等大批物资。除开展物资援助外，爱德还积极组织和参加国内外疫情防控经验交流活动，曾三次组织并参与丝绸之路沿线民间组织合作网络抗疫经验线上分享系列活动，与世界各国分享中国公益组织参与新型冠状病毒感染疫情防控的经验。

二、联合：公益资源汇聚的平台

资源是社会组织生存和发展的重要保证，公益资源更是影响公益机构行动的重要变量。[①] 任何资源都具有稀缺性，疫情下的公益资源更是如此。在各类资源都紧缺的情况下，爱德发起的联合战疫行动，

① 王玉生，罗丹．国外NGO联盟研究述评［J］．中国行政管理，2014（3）：104－108.

汇集了从线上到线下、从民间到政府、从海内到海外等各方面的力量，将资源整合并转化为多方面的行动。梳理其行动脉络，爱德联合的资源主体涉及组织内外、行业内外和海内外。

（一）组织内外资源的联合

基于长期救灾工作中形成的应急响应经验，爱德在行动之初就高度关注内部资源的整合，在内部建立了应对疫情的决策和协调机制，由理事长负责全面统筹、秘书长具体负责抗疫协调、其他秘书办公室成员分工合作，形成了灾害管理团队与社区发展团队、爱德荟、新媒体、教会服务团队和爱德公司、爱德旗下经济实体等多团队协作的联合战疫队伍。爱德基金会组织架构见图 5－1。

1. 协作小组促效率

启动响应机制后，为了提高工作效率，爱德组建了“武汉疫情响应协调群”，分为工作统筹、项目需求对接、线上线下筹款、物资采购运输分发、信息统计、项目反馈和宣传等多个紧急工作小组，并与捐赠单位、网络平台、受赠单位分别建立了上百个微信小群。项目需求对接小组通过多种渠道获得一线需求信息，物资采购小组寻找货源和物流资源，线上筹款小组在多个网络平台开展筹款工作，企业合作小组也广泛对接企业捐赠意愿，为物资定向募捐和配送打通渠道。爱德近百名员工甚至员工家属全程参与，形成了社会动员、筹款筹资、物资和需求信息收集、质量控制、合同签订、物资采购、物资运输、物资分发和信息反馈等流程作业（见图 5－2），保证了救灾响应的速度和质量。

2. 多元组织显温度

爱德在其发展过程中建立了爱德儿童发展中心、爱德慈佑院、爱德国际仁谷、爱德社会组织培育中心等社会服务机构，这些机构为心智障碍群体、老年人群体、社区社会组织等服务对象提供服务。疫情

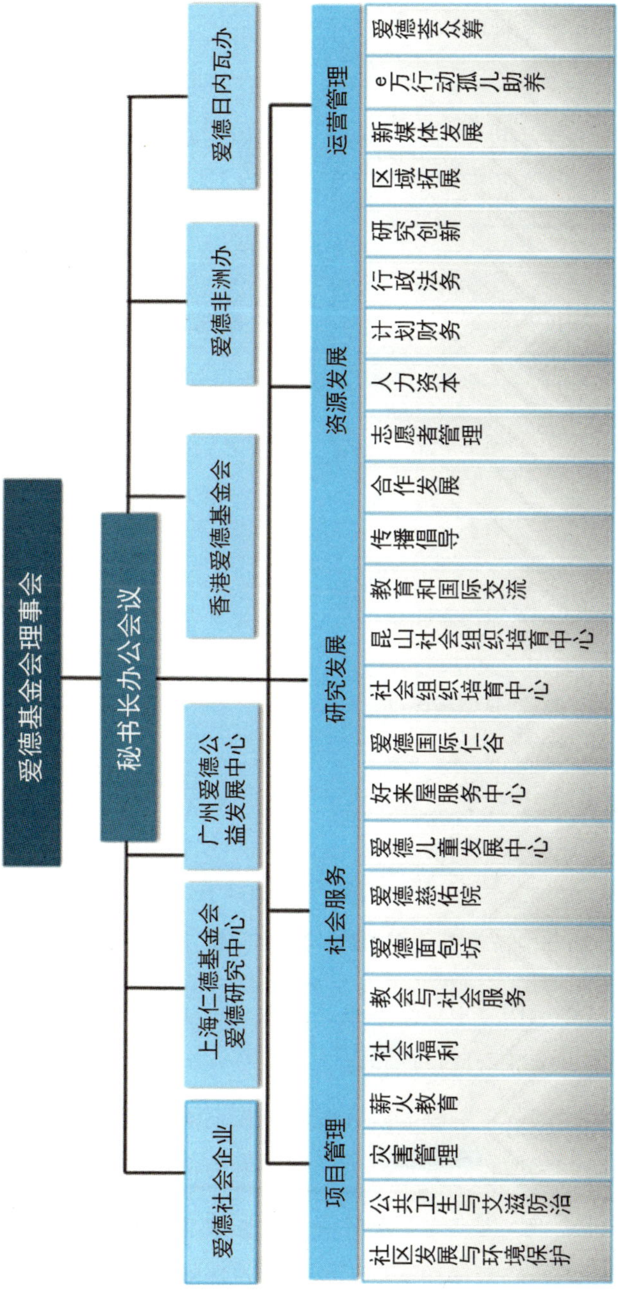

图5－1 爱德基金会组织架构图

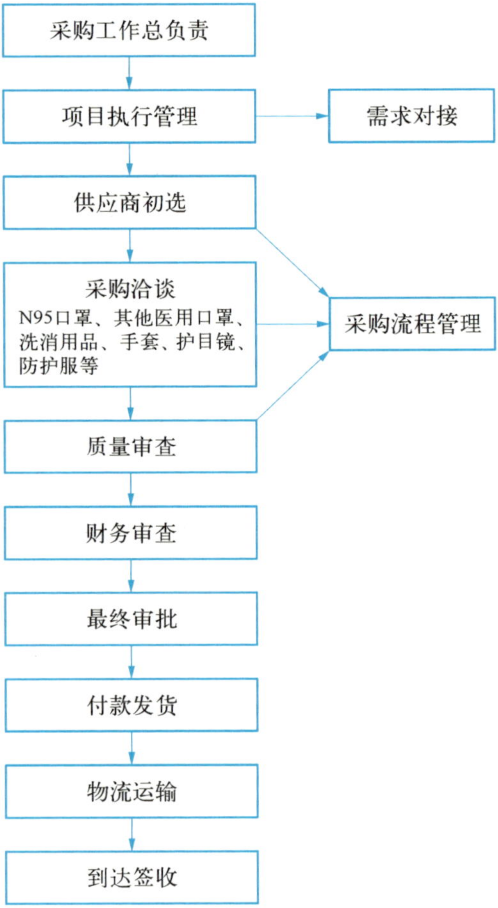

图 5-2　疫情下爱德基金会物资采购流程示意图

防控期间，这些机构分别根据各自特点展开行动，各地的爱德分支机构也广泛行动，为联合抗疫而行动。

例如，爱德国际仁谷颐养院在疫情防控期间为避免外来人群引发疫情扩散风险，采取封闭管理措施，组织专人定时消杀，建立晨检和人员登记制度，每天为老人测量体温，开展新冠感染防范知识的普及活动，加强对老人的陪伴和安抚工作，有效保障了院内 166 位老人的健康。再如，爱德儿童发展中心为了避免孩子们在疫情防控期间得不到训练而影响康复，工作人员开设了线上课程，为孤独症儿童制作康复视频课程 210 节，接收到家长的反馈视频 1 473 个。

特殊时期，脆弱群体更加脆弱，社会组织作为需求的发现者、资源的挖掘者和服务的提供者，具有无可替代的社会价值。爱德秉承以人为本的服务理念，关注到脆弱群体的需求，让疫情下的服务更有温度。

3. 下属企业供保障

除了基金会和社会服务机构，爱德还建立了爱德印刷公司、爱德面包坊等企业。疫情防控期间，这些企业不仅积极配合本地政府要求，延迟开业并做好疫情防控工作，还全力支持此次联合抗疫行动。如爱德印刷公司的工人们在防疫物资的搬运中发挥了重大作用，爱德印刷仓储中心也成了援助海外防疫物资的中转站，这些企业的支持为爱德联合抗疫提供了诸多保障。

（二）行业内外资源的联合

无论是物资捐赠还是服务递送，爱德的抗疫活动主要依托与当地公益组织的合作来开展。武汉市和湖北省其他地方的社会组织为联合战疫提供了不可或缺的支持。助力医护后勤保障、支持本地社区抗疫、境外物资捐赠和线上经验分享等服务，大都依靠社—社协同的力量。除了行业内部的资源，爱德还联合了行业外的其他主体共同参与。

1. 政府部门的支持

爱德在抗疫期间得到了主管部门江苏省委统战部的大力支持：① 江苏省委统战部将爱德作为参与平台，协调负责省统一战线对口支援湖北省黄石市的抗疫工作；② 积极链接物品和资金捐赠，如对接加拿大华商捐赠的 20 万元人民币，定向用于慰问在此次抗疫中献出宝贵生命的八名抗疫英雄家属；③ 江苏省委统战部领导专程调研爱德参与的海外疫情援助工作，并对爱德抗击新冠疫情所做的工作表示了肯定。

江苏民建之前与爱德设立了思源爱民专项基金，本次捐赠了140多万元支持爱德抗疫工作。自2020年2月13日起至3月底，爱德收到江苏省新的社会阶层人士联谊会、中国农工民主党江苏省委、江苏省党外知识分子联谊会、欧美同学会、华文教育发展中心、泰州市旅港同乡会及其他相关单位和个人捐款超过377万元人民币（含外币捐赠）。此外，爱德还积极配合江苏省统战系统同期启动“江苏侨爱援助行动”项目的实施，发运多批捐赠物资到中国香港、澳门地区以及日本、韩国等国家。

2. 爱心企业的参与

疫情防控期间，不少企业也在通过各种方式履行社会责任，基金会成为物资捐赠的良好媒介。2020年1月24日，爱德收到江苏乾宝生物科技有限公司捐赠的10吨消毒液，玫琳凯（中国）也宣布通过上海宋庆龄基金会玫琳凯感恩公益基金向爱德紧急拨付100万元善款驰援武汉市。1月25日，安徽金禾实业股份有限公司向爱德捐赠40吨双氧水驰援武汉市；1月26日，华泰证券宣布与爱德合作设立“益心华泰公共卫生专项基金”，第一期捐赠人民币1 000万元；1月27日，友邦保险向爱德捐赠人民币100万元；1月28日，广州市百果园网络科技有限公司向爱德捐赠200万元……截至3月23日，共有40余家企业参与捐赠。

在物流运输受控、物流人员短缺的情况下，爱德得到了江苏苏宁物流、运满满、江苏邮政、中外运等多家物流企业的大力支持，有力保障了爱德抗疫工作的顺利实施。在线上筹款中，爱德与苏宁公益和阿里公益达成独家合作，获得了全网独家推送流量与平台业务方的支持，有效强化和传播了爱德抗疫项目品牌。

3. 新闻媒体的报道

抗疫行动期间，爱德非常重视信息披露工作的同步开展。从2020年1月23日开始，爱德坚持以视频、海报、图文等形式，通过微信、微博、抖音、快手、腾讯新闻、今日头条、网易新闻、百度新闻、支付宝生活号、微淘等多个平台和腾讯公益、阿里巴巴公益、支付宝公益、苏宁公益等各类互联网筹款平台，连续对筹款金额、每日工作进展、项目执行过程细节进行披露，主动接受社会监督。

爱德的联合战疫行动也得到了新华社、《中国日报》、《人民政协报》、《中国社会报》、《中国民族报》、江苏电视台、南京新闻广播、《广州日报》、《南方日报》、《羊城晚报》、南都观察家等多家主流媒体的关注，在全国主流强势媒体都聚焦疫情发展的大环境中传递出了爱德声音。

4. 宗教慈善力量的汇入

宗教公益慈善与社会慈善事业同根同源。[①] 对宗教机构来说，提供社会服务是其在社会中发挥和扩大影响以及体现自身价值最主要、最有效的途径之一。爱德在成立之初就将先进的公益慈善理念引入中国。在公益慈善方面，爱德对中国宗教公益慈善事业的专业化发展起到了引领作用；在宗教适应社会方面，爱德帮助基督教徒服务社会；在中外宗教界友好往来方面，爱德也起到了促进作用。[②]

疫情暴发后，中国基督教两会（中国基督教三自爱国运动委员会、中国基督教协会）立刻联系爱德共同参与抗疫救援，积极宣传、

① 于洋，陈延超．宗教公益慈善组织面临的困难与对策建议［J］．中国宗教，2020（3）：62－63.

② 何虎生，王超．宗教公益慈善事业与中国社会的进步：兼论爱德基金会在中国社会发展中的作用［J］．世界宗教文化，2015（4）：17－22.

鼓励各地教会和基督教徒参与抗疫救援工作。自 1 月 27 日起，有来自江苏省、上海市、北京市、陕西省、云南省、新疆维吾尔自治区、广州市等 20 多个省、自治区、直辖市的 300 多家教会、教会机构、基督教徒团体以及个人通过爱德援助受疫情影响严重的地区，截至 5 月底，共计捐款超过 1 380 万元。

5. 社会公众的积极奉献

在此次爱德的联合抗疫行动中，社会公众也发挥了积极作用。在腾讯公益、支付宝公益、新浪微公益、苏宁公益等多个线上网络平台上，无数爱心网友默默地支持着爱德的公益项目，筹款总额达到了 2 300 万元。其中腾讯平台上的公益项目甚至每小时捐款数额超过 100 万元，几小时就顺利达到了筹款目标。与此同时，也有许多志愿者实地参与抗疫物资的联系、购买、运输与发放等工作。

（二）海内外资源的联合

近年来，爱德已经从依赖国际资源成功转型为依靠本土资源发展的社会组织，在党的十九大精神的指引下确定了“精准扶贫，国际拓展”的第四个十年规划，并先后成立了非洲办公室、日内瓦国际办公室和肯尼亚办公室，成为新时代中国公益组织“一带一路”的先行者。

疫情防控初期，医疗资源高度紧张，爱德得到了海外合作机构、海外中资企业和华人华侨的支持和帮助，他们有的捐赠资金，有的帮助爱德积极采购或捐赠紧缺的医用物资，给予了爱德极大支持。如多位旅居尼日利亚的华人努力寻找货源，募集到了 31 360 个口罩，通过爱德于 2 月 12 日定向捐赠给家乡的医疗机构；爱德国外的合作机构负责人答应了担任爱德联合战疫项目北美总协调人的请求，不仅帮助爱德在北美筹集资金，还亲力亲为去采购紧缺的口罩、防护服；肯中经贸协会经中国驻肯尼亚大使馆经商处推荐和联系，向爱德捐赠了价值 4.7 万美元的物资，被新华社非洲总分社称赞为“另辟蹊径”“值得学习”。

在国内疫情形势得到缓解、国际疫情日趋蔓延的情况下，爱德又开启了国际抗疫的救援工作，由国际资源输入转向国内资源输出。在此阶段，爱德主要联合当地的合作伙伴负责物资的接收和发放，其合作伙伴包括大使馆、领事馆（如斯里兰卡驻华大使馆、伊朗驻广州领事馆）、境外非政府组织（如菲律宾华裔青年联合会）、活动合作伙伴（如“爱德杯”乒乓球公益赛组委会日本执行委员）和本地华侨。

三、效益：公益资源整合的载体

我国的公益慈善行业，位于上游的是资源提供者，处于中游的是资源管理者——基金会，处于下游的则是社会服务机构。只有上游的资源通过中游的基金会顺利到达下游，才能实现资源的公益价值。因此，基金会承担着使上下游的资源“流动”、满足社会公益需求的责任，一方面要利用各种资源动员方式提升资源提供者的参与程度，另一方面要通过与社会服务机构的合作提高服务质量。对社会资源的整合与转化是对基金会生存和发展至关重要的问题。在面对公共卫生危机时，如何使资源快速且有效地转化为公益服务，也是公益组织发挥作用的重要考量。从此次爱德的行动案例来看，公益组织有效参与处理公共卫生危机不仅需要资源在上游、中游、下游之间顺畅流动，更需要合理的政社协同机制的支持。

（一）加强组织的社会网络建设

不同于政府组织或企业组织，公益组织的生存和发展除了依靠人力资源、结构资源等内部资源外，更重要的是如何获得和拥有那些可以为服务对象提供的公益资源。就公益组织自身而言，其社会网络中蕴藏着丰富的信息和关系资源。公益组织的行动者的社会网络越大、越多样化，其所潜藏的社会资源越丰富，可以拥有或动员的社会资本就越多，工具性行动的结果也往往越理想。[1] 爱德之所以能够发起联合抗疫行动，也是基于其成立35年来积累的海内外的合作关系网络、长期救灾和扎根社区的服务经验。爱德以联合行动为载体，以社会网络为媒介，间接汲取来自政府、企业、宗教、媒体、学界等多方面的资源。在自身发展中，公益组织要重视社会网络的建设，建立与政界、学界、商界等的合作。同时，要保证资源提供方的多样性，避免过度依赖单一资源提供方。

（二）提升公益组织的内部治理

公益组织的内部治理是其组织结构、决策、执行、监督、评估、日常管理等一系列治理机制的总称。[2] 公益资源汇集到基金会平台后，完善的组织内部治理是其实现良好运作、提高公信力、实现效益最大化的关键。这需要公益组织在决策机制、执行机制和监督机制等方面都更加完善。爱德理事长丘仲辉先生在2020年2月份接受采访时曾呼吁："社会组织应该依法依规开展工作并提高专业性，确保工作的合规、公开、透明、公正等，赢得社会的信任和支持。"在实际运作中，无论是物资采购与发放，还是信息公布与披露，爱德都尽量做到了规范与高效。在推进资源转化的同时，爱德也重视细节与人文关怀，关注捐赠人的关系维护、志愿者的心理支持、服务对象的状态改善和工作人员的心理状态调整等。

---

① James S. Coleman. Social Capital in the Creation of Human Capital [J]. American Journal of Sociology，1988 (94)：95－120.

② 何卫平，刘谦. 上海市社会团体内部治理结构研究（上）[J]. 上海企业，2008 (10)：37－39.

（三）助力合作伙伴能力发展

基金会在公益行业的定位不同于其他社会组织，其优势在于资源的筹集和分配。疫情暴发前，湖北省社会组织体量较小、人员结构较扁平、资金来源不够充足、总体发展迟缓，加之爱德与湖北省当地的组织平时的合作不多，因此疫情防控期间未能很好地得到其信息收集、物资发放和需求挖掘等方面的协助与支持。这一问题体现出两方面的需求：一方面是基金会要加强与公益机构的合作，另一方面是公益组织的能力需要提升。因此，基金会为社会服务机构提供资金支持的同时，也要注重赋能，增强社会机构资金筹集、项目管理、品牌传播及规范化建设等多方面的能力，从而促进整个公益行业的正向发展。

（四）形成良好的政社协同机制

公益组织介入危机的作用是协助解决政府部门未能关注或者尚未顾及的社会问题，而非应对危机的主导力量。因此，良好的政社协同机制是明确公益组织定位、规范公益介入、提高公益服务质量、提高公益资源使用效率的重要保障，需要政府部门的重视与统筹，也需要公益行业的倡导与实践。新冠疫情暴发初期，当地政府指定湖北省红十字会、湖北省慈善总会、湖北省青少年发展基金会等少数几家机构接受物资捐赠，面对国内外海量需求和海量物资捐赠意愿，他们由于人力、能力等方面的不匹配导致工作效率、服务质量和分配公平性遭到质疑。鉴于此，政社协同机制中需处理好民间公益组织和官办公益组织的合作与竞争关系。

（撰写：丁杨阳）

第六章　行动与挑战：明星公益公信力建设的启发

——北京韩红爱心慈善基金会抗疫行动案例

一般而言，公信力是社会公众对政府与公共组织形成的一种公共信任关系。基于此，公信力既是慈善组织参与社会治理的保障，又是其汲取社会治理资源的基础，具有组织功能强化、形象塑造、身份识别、资源获取等作用。作为一个明星基金会，北京韩红爱心慈善基金会（以下简称韩红基金会）能够保持较高的公信力水准，在众多慈善组织中都称得上是佼佼者。而本章以此次抗疫期间韩红基金会开展的“韩红爱心驰援武汉”项目作为慈善组织公信力建设的案例，从项目服务、团队建设和信息公开三个方面探讨明星公益基金会的公信力建设的行动与挑战。

一、行动路径：顺势而为，远近兼顾

服务项目及其成果可以在一定程度上反映一个组织的实力，也是其能够获得大众信任与各种支持的坚实基础。韩红基金会多年来坚持关注偏远地区的医疗卫生建设和重大自然灾害应急救援，曾有过多次灾区应急救援经验。新冠疫情发生后，韩红基金会成立了抗击新冠疫情工作组，开启抗疫救援行动应急工作机制，发起“韩红爱心驰援武汉”项目，以应对疫情。

（一）项目的多阶段行动

第一阶段：以武汉市为中心的应急救援

2020年1月23日，武汉正式“封城”，医疗物资供应紧张的状况也逐渐凸显。韩红基金会于1月24日便着手将募集到的医疗物资

运送到武汉，展开了物资方面的应急救援。在此阶段，韩红基金会援助的物资包括 7 套 ECMO 心肺流转系统、35 台血透仪、200 台负压救护车、1 849 台呼吸机、21.3 万件隔离服等共 36 种物资，累计数量超过 100 万件。仅三天时间，韩红基金会就收到来自明星志愿者团队和社会各界爱心人士捐赠的善款共 11 426 267.32 元。物资的购买与配置计划按照各级医疗机构的配置和数量做出系统分类，确保其足够详细且具有针对性。最终在第一阶段完成了 17 批次的物资运输，基本达成一天一批次的效率。所支援的医院从武汉市城区逐渐向外辐射，最终有 94 家医院获得捐助物资。

第二阶段：对接医院，缓解基层物资压力

2 月 10 日起，驰援武汉项目进入第二阶段。韩红基金会根据湖北省各级医疗机构的规模与接诊患者人数制定了详细方案，重点关注市、县级医疗机构，主要目标是增强湖北省基层市、县级医疗力量，缓解基层物资压力。

韩红基金会在第一阶段共收到善款约 3.13 亿元，这使得其在上阶段由专家组领头制定的针对性采购计划能够在第二阶段顺利实施。除此之外，为了保证信息沟通和物资运输的通畅，韩红基金会与湖北省卫生健康委员会进行沟通，得到了湖北省卫生健康委员会的大力支持，这为此后两个阶段的计划实行奠定了良好的基础。2 月底至 3 月初，第二阶段工作基本完成。

第三阶段：依据实际开展阶段补给工作

第二阶段工作基本完成后，韩红基金会顺利开启项目的第三阶段。此时的工作重点逐渐转移至对已援助医院的实际需求开展阶段性补给工作。新冠疫情防控发展至此阶段，医护人员在经过一系列高强度工作后，也逐渐成为需要重点关注和帮助的对象。因此该阶段重点对武汉与湖北全省及其下属市、县医院及医护人员进行援助及后续医疗物资提供持续供给。

此时，在政府强有力的介入以及各方社会团体、民间公益组织的支持下，物资困难得到了暂时的缓解。但因为全球疫情的蔓延，物资采买依然比较紧张。在这样的局势下，作为第一批北京市民政局指定的新冠疫情防控期间接收境外捐赠的 26 家受赠人之一，加上明星志愿者团队的帮助，韩红基金会的物资援助仍然坚挺。同时，基金会工作人员全面开展与受捐单位的捐赠物资数据复核等工作，进一步优化物资采买和供给清单，确保基层医疗单位能够获得最大程度的支持。截至 3 月 20 日，第三阶段工作已持续进行了 57 天，为湖北全省 283 家医疗机构资助了大量医疗设备及防疫物资，具体见表 6 - 1。

表 6 - 1　“韩红爱心驰援武汉”项目物资清单

序号	物资内容	捐赠数量	序号	物资内容	捐赠数量
1	负压救护车	200 台	10	血气生化分析仪	203 台
2	ECMO 心肺流转系统	7 套	11	血气生化测试卡	3 624 盒
3	便携式超声机	201 台	12	血气生化试剂包	924 盒
4	无创呼吸机	1 779 台	13	注射泵	775 台
5	有创呼吸机	70 台	14	输液泵	20 台
6	血透仪	35 台	15	医用全自动电子血压计	227 台
7	心电监护仪	2 161 台			
8	除颤监护仪	245 台	16	可视喉镜	240 台
9	心电图机	244 台	17	一次性使用喉镜片	12 000 件

（续表）

序号	物资内容	捐赠数量	序号	物资内容	捐赠数量
18	无创呼吸湿化治疗仪	10 台	28	医用一次性手套	1 500 000 副
19	无创呼吸湿化治疗仪耗材：加温呼吸回路H180、自动增温加湿盒、加湿鼻氧管	30 套	29	医用隔离面罩	226 440 个
			30	N95 口罩、KN95 口罩、医用外科口罩	3 968 200 个
20	脉搏血氧监测仪	410 台	31	乙醇消毒液	59 520 瓶
21	防护服	150 374 件	32	防护鞋套、一次性鞋套	60 000 双
22	隔离服	213 000 件			
23	护目镜	97 000 副	33	卫生巾	55 000 包
24	免洗手消毒液	38 010 瓶	34	成人纸尿裤	10 008 包
25	吸附巾	120 包	35	维维豆奶粉、维维豆奶	17 765 箱
26	医用消毒湿巾	15 300 包			
27	医用垃圾袋	3 453 650 个	36	维生素 E 乳	204 000 瓶

第四阶段：巩固常态化疫情防控工作

4 月 29 日起，项目进入第四阶段。截至 6 月底，韩红基金会完成了对湖北全省各市、县、区和各主要社会福利机构的抗疫物资捐赠工作，巩固了湖北省民政服务机构常态化疫情防控工作。

当疫情逐渐稳定，韩红基金会针对具体需要并结合对前三个阶段工作的观察，针对受疫情影响的困难群众开展帮扶工作，大力支持湖北地区医务社会工作者体系的建设。

（二）特定困难群体临时救助资金

随着疫情逐渐稳定，全国各地陆续复工复产。个体的心理健康、社会关系恢复等问题得到了越来越多的关注。韩红基金会一直关注弱势群体的救助问题，发现了特殊群体救助和补偿的迫切需求。

2020 年 8 月，韩红基金会和中国慈善联合会成立项目组，开展了湖北省特定困难群众的救助工作，资助湖北省确诊新冠感染持证残疾人（含感染和身故，10 000 元/人）和存量未脱贫的建档立卡持证贫困残疾人（3 000 元/人）。经湖北省残疾人联合会、湖北省卫生健康委员会、湖北省扶贫办（2021 年 5 月 31 日已更名为湖北省乡村振兴局）分批次复核后，受助对象信息汇总表和受助人详细资料合订本被分批次报送至韩红基金会。截至 8 月 17 日，共收到四批次的申请人基本信息表材料，总人数为 4 118 人。

（三）支持医务社工体系建设

疫情严重时期，方舱医院在收治轻症患者、减轻疫情防控工作压力方面发挥了不小的作用。同时，方舱医院也面临着运转和管理上的挑战，主要表现在三个方面：第一，方舱医院在管理层面缺乏相关经验，病区管理难度大；第二，出于对疫情的恐惧和对陌生环境的焦虑等，病患们的情绪不太稳定；第三，方舱医院的建造时间较短，加上社区封控、物流受阻，导致物资保障出现问题。

医务社会工作者在面对以上三方面的挑战时都起到了一定作用。他们通过满足个性化需求、激发内生动力和引导互助友爱、共同抗疫等方法，一方面减轻了医院医生与护士的压力，另一方面增强了病患的权能，组织病区自治、维护秩序，让病患们一起投入抗疫、战疫的行动中，有效改善了方舱医院的管理问题。

长远来看，建立一个能够在日常医疗运作中起到积极支持作用的体系是一项必要的预防性工作。韩红基金会常年活跃于医疗援助领域，拥有丰富的援助经验，并且其组织内部本身就设有社会工作部

（见图 6－1），对于社会工作在医务领域的重要作用有非常明确的认识。2020 年 8 月初，韩红基金会工作人员前往湖北省，着重对湖北省医务社会工作体系建设给予支持，与省医院协会医务社会工作者与志愿者服务专业委员会（以下简称专委会）、省社会工作联合会（以下简称社工联）达成合作意向，共同开展“医务社工体系建设”项目。

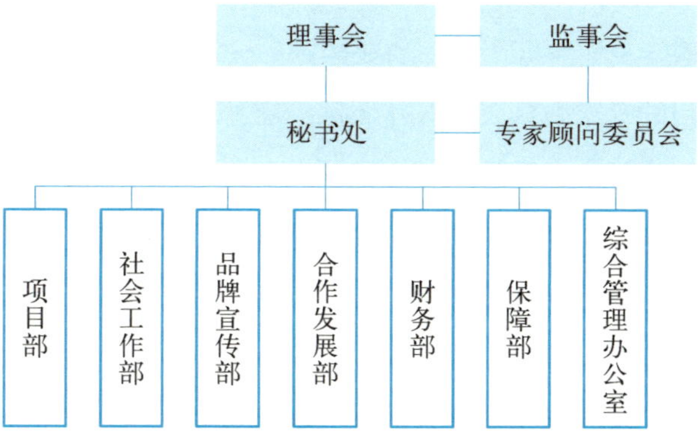

图 6－1　韩红基金会“社会工作部”设置①

在准备期间，韩红基金会主要提供资金和专家推荐支持，专委会则立足实际需求对省试点医院进行调研，为后期引入医务社会工作领域的优秀服务与实践做好前期准备；社工联则从社会工作的实际发展出发，制定了一套适用于社会工作服务机构和医务社会工作者的筛选流程，为后续执行工作打下基础。三方联动，共同打造湖北省医务社会工作体系，在服务湖北省的同时，也为其他地区积攒了经验，树立了典范。

① 信息来源：韩红爱心慈善基金会官方网站 http://www.hhax.org/index.html.

二、行动保障：多重高效志愿团队

强有力的团队是帮助组织提高工作效率的基础，也是获得公众信任的保障。在这场抗疫行动中，从策划到执行都离不开团队的协作。在此次行动中，有三个团队各司其职、发挥所长。

（一）专家团队：专业指导保质量

术业有专攻，在医疗健康这样需要强大专业知识背景的领域中尤其如此。因为常年奔波于医疗事业援助的一线，韩红基金会组织内部设立了专门的专家委员会和医疗团队。这些团队在“百人援藏”“记忆包裹”等项目中表现活跃，为我国西部地区医疗卫生水平的提升、阿尔茨海默病患者等特殊人群的救助等提供了重要的专业力量。在此次抗疫行动中，专家委员会和专业团队同样发挥了专业特长。

在行动的第一阶段，韩红基金会特邀北京大学急诊医学系主任、北京大学人民医院急诊科主任朱继红教授担任“韩红爱心驰援武汉”项目专家组组长，与韩红爱心百人医疗团队一起为整个行动项目的工作提供了更专业、更规范的分析和指导。具体工作涉及援助计划的拟定、专业医疗物资采购、医疗资源的合理分配等，尽最大可能合理地使用捐助者的善款，让每一分善款都落在实处。

（二）志愿团队：平凡汇聚大能量

除专家外，许多志愿者也参与到抗疫行动中。他们当中有原本就隶属于韩红爱心志愿者团队的志愿者们，也有在合作行动中自发加入志愿者行动的工作者们，如物流公司工作人员、医药公司员工等。与地震、洪涝等灾害不同，在抗疫援助工作中，病毒的强传染性使得工作的难度增大，尤其是在一线的物资发放环节。志愿者的工作不仅需要热情和善心，还需要做好专业的自我防护。

韩红基金会在日常管理中就比较注重对工作人员和志愿者的培训，尤其强调应对突发事件的技能和能力。这些培训使得他们在应对此次突发事件时的效率较高。

（三）明星团队：灵活运用影响力

明星志愿团队是此次“韩红爱心驰援武汉”项目的重要人力和物资来源之一。官方媒体报道，参与此次捐款的共有216位文艺界明星（不留姓名的明星未统计在内）。除了资金捐赠，许多明星也亲力亲为、参与到一线的物资采购和发放环节。在医疗专家组的指导下，这些明星被分为海外采购组、国内采购组、信息收集组和谈判组。国内外的采购组负责采购物资，谈判组帮忙砍价、谈妥订单事宜，信息收集组则帮忙分析如何使物资利用最合理（见图6－2）。

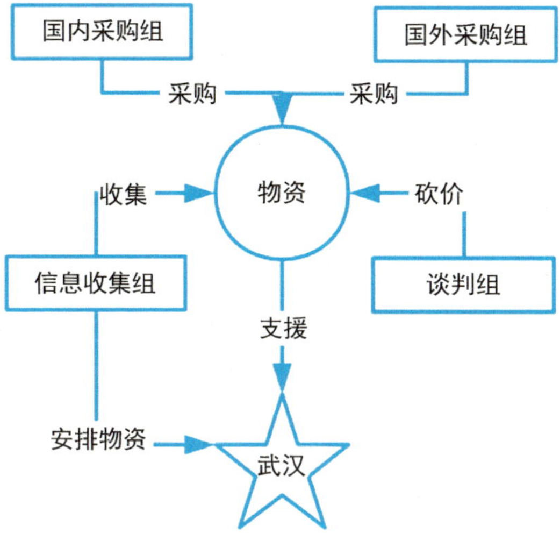

图6－2　明星志愿团队行动流程

由于国内的医疗物资已经非常匮乏，因而国内外采购组需要花费更大的精力和体力才能保证基金会每天都能捐出数量庞大的物资。海外采购组甚至实行24小时轮班工作制，负责向美国、加拿大、日本、韩国、法国、德国、澳大利亚、土耳其、泰国等20多个国家采购医疗物资。

三、公众信任：实时公开与明星效应

韩红基金会拥有比较好的公众信任基础，这与其能够实时公开其项目进度、合理的资金募集和走向有关，也与其发起人韩红女士的明星效应相关。

（一）实时公开的项目进度

根据2018年民政部通过的《慈善组织信息公开办法》相关要求，慈善组织应当依法履行公开义务，信息公开应当真实、完整、及时。同时，在社会大众眼中，一个慈善组织能否做到真正的公开透明，是其是否值得被信任的关键因素之一。

自2020年1月26日起，韩红基金会每天都会在其官方微博中公布项目进展。对将要捐出的物资内容和具体数量以及受捐医院进行列表说明，方便广大捐助人了解自己的爱心捐赠最终投入何处。在进行信息公示的同时，基金会还会附上爱心通知，呼吁大众听从指挥、居家隔离，以减轻一线医护工作人员的压力，从而做到有效防控。同时，基金会还将来自大众和合作伙伴的善意在自己的官方微博等宣传平台进行公开，并附上感谢。

（二）积极正向的明星效应

相对于一般个人，明星拥有更高的曝光率，因而更容易通过其本人的业务能力、人格魅力、个人形象等优势获得更广的影响力和号召力。明星基金会与一般基金会的不同之处在于明星本人与基金会的深切关联，两者在公众面前的形象会相互交织、相互影响。

在韩红基金会中，韩红本人给基金会带来了非常重要的正向影响。

四、讨论思考：信息披露带来的公信力挑战

尽管韩红基金会在公信力建设上做得相对较好，但其依然存在信息披露不够完善的问题。信息披露是慈善组织公信力的重要载体，其机制的完善程度会极大地影响慈善组织的公信力。

（一）信息披露程度受媒体舆论压力影响

2020 年 2 月 13 日，北京市民政局接到有关人士对韩红基金会的实名举报。最后调查结果表明，虽然在 2018 年 9 月至 2020 年 2 月期间基金会有 25 笔投资事项公开不及时，以及在 2016 年的《中华人民共和国慈善法》颁布后依然有在未取得公开募捐资格前进行公开募捐的行为，但是有关部门尚未发现其有未公开慈善项目的情况，加之其自成立以来总体运作规范，因而做出要求韩红基金会限期改正、依法规范运作的处分。从此次事件中可以看出，媒体报道能够增加舆论压力，可以促使慈善组织提高信息披露质量。但随着自媒体的出现，信息发布变得容易，而其真实性却有待检验。这就致使慈善组织在信息发布时必须慎之又慎，在某种程度上限制了慈善组织的信息披露程度，甚至会导致信息发布的滞后性。

媒体报道与社会舆论可以在一定程度上对慈善组织起到监督作用，但这需要建立在合理合规的基础之上。慈善组织内部也需要注意信息披露机制的运行，以免出现信息披露不及时、不匹配导致的公众误解。行业内部也需要对披露机制达成一定的标准，用以规范和监督慈善组织的信息披露。

（二）信息披露质量随疫情发展而波动

基于新冠疫情发展过程的时间序列数据，有研究者发现，在公共

危机暴发期间，慈善组织的信息披露质量显著提升；随着疫情的好转，信息披露质量呈现下滑趋势。[①] 这一现象在许多公益慈善组织中均有出现，韩红基金会也不例外。在项目的前三阶段，正是疫情发展的高峰期，基金会能够保证每日更新进度。但从第四阶段开始，特别是物资需求渐渐减少、其他项目投入运行等情况下，有关武汉项目的信息日渐减少。总的来说，缺少关于此次项目的整体情况说明和后续信息披露，这点实属遗憾。

此次疫情来势汹汹，前期人们都疲于应对，一切行动皆是与时间的竞赛。信息的及时公布，可以让大家了解到民间公益组织正在做什么，也能够帮助各类组织互通信息，从而链接到更多有效的资源，还可以进一步提高公益组织的曝光度，维持乃至提升组织在社会公众中的公信力。随着疫情的逐渐稳定，社会生活重新步入正轨，这个时候尤其需要在疫情中积极行动过的公益组织做好总结。行动的成果是给大众的交代，行动的经验则能为行业发展添砖加瓦。

（三）信息披露需要多方参与和监督

2019 年，新的政府会计准则开始实施，其中《民间非营利组织会计报表》再次明确了慈善组织的信息披露要求。但实际情况是，不少慈善组织在信息披露中表现出抵触情绪并有意拖延。在公共危机事件发生的背景下，大多数慈善组织能够及时公开物资和款项等的走向，可这样的良好作风能否在日后延续，取决于慈善组织对其是否重视。尤其是在社会公众的监督意识越来越强，对自己和受捐人的责任意识越来越强的背景下，无论是消极公布还是信息滞后，都势必成为慈善组织发展的绊脚石。

---

① 李哲．新冠肺炎疫情对官办慈善组织信息披露的影响研究：基于抗疫款物信息披露的文本分析［J］．财经研究，2020，46（9）：19－32，168.

为了扭转这种消极态度、增强社会公信力，首先，慈善组织要做好自我监督，提高信息的透明度并保护受捐人的隐私，以巩固社会公信力；其次，在制度层面要改变非营利组织信息披露的旧模式，避免只有在危机事件发生后的阶段性改善和信息披露程度不一等问题；再次，在慈善组织治理层面，利用媒体的监督和官方巡视的震慑效应，拓宽外部治理渠道；最后，社会公众可以积极参与监督，与各方一起，共同营造良好的信息披露氛围与环境。

（撰写：陈雪）

第七章　支持与探索：疫情下民间公益行业生态的建设

——南都公益基金会抗疫行动案例

南都公益基金会（以下简称南都基金会）成立于 2007 年 5 月，是经民政部批准成立的全国性非公募基金会。南都基金会始终坚持“支持民间公益”的使命，积极建设公益行业生态，致力于为中国公益行业发展提供公共品。在整个公益产业链中，南都基金会通过提供资金和资源，推动优秀公益项目和公益组织发展，带动民间公益组织的社会创新。作为国内支持型社会组织的典型代表，一直以来，南都基金会以资助不同类型的民间公益组织为己任，帮助其解决生存与发展问题，以期能够打造更好的公益生态环境。南都基金会日常的主要项目覆盖行业建设、规模化社会创新和社会企业。

在应对灾害的救援与灾后重建方面，南都基金会有一定的经验。2013 年 4 月 20 日，芦山地震发生后，南都基金会与中国青少年发展基金会、中国扶贫基金会、中国妇女发展基金会、深圳壹基金公益基金会、腾讯公益慈善基金会、爱德基金会联合发起“基金会救灾协调会”，以促进中国的基金会在救灾中更好地协作行动，加强中国基金会行业内部、基金会与政府、社会组织和社会各界之间在防灾减灾、救灾重建中的沟通与交流。

南都基金会将行业建设作为自身工作的重点，在应对此次疫情过程中，其工作着力点包括扶持湖北省一线民间公益组织，与其他基金会搭建协作网络、发起联合行动，保障基金会与行动机构之间的资源匹配，为机构提供资金扶持。同时，为了使行业内外能够更加了解公益行业的价值，南都基金会选取了一批在疫情中开展行动的机构，对其行动进行复盘，并将复盘结果整理为有益的公益信息和知识，以供行业同仁进行学习交流。

一、定义：何为公益行业生态?

公益行业生态等同于公益生态系统。“生态系统”一词源于生态学。生态学的发展对邻近科学和社会科学产生了深远的影响。在社会科学领域中，人类生态学自 20 世纪早期开始便受到了众多社会理论家的追捧。在某种程度上，以生态系统的视角看问题已经不再是生态学家的专利，而是变成了不同领域中借以描述和分析人类的活动、组织和相互联系的整体环境的一套理念或工具。因此，无论是商业领域还是公益领域，都可以被看作一个生态系统。关于公益行业生态，可以通过不同的角度对其进行详细的划分。本章旨在将公益行业生态作为一个整体来进行描述与分析，更强调公益行业生态中基金会在推动行业整体环境的营造、基础设施建设和公众意识传播等方面的行动。

从全球范围看，在公益价值链中，基金会基本上被定位为资源供给者。相比商业，基金会一般做“投资”，不做“产品”。基金会与公益服务组织形成了“有钱出钱、有力出力”的合作伙伴关系。[①] 南都基金会成立伊始就定位为资助型基金会。在此次抗击新冠疫情的起初阶段，南都基金会十分明确自身的行动方向，即通过不同的形式有效分配不同种类的公益资源，进而支持一线执行机构的活动。南都基金会把精力放在“支持”上，由有经验的社会组织去执行项目，而非身体力行去从事自身并不熟悉的一线工作，特别是此次专业性很强的抗疫救援工作。

---

① 徐永光．资助型基金会的价值［EB/OL］.（2018－02－27）［2020－09－07］. http://www.naradafoundation.org/content/5714.

二、回顾：南都基金会，疫情下公益行业生态的建设者

公益行业生态的建设涉及方方面面。本节从资金保障、能力建设和信息传播三个方面对南都基金会在抗击新冠疫情过程中的行动进行梳理和总结。

（一）资金保障：助力公益行业生存与发展

新冠疫情暴发以来，南都公益基金会与多家组织联合发起成立“抗击新冠疫情社会组织协作网络”（已改名为“社会组织抗击新冠疫情协作网络”，以下简称协作网络），以基金会救灾协调会为总协调，于2020年2月2日正式对外启动。2月4日，南都基金会与区域协调机构——甘肃一山一水环境与社会发展中心——达成合作，在协作网络整体行动框架中，通过支持10个省市的枢纽机构，推动伙伴们在各自所在地区有效应对疫情。该项目总预算为32万元，其中30万元用于10家枢纽机构的行动经费，2万元供甘肃一山一水环境与社会发展中心用于项目协调和管理。①

该项目形成了“基金会资助→区域协调机构管理→省级枢纽机构联合当地社会组织具体实施”的行动链条（见图7-1），将资源从上而下延伸至一线，并巩固一线社会组织与当地政府、企业的联系。截至2020年3月1日，10家枢纽机构已协调了10个省市的13家基金会、108个政府部门、15家爱心企业、19家媒体、519个社会组织参与行动，此行动共计28 268名志愿者参与，受益人次1 126.3万。此外，根据各地伙伴机构所在区域和自身特点，该项目团队开展了一些

---

① 南都公益基金会．抗击新冠疫情社会组织协作网络一线行动伙伴支持项目进展情况［EB/OL］．［2020-09-07］．http://www.naradafoundation.org/content/6861.

多元化的服务工作，如疫情排查、社区消杀、心理疏导、物资发放等。[①] 枢纽机构带动所在地区的公益组织一起行动，使项目覆盖面更加广泛、机构行动更加高效，使资源发挥了更大价值，产生了公益组织集体行动的协同效应。然而，在这样的行动链条中，仍然暴露出一些问题。比如，各地出台的相关文件不一样，导致行动无法保持一致，无法明确各地的行动界限；各地资源需求不断变化，自上而下的资源分配造成无法及时根据需求调配资源的问题。

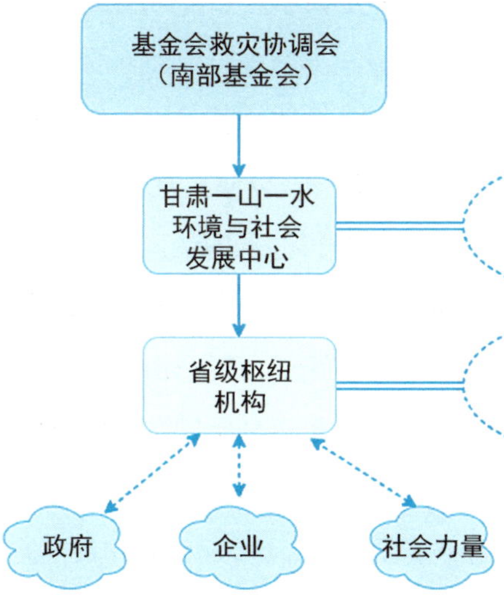

图 7－1　协作网络项目行动链条图

（二）能力建设：公益资源盘活与集聚

公益资源既包括有形的物质资源，也包括无形的社会资源。南都基金会作为支持型社会组织，在此次抗击疫情的行动中提供了有形和无形的公益资源支持。对于一线的执行机构而言，自身的需求在短期

① 南都公益基金会．抗击新冠疫情社会组织协作网络一线行动伙伴支持项目进展情况［EB/OL］.［2020－09－07］. http://www.naradafoundation.org/content/6861.

内猛涨，需要更多的资源进行支持。同时，对于上游的基金会来说，去一线开展工作不是其专长，它们更多的是通过支持执行机构来协助开展疫情防控。因此，一线执行机构和基金会都需要一个平台承担信息集聚的工作，匹配双方资源，实现精准投放。

湖北省作为受疫情冲击较为严重的地区，社会生活的方方面面都受到了极大影响，考虑到很多项目的开展与执行都面临着巨大的挑战，南都基金会联合国内16家基金会发起“支持湖北公益发展联合行动”(以下简称联合行动)。联合行动的目标是共享信息、匹配资源、产生协同效应。具体来说，联合行动的发起方一方面整合资助方的资源信息并定期进行发布；另一方面，通过调研湖北省当地公益组织的需求，为联合行动的发起方和其他基金会提供相关信息，以便其做出更合理的资助决策，从而实现资源的精准匹配与投放。值得注意的是，此联合行动不设立统一资金池，不要求参与者共同资助，不限定参与者的资助方向、资助方式和资助周期。这大大提高了资源匹配双方的自由度，缩短了达成合作所需的时间，拓宽了资源的覆盖面，更有利于同质资源的整合，避免了资源的浪费。联合行动只是一个共享资源信息的平台，而非资源调配的“指挥部”，无论是资助方还是受助方，都是平等的合作伙伴关系。

疫情使很多机构面临资金链断裂问题，如何有效地筹款、提升自身的筹款能力是机构发展面临的难题。南都基金会发起的好公益平台联合方德瑞信公司开发了“疫情常态下如何做好品牌筹款”和“联合筹款机制盘点与实施策略”两门筹款课程，帮助机构掌握和提升筹款能力。

（三）信息传播：促进公益知识扩散与传递

南都基金会长期关注社会公共议题，发起了由专家、学者、媒体人组成的信息交流平台——南都观察。同时，通过好公益平台将公益组织的经验进行分享和推广。

公益行业的发展和新冠疫情防控都是南都基金会特别关注的问题，为了让公众更加全面、客观地了解公益行业在抗疫行动中的表现，同时为同行提供借鉴，南都基金会采访了一批专业性较强的社会组织，对它们的行动进行复盘（见图7－2）。

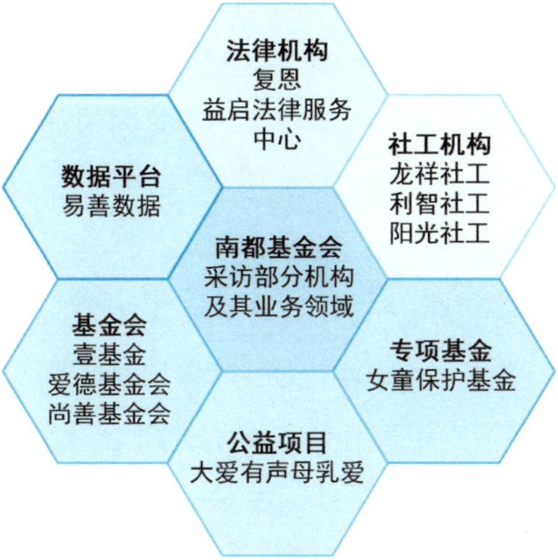

图7－2　南都基金会采访部分机构及其对应的业务领域

很多机构利用自己的专业优势和资源在疫情中开展服务。例如，益启法律服务中心发起“疫情法律支持热线”项目，并组织律师编写了《新冠疫情防控期间简要法律知识问答集锦》《疫情防控法律应对安保人员指南》等资料；利智社会工作事务所开展了心智障碍家庭需求调研，提前上线针对心智障碍者的线上培训，进一步开发线上需求和市场，利用网络解决了线下服务受阻的难题。

三、讨论：如何更好地进行公益行业生态建设

（一）放宽资金使用范围，满足机构多元需求

很多基金会的资助都明确限定了资金使用范围，但在疫情的冲击

下，一些机构的线下项目难以继续执行，项目目标也难以按期顺利达成。由于缺乏充足的资金支持，加上一些机构缺乏自身造血能力，因而抗疫工作的财务支出成为问题。如果前期缺乏充足的沟通与合作，出现问题时再去寻找更多基金会的资助就十分困难，因此绝大多数机构将疫情视为危机，但有些机构在疫情中及时发现需求，化解危机并将其转化为机遇。例如，融合中国心智障碍者家长组织网络发现自身的服务人群在疫情中的需求变得更多，于是向南都基金会申请资助，进一步扩大服务范围，将服务延伸至三、四线城市。疫情没有使其服务停滞，反而加快了该组织的发展。

因此，对于机构而言，应与资助型基金会及时沟通，了解彼此需求，制订明确合理的项目方案。为了确保项目落地，实现预期目标，在资金的使用上，一方面要用于疫情防控工作，另一方面也要用于自身的可持续发展，如保证行政费用占据一定比例，避免因疫情的影响造成人员流失甚至机构破产等问题。

对于负责资助的基金会而言，应该进一步放宽资金的使用范围，给予小型社会机构发展基金而非限定性资金，助力机构的生存和发展，努力帮助整个公益行业在遭遇疫情冲击后迎来复苏。

（二）注重专业能力建设，助力机构跨越升级

经过疫情冲击，很多机构面临着如何确定自己的项目并确定未来的发展路径的难题。资助型基金会除了为草根机构提供资金外，更需要帮助其进行能力建设，培养其应对风险的能力。北京七悦社会公益服务中心主任卢玮静认为，社区重建不只是硬件的重建，还是专业化的社区服务体系的再建立。这对于部分公益组织来说是开展行动的契机，资助型基金会可以支持这部分内容。资助型基金会可以考虑给草根社会组织一个缓冲的地带（支持），在这个缓冲的地带（支持）中，

社会组织可以实现自身的模式升级、机构调整、梳理提升等。①

同时，在专业性很强的工作上，基金会应与专业伙伴构建合作关系，以弥补自身相关能力的不足。例如，在此次疫情背景下，医疗物资的购买和运输对于很多社会组织而言是一个难题。复星基金会是复星集团的企业基金会，而复星集团的一部分业务涉及医疗领域，可以在全球进行采购，其在医疗物资采购方面非常专业，对物资价格、物资标准、供货商非常了解。企业基金会因为有了企业资源的加持，在开展项目时更加得心应手。对于整个公益行业生态而言，如何向企业基金会学习并与之合作，也是值得探索的方向。

（三）构建本地民间平台，打造区域公益生态

近年来，区域公益生态的建设成为行业内关注的热点。南都基金会走访了湖北省部分社会组织后发现，不同类型的组织间的互动不是很充分，横向联结不足。

南都基金会认为，本地资源解决本地问题，是一种比较良性的区域公益生态模式。如果区域内各组织不能有效互动，对区域公益生态的形成可能会带来阻碍。在认识到这一点后，南都基金会表示将在今后着手推动区域公益生态模式。

四、结语

目前，我国社会组织的数量已达 80 万，而基金会的数量并不多，其中专注于公益行业生态建设的基金会更是少之又少。为了构建良好的国内公益生态，基金会应明确思路并在此深耕。一家基金会的力量是有限的，要想为更多的行动机构提供资助并帮助其可持续发展，就

---

① 李庆. 战“疫”中，资助型基金会的行动价值 [N/OL]. (2020-03-15) [2020-09-07]. http://www.gongyishibao.com/html/yaowen/18428.html.

需要联合有共同目标的基金会搭建起拥有更多信息的平台，避免行动机构在寻找资源时无路可循。在此次抗击疫情的行动中，南都基金会联合其他基金会构建的协作网络和共同发起的联合行动发挥了资源共享的作用，既盘活了资源，也保证了机构的生存和发展。通过支持枢纽机构来协调和管理一线行动机构，为一线行动机构提供了资金保障。在行业内外传播知识与信息，促进了公众意识的提升，公众的公益知识也得到丰富。

（撰写：姚媛媛）

第八章　以资助维系疫情下的社区公益生态系统

——千禾社区公益基金会抗疫行动案例

本章围绕广东省千禾社区公益基金会（以下简称千禾）在抗疫期间启动的“千里马行动基金”防疫资助计划，具体探讨资助型社区基金会在疫情流行期间的作用，以期为社区公益组织提供应对公共卫生危机方面的经验，并为中国基金会行业提供公益生态系统的视角借鉴。

一、 抗疫中资助型社区基金会的作用

在此次抗疫行动中，社区基金会的影响力不容小觑。与全国性的大型基金会相比，虽然社区基金会的净资产规模相对较小，但它更富有灵活性、本地性和创新性。有学者认为，社区基金会的核心功能是资助社区组织，驱动社区治理的资源，激发社区自治活力，以满足多样化社区需求，从而成为政府救助的有益补充。[①] 社区基金会的核心功能在疫情等重大突发事件中更加凸显，因为它进一步激发了基层群众的自救能力。

应城市社区治理需求，社区基金会在中国逐渐兴起。截至 2019 年 12 月 22 日，我国社区基金会已有 181 家，数量是十年前的 10 倍左右。社区基金会发展似乎欣欣向荣，然而在世界范围内的社区基金会中，中国的社区基金会在理念、实际操作和资产规模方面仍然相对落后。另外，许多从事社区基金会建设的行动者在工作中经常遭遇资

① Reynolds Dorothy. The balancing act：the role of a community foundation as a grantmaker［M］. Charles Stewart Mott Foundation，2008.

源不足、能力不足、社区参与程度低等困境。作为社区基金会的代表之一，千禾的经验尤为值得探索。

按照资金使用方式，基金会细分为运作型、资助型和两种功能兼而有之的混合型。运作型基金会靠自身力量开展公益活动；资助型基金会主要通过提供资金援助，供其他社会组织开展活动。在中国6 500多家基金会中，资助型基金会的数量不超过40家，千禾便是其中之一。[①] 南都公益基金会原理事长徐永光指出，运作型与资助型基金会的数量对比并不反映两者孰优孰劣，但可以反映中国基金会业态尚处于发展的初级阶段。[②] 虽然资助型基金会数量不多，但其通过与草根社会组织良性互动、共同成长，推动了公益行业价值链、生态链产生良性变化。在此次抗疫行动中，资助型基金会基于自身定位和优势设计项目和发挥作用，其行动价值非常明显。[③]

自2020年2月起，基于其资助型社区基金会的定位，千禾迅速发起一系列有针对性的抗疫公益行动，如故事陪伴社区活动、“千里马行动基金”防疫资助计划、“战疫我罩你”珠三角防疫资源对接项目、“致敬她”节日祝福行动和支援意大利医护物资的跨国爱心行动。这些行动发挥了千禾自身优势，链接社区端和资源端的需求，且信息透明度非常高。其中“千里马行动基金”防疫资助计划（以下简称千里马计划）重点突出其扎根社区的理念与定位，充分发挥了资助型基金会的作用。

---

① 北京沃启公益基金会课题组．资助的价值初探：资助型基金会案例述评［M］．北京：知识产权出版社，2018.

② 徐永光．资助型基金会的价值［EB/OL］．（2018-02-27）［2020-08-07］．http://www.naradafoundation.org/content/5714.

③ 李庆．战“疫”中，资助型基金会的行动价值［N/OL］．（2020-03-15）［2020-08-07］．http://www.gongyishibao.com/html/yaowen/18428.html.

二、 千禾的定位：做最适合自己的事

（一）行动方式：释放社区资助的力量

疫情发生后，千禾很快意识到自身作为社区基金会的能力和角色，决定瞄准社会防疫的“最后一公里”——社区。

千禾于2009年在广州市成立，为全国第一家以社区命名的基金会。自成立以来，社区始终是千禾关注的核心。

比起直接介入社区，千禾更倾向于寻找社区内有潜力的个人和组织，激发这些内生力量的活力，并借此带动整个社区参与的氛围。在此次疫情防控工作中，千禾发起了以社区资助为核心的“千里马计划”，为积极参与疫情防控的个人或公益组织、志愿团体提供小额资金。

该计划的资助逻辑充分体现了其一直推崇的“关节理论”（见图8-1）：手指头是服务人群，指关节是直接服务社区人群的社区组织，腕关节是支持社区组织的支持性组织，肩关节则是像千禾这样的资助型基金会。虽然腕关节（支持性组织）和肩关节（千禾）离手指头（直接服务人群）较远，但只要抓住肩关节和腕关节，就能带动整个手掌。通过资助扎根社区的草根组织和个人，“千里马计划”将资源有效落实到有紧急需求的社区和人群。

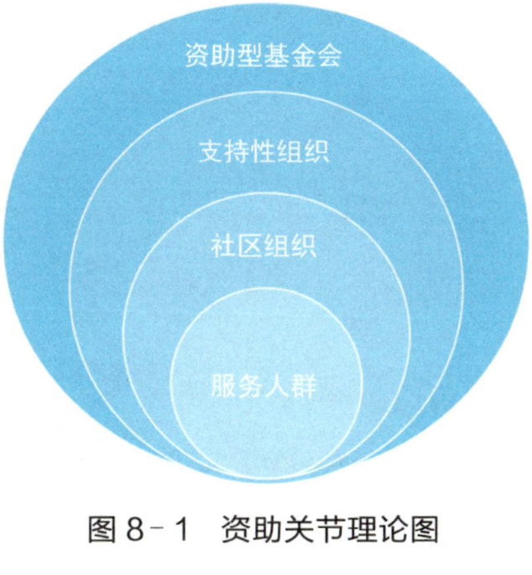

图8-1 资助关节理论图

不同于一般的以地域为基础的社区基金会，千禾以“功能的层级性”概念来看待社区。社区基金会不仅可以专注某一个社区运作，也可以瞄准“社区级”事务，关注社区的发展。因此，对位于广州市海

珠区的千禾来说，“社区”不仅是广州市，还是更广阔的珠三角地区，这在“千里马计划”中也有所体现。虽然千禾资助的大部分个人与草根组织都位于广州市，但这些伙伴开展的活动并不局限于广州市的社区。例如，广州临时剧团、一公斤盒子公益创新机构、广州市合木残障公益创新中心、广州公益慈善书院、广州和平社区故事小分队这些广州市的草根组织利用互联网开展心理咨询、线上写作营、残障伙伴同侪分享等线上活动，突破线下地理限制，将其服务覆盖到珠三角其他地区。另外，“千里马计划”还支持了不少位于珠三角和其他地区的个人组织，如珠海市、东莞市、普宁市、佛山市的伙伴（见图 8-2）。

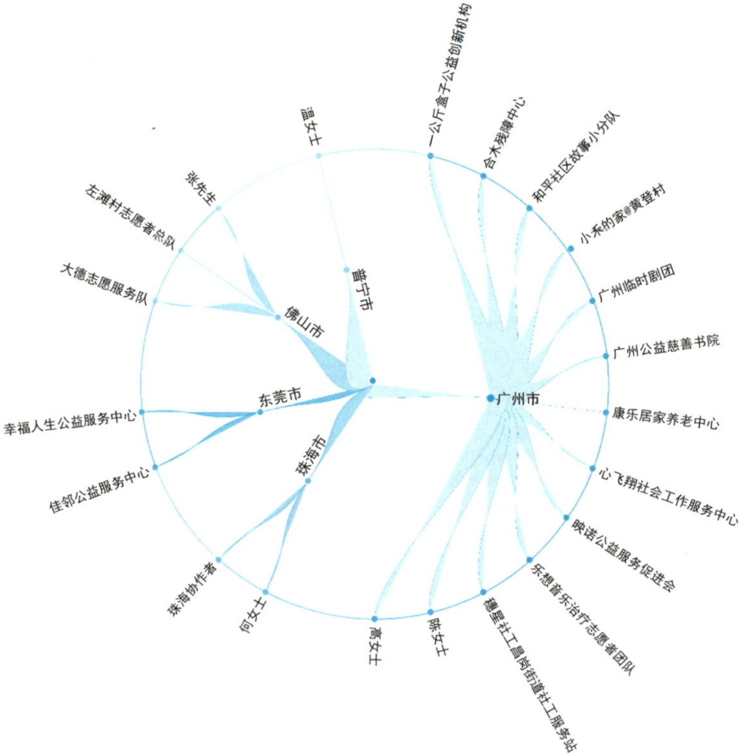

图 8-2 “千里马计划”社区资助图

（二）资助标准：合作基础与社区互助

合作基础是“千里马计划”资助的重要筛选标准。对于千禾而言，社区防疫网络建设并不是临时的、短期的，许多资助对象都是其曾经的合作或资助伙伴，处于其长期发展规划中。例如，广州市心飞翔社会工作服务中心，是千禾城市支教项目“小禾的家”在番禺区屏二村的合作伙伴。心飞翔团队扎根在屏二村开展社区服务已有六年多，此前社区的“小禾的家”活动效果显著，志愿者和社区居民建立了比较密切的关系。千禾希望社区行动网络更加立体化、多元化，因此，除了相对成熟的组织，千禾也关注在疫情防控工作中积极行动的个人与志愿者团体。例如“千里马计划”资助的顺德沙富村的村民荣叔，也是村里长者互助协会的会长，他在社区内的号召力很强。为了感谢每天在村头路口站岗超 12 小时的志愿者，他和村里几位长者商量着发挥自身的厨艺特长，将在家里制作的凉茶、糕点等派送到站岗点。在荣叔的号召下，长者们购买、烹饪食材，还邀请村里的年轻人完成派送任务。

项目审核通过的另一关键要素是“社区互助”，这尤其体现在社区成员的主体性中。“千里马计划”项目负责人李卓慧认为，只有激发社区成员的主体性，才能增强社区行动的可持续性。而这种主体性不仅限于主动性，拥有主体性的社区居民不仅是参与社区防疫工作的志愿者，他们还要有对社区问题的思考，清楚自己行动的准则。因此，无论是申请资助的个人还是组织，都需要清晰阐述自身经历与社区的联系、行动动力以及对互助的理解。例如，资助对象之一的珠海协作者组织在进行农民工及其子女在疫情影响下的需求调研时，会邀请农民工一起参与。服务对象不是被动地接受服务，而是被鼓励主动参与，为自己的群体收集和整理真实的需求；而珠海协作者更多的是负责其中的调研项目设计，以及培养参与调研的农民工伙伴们有关访谈、调查的技巧和能力。

（三）资助方向：兼顾突发需求与长期议题

第一期“千里马计划”累计资助 21 个社区防疫项目，资助金额共计 279 262 元。资助项目并非分散在各个领域，而是主要涉及社区突发需求和千禾长期关注的议题。

新冠疫情首先带来的是社区公共卫生问题，“千里马计划”资助的项目重点在社区教育和社区健康两方面。社区教育旨在向社区家庭传达保护环境的信息和预防病毒的知识。例如，一公斤盒子公益创新机构是一家专注于教育设计的社会企业。在千禾资助下，它开设防疫云课堂，组织乡村教师和千禾城市支教志愿者共创设计课程。社区健康关注社区成员的身心健康。广州市的高女士有多年的社工督导经验，现在是广州市心理健康协会的一名心理志愿者。她为有需要的一线社区工作人员，包括街道工作人员、居委会工作人员、社会工作者、志愿者等，提供心理咨询和疏导。

除了应对疫情影响下的社区需求变化，“千里马计划”还在回应千禾的社区工作中重点关注两大议题——流动人口与环境。改革开放以来，千禾所在的珠三角地区一直是我国主要“生产线”之一，亦是我国最大的商品出口地区之一。在经济高速发展的同时，珠三角地区也遭遇了流动人口融入与环境污染问题。

社区关注外来务工人群在疫情下的生计问题。例如映诺公益服务促进会是一个致力于保护工人的权益并增进其福祉的非营利机构。映诺利用资助资金，搭建了一条提供工作场所疫情防控建制支持、劳动关系问题咨询的 24 小时服务热线。

在社区环境改善方面，千禾也做了许多尝试。例如，千禾城市支教项目“小禾的菜园”在黄登村创建绿色农业循环互助计划，让儿童参与建造家庭可食阳台、学会家庭堆肥，并参与邻居互动，挖掘减少厨余垃圾的小妙招。在改善社区环境的同时，增进邻里感情。

“千里马计划”的资助方向不是短期行动项目，而是千禾一直以来关注的问题。通过资助和动员扎根于珠三角的草根组织和个人，千禾一方面将资源和服务有效地落实到有紧急需求的社区和人群，另一方面继续构建扎根珠三角社区的公益行动网络。“千里马计划”资助网络见图 8－3。

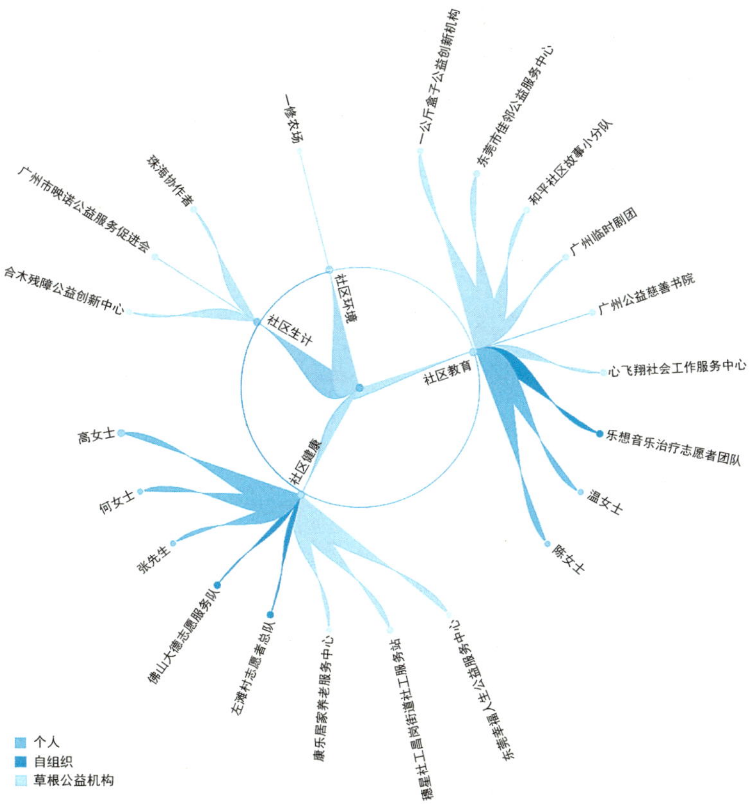

图 8－3　“千里马计划”资助网络图

三、资助资源：资金、能力与信息

（一）以资金撬动社区资源循环

以往的数据显示，千禾为申请机构提供最高 3 万元资助，为个人提供最高 1 000 元资助。但是在千禾看来，资金援助并不是一劳永逸地解决社区问题的手段，而是帮助伙伴撬动本地资源循环的一个支点。伙伴的付出不只是单方面输出资源或者经验，而是驱动本地利益相关者充分利用本地资源，探索本地解决方案，使本地项目持续发展（见图 8－4）。

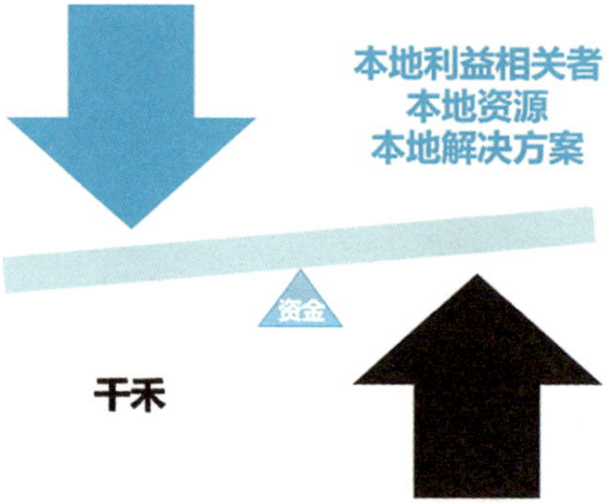

图 8－4　千禾资助逻辑图

前文提到的荣叔的例子正是“千里马计划”项目负责人李卓慧比较推崇的资源循环案例。在千禾资助之前，荣叔和社区同伴已经身体力行地为社区站岗人员送凉茶、糕点等慰问品。千禾非常认可他们自发形成的资源循环链，但同时会担心，千禾的资助是否会打破已经存在的互助循环圈？资助退出后，社区原来的互助循环圈是否还会存在？千禾是否需要持续进行资助？考虑到以上问题，千禾建议荣叔将资金用于举行志愿者的总结表彰会。一方面，这保证了资助资金的注入不会打破原有的资源循环；另一方面，行动总结有利于社区行动者梳理经验，进一步建立关系，讨论未来的行动方向。

“千里马计划”的资助不仅推动了个人和组织开展有效的社区服务行动，还回应了疫情带给一线社会服务组织的次生灾害——运营资金的缺乏。新冠疫情给社会各行各业都带来了巨大的损失和困难。在公益组织中，处于公益生态链底部的基层执行型公益组织受到的打击相对严重，这类机构大多数本来就处于“寅吃卯粮”的状况，很少有资金积累，也没有多少资源可以调配。疫情防控期间，许多组织的线下项目已经暂停，但仍需要支付相应的运营成本，比如人员工资、社会保险和场地租金等。运营资金的缺乏导致社会组织在项目和服务规模、团队规模等方面都出现了缩减。

基金会如果可以针对受疫情影响的特殊情况灵活调整资助政策，确保公益机构有足够的生存费用，就会对基层公益组织渡过这一阶段的难关起到非常重要的作用。千禾作为一家扎根社区的资助型基金会也意识到了这一点。千禾的许多伙伴都在申请资助时提到生存压力问题。例如，一家扎根于工厂区的社区商店是“千里马计划”资助的伙伴之一。这家商店平日回收二手物品，再以较低的价格转卖给打工群体，以此缓解他们的生活压力。该商店偶尔举行线下活动，搭建起打工群体的关系网络。但受到疫情影响，许多务工群体失去了工作，社区商店的二手物品回收量和人流量也相应减少。千禾在与社区商店伙伴探讨资助方案时，首先考虑其在疫情中如何重建社区关系，怎样缓解打工群体面临的问题；其次考虑其如何可持续地运营下去。于是，千禾建议该社区商店结合防疫的项目申请“千里马计划”资金，再探索持续发展方向。另外，千禾相信“要保住机构，必须先保住人”。在“千里马计划”的资助中，千禾除了认可项目执行所需的物资费用外，还认可人员成本等现实存在的问题。

（二）以线上共学为伙伴赋能

作为资助型基金会，千禾强调发挥“非捐赠影响力”，即通过交流或构建支持网络、知识生产、资源整合等方式，发挥资金以外的价值，这一点在“千里马计划”中的“行动者分享会”上有所体现。

通过线上共学的方式，千禾组织资助网络中的伙伴交流经验、相互学习，从而激发他们的潜力与能力。发起共学活动的出发点是珍视伙伴们的社区经验和价值，伙伴是共学活动中的分享主体。关注相似议题的伙伴在分享会上围绕特定主题分享在社区行动中遇到的困难、应对的方法，以及行动后的思考。

共学活动的主题不是千禾提前制定好的，而是围绕伙伴在项目执行过程中产生的疑问，以及伙伴自己想讨论的问题确定的。这种灵活的工作方法扎根于伙伴的工作现实，有利于伙伴间进行即时沟通分享。由此看出，共学强调“互助”的理念，这不仅体现在草根组织与社区居民的关系上，还体现在资助伙伴的关系中。

虽然共学活动的分享主体是资助伙伴，但一些工作方法需要听取顾问老师的意见。顾问老师团队由千禾的另外一个项目——“千里马计划”的专家顾问，以及专门的协作引导老师组成。根据不同的议题，千禾合作网络中的资深公益行业从业者被邀请担当线上共学观察员，一同参与讨论。例如，在一次关于服务流动人群的分享会中，千禾邀请其资助对象——珠海协作者和广州映诺向伙伴们分享疫情影响下社区流动人群的支持与互助行动。这两家机构的经验分享激发了其他伙伴思考如何平衡发展专业服务能力和赋能服务群体二者的关系。

共学活动的经验分享不仅能促进分享主体梳理经验，而且也是千禾进行项目评估的机会。“千里马计划”资助了许多以一对一心理咨询、互助小组、线上写作营等形式进行的心理关怀项目，让处于疫情影响下的人们向内探索和表达，从而减少焦虑。然而，对此类项目进行效果评估有一定的难度，因为投入的金钱、服务时长等定量指标不一定与心理建设成效直接相关。因此在项目评估方面，除了作为参与者亲身体验项目，千禾还非常重视项目伙伴自身及其服务对象对项目效果的评价。例如，“千里马计划”资助的线上写作营发起人和参加者被邀请一起讨论如何衡量和评估此类实践对社区康复和社区互助的公共价值。在分享会中，不仅项目伙伴分享了自己的工作经验，而且参加者也会分享自己的收获和改变，千禾从这些分享与讨论中能够感受到项目的成效。

（三）建立信息平台对接防疫物资

除了发起“千里马计划”资助草根组织与个人的抗疫行动，千禾还联合 20 多家广州的公益组织和媒体，组成“珠三角社区防疫公益行动网络”，搭建抗疫资源和社区需求的对接平台。无论是公益组织还是社区自组织，在参与疫情防控时最需要的是防护物资，“千里马计划”的资助伙伴通过该网络得知许多捐赠信息，从而获得社区所需的防疫物资，如口罩、防护服、消毒水等。此网络平台为资助伙伴提供了最精准的支援，这也体现了千禾的专业能力，满足了各类伙伴的多样化需求。

千禾不仅是信息平台的共同搭建者之一，也是汇聚并释放社区资源的基金会。自接收社区捐赠人与爱心企业的捐款以来，千禾工作人员每天都在工作群里及时沟通防疫物资的落实问题。通过珠三角社区防疫公益行动网络，千禾与社区、学校和街道快速对接，顺利将防疫物资送至 45 个社区。

四、结语

作为重点关注社区的资助型基金会，千禾具有相应的服务意识与能力，致力于构建完整、良性的社区公益生态。新冠疫情不仅是全球性公共卫生危机，还是破坏社区公益生态系统的灾害。在社区公益生态系统中，千禾有意将资金资源向下倾斜，支持草根公益组织发展服务工作，缓解其在疫情防控期间所遭遇的运营危机。“千里马计划”的意义不仅在于给社区公益组织提供应对公共卫生危机方面的宝贵经验，而且在于给中国基金会行业提供了一个公益生态系统的视角。

（撰写：梁伊琪）

第九章　公共卫生危机下社会组织的资源联动

——壹基金抗疫行动案例

社会组织是疫情防控工作中的一股重要力量，但能够在突发的公共卫生危机下迅速响应并输出资源的社会组织很少。其原因一方面是社会组织本身缺少面对突发事件的行动预案；另一方面是社会组织难以在短时间内与外部达成合作，从多方汇集资源并有效输出。很多社会组织面临着一系列难题，如捐赠收入的浮动、采购项目的变化、线下服务难以为继、线上服务难以保证质量等都关乎组织的存亡。相应地，社会组织如何进行相关能力建设以抵御风险就成为不得不面对的议题。本章将阐述深圳壹基金公益基金会（以下简称壹基金）在此次疫情中汇聚了哪些资源，如何搭建起合作网络进行资源链接，又怎样进行资源的有效联动并输出，以及有哪些经验教训值得公益伙伴进行学习和借鉴。

一、 抗疫行动中的资源汇聚：资源有哪些?

新冠疫情防控工作的特殊性，使得所需物资的种类变得细化且多样，加上整个社会的需求在短时间内迅速膨胀以及市场的不断波动，要根据不同地区不同人群的需求进行精准的物资采购和发放是一件很困难的事。壹基金在资源汇集方面呈现出以下特点：一是预见性，在疫情初露端倪前便关注其动态提前做好准备，武汉封城前一天立即响应；二是动态化，在不同的时间节点根据具体情况开展行动。在前期物资十分紧缺的情况下进行“抢购”工作尽可能满足需求，后期则对需求进行精准调研后开展购买工作。

壹基金于2020年1月22日启动一级救灾应急响应机制应对疫情，得到了众多爱心公众和企业的大力支持。截至2020年6月30日，募集到款10 633.59万元，支出10 554.81万元，支援了湖北省的17个市/州、89个县/区的996家医院。

根据受疫情影响严重地区多样化的需求，壹基金调整物资发放策略，争取将物资覆盖到每一类人群。具体内容包括：第一，为一线医护人员和执勤人员等提供防护物资，保障他们的生命安全；第二，由于居家隔离政策和医院医疗资源紧张导致诊断困难，为疑似病人提供检测试剂盒等物资；第三，很多医院治疗设备告急，为其提供用于确诊病人治疗的医疗设备等物资。壹基金援助物资清单见表9-1。

表9-1　壹基金援助物资清单①

物品名称	单位	数量
12平方米帐篷	顶	498
PCR病毒检测实验室设备（升级）	台	5
对讲机	台	7 519
防寒服	件	3 611
防护镜	副	74 700
隔离衣	件	421 594
红外线测温仪	台	65
呼吸机	台	630

① 壹基金疫情防控行动阶段性总结［EB/OL］.（2020-04-17）［2020-09-07］. http://www.onefoundation.cn/index.php?m=article&a=show&id=1254.

（续表）

物　品　名　称	单　位	数　　量
护目镜	副	19 395
护手霜	瓶	10 000
加油卡	张	30
经食道探头	个	1
空气消毒机	台	1 160
口罩	个	7 099 521
沐浴露	箱	400
女用安心裤	箱	1 000
润唇膏	支	5 000
身体乳	瓶	43 032
输液泵	台	1 350
胎心监测仪	台	1 300
睡袋	个	176
剃须刀	套	8 052
雾化吸入器	套	10 000
洗手液	瓶	5 000
消毒用品	瓶/桶	15 318
新型冠状病毒核酸检测试剂盒	盒	900
血氧仪	台	2 500
压缩空气式雾化器	台	1 000

（续表）

物　品　名　称	单　位	数　　量
医用防护面罩	个	50 060
医用帽	顶	1 300 000
医用手套	副	3 873 300
医用鞋套	双	20 200
饮用水及饮料	瓶	783 624
雨衣	件	22 708
纸尿裤	箱	4 274
注射泵	台	2 200
总　　计		13 790 123

二、资源链接路径与策略：资源从哪来？

有调查显示，在疫情防控工作中，很多机构反映自身在应急管理和公共卫生方面缺乏知识、技术和经验。[①] 壹基金在 2020 年 1 月 26 日便采购了四批物资从全国各地发往湖北省，这无疑为早期的疫情防控工作提供了帮助。在危机来临时，壹基金能够快速、精准地做出响应，得益于壹基金建立了一套先计后战的灾害响应机制，即面对不同等级的灾害，会有不同的响应等级来应对。

对于组织内部而言，基于多年在救灾减灾方面积累的工作经验，壹基金根据实际情况及时对业务部门进行了调整。疫情暴发后，壹基

① 中国发展研究基金会．民间组织在新冠疫情下的担当［EB/OL］．（2020－05－09）［2020－09－07］．https://mp.weixin.qq.com/s/0tbQNEgRWAe1OXyj7GKKMg.

金立即启动一级响应，疫情应对工作由秘书长直接负责，灾害管理部作为主要执行部门，同机构的其他部门通力合作共同应对疫情。权责明确的内部分工为外部合作奠定了基础，从项目纵向开展的角度看，具体表现在以下方面：

（一）筹款端：多方筹集，公开透明

疫情暴发前，相关新闻牵动了壹基金的神经，壹基金通过湖北的公益伙伴了解到一线情况，提前准备好筹款方案，从而能够在疫情暴发时立即响应并按照相关法律法规进行项目备案，为接下来的项目执行和物资筹备争取了一部分时间。

壹基金通过多个渠道募集资金，包括民政部指定的互联网募款平台、爱心企业、公众人物、爱心团体等，这为接下来的物资购买做好了资金准备。

壹基金认为，自身能够在短期内通过多渠道筹集到足够的资金，其原因是：第一，新冠疫情席卷全国，很多公民的捐赠热情被点燃，希望找到一家靠谱的机构进行捐赠，贡献自己的力量；第二，灾害救助是壹基金的核心业务，壹基金通过多年的工作在民间建立了良好的口碑和形象；第三，壹基金本身对于灾害是敏感的和有准备的，疫情暴发前，壹基金持续关注事件的走向，疫情暴发后，壹基金及时启动一级救灾应急响应机制，并与筹款平台提前对接好合作方案，第一时间开通捐赠入口，在时间上抢占先机；第四，壹基金秉持着公开透明的态度，通过壹基金的官方网站、微信公众号、微博平台及时公开接收新冠疫情项目的物资明细、捐款数额、支出情况等，并发布关于疫情防控工作的行动简讯、相关短视频，为捐赠人提供良好的反馈。

（二）采购端：专业团队，分工明确

受疫情影响，物资采购，尤其是紧缺物资和特殊物资的采购变得十分困难。面对这一困难，壹基金使用了灵活的采购方式，尽可能地保证物资供给。

在紧缺物资采购方面，壹基金搭建了专门的采购体系，并组建了专业的采购志愿者团队。这些志愿者团队大多来自大型企业，如沃尔玛、华润集团等，具有丰富的专业技能与工作经验，将专业的事情交给专业团队，能够在很大程度上减少甚至避免在购买紧缺物资时出现风险。

在特殊物资采购方面，为了保障物资供应，壹基金一边通过自身采购，一边联系专业的制造商表明需求，直接由其进行捐助，及时满足了医院的需求。

在国内物资告急的情况下，壹基金联合跨境电商平台卓志集团、全球供应链普洛斯，以合理的价格和快捷的渠道筹集到了国外资源。

在物资运输方面，考虑到特殊物资在运送过程中会遇到很多困难和潜在风险，壹基金联络到在医疗物资运输方面具有专业资质的摩贝生物科技公司，顺利完成了医疗物资运送。

（三）执行端：基于需求，有效分配

在具体的执行层面，很多社会组织面临着“有钱花不出去”的尴尬境况。原因一方面在于社会组织难以了解抗疫一线的情况，无法从需求出发进行物资采购；另一方面在于在“封城”影响下，物资难以顺利运送到一线。

壹基金构建了深入地级市的合作网络，这些伙伴既能够第一时间协助壹基金了解当地的真实情况并收集需求，也能够通过属地的合作关系进行协调，帮助壹基金将物资运送到医院。

壹基金抗疫资源链接路径见图 9-1。

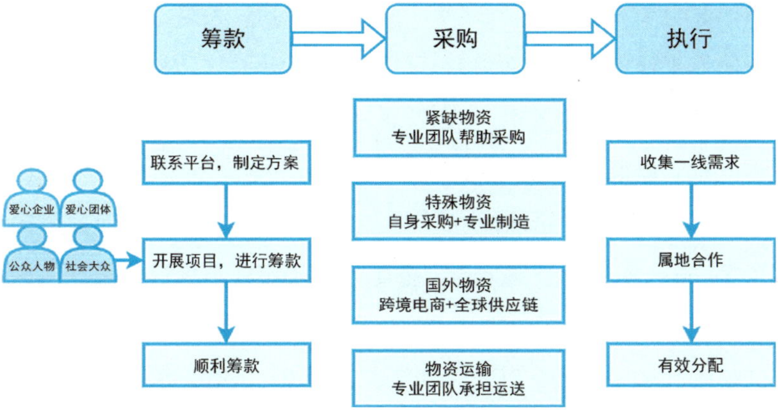

图 9－1　壹基金抗疫资源链接路径图

三、资源联动能力及合作网络：资源到哪去?

对于社会组织而言，在短时间内汇集大量资源并进行有效的协调和分配是异常困难的。这里所谈到的资源不仅包括物质资源，还包括信息资源。壹基金在过去多年的项目执行经验中，总结建立了一套较为完善的常态化合作体系。

（一）合力：搭建社会网络

1. 同业：分工明确的合作体系

一方面，灾害具有突发性，需要人们在短时间内迅速响应；另一方面，灾害也具有规律性，根据以往灾害发生的情况，人们可以在灾害多发地提前做好应急准备工作，尽可能减少损失。结合过去的灾害应对经验，壹基金推动不同的行动主体构建了可以延伸至区县的合作网络，利用自身的专业优势和属地资源，一起参与救灾行动。

义仓发展网络由壹基金于 2017 年支持启动。该网络由全国枢纽机构、地方枢纽和成员机构组成，围绕社区开展活动。在此次抗疫行动中，义仓发展网络从 2020 年 1 月 25 日开始，持续、系统地参与到疫情防控工作中，在全面参与社区防疫、构建社区防疫支持体系、助力全国社会防疫、党群动员等方面，为疫情防控工作贡献了一份力量。其中，以成都市爱有戏社区发展中心为代表的枢纽机构，动员 251 名社会工作者，累计排查居民 196 197 人次；提供心理关爱援助服务 7 856 人次；通过基金会、企业、个人等募集物资，累计向成都市为主的 150 余个政府部门、街道、社区、社会组织、企业提供价值 100 多万元的防疫物资和生活物资。截至 2020 年 2 月底，义仓发展网络在社区防疫方面累计服务居民 183 889 人次，关爱援助方面累计探访困境人员 130 人次，线上服务困境人员 5 200 人次。

壹基金安全家园项目致力于培养基层社区的灾害应对能力，发展社区志愿者救援队。疫情暴发后，壹基金迅速动员全国各地的社区志愿者队伍参与社区防疫行动。在防疫物资短缺的情况下，志愿者们从测量体温、环境消杀、防疫知识宣传做起，之后逐步开展社区排查、入户调研等防疫工作。截至 2020 年 3 月 3 日，壹基金安全家园项目在四川、安徽、陕西、吉林、甘肃、山东、广东等 9 个省的 117 支社区志愿者救援队纷纷响应，共计 2 152 名队员参与行动，覆盖人口达 41 万。①

2. 企业：基于需求的捐赠闭环

在重大灾害面前，企业是物资捐赠的主力军。在疫情暴发初期，社会上涌现出的求助信息铺天盖地，一批企业在第一时间内主动联系到壹基金，提出要捐赠资金和物资，支援疫情防控工作。

为了使捐赠物资在“企业→社会组织→接收方”之间形成有效闭

① 壹基金疫情防控行动阶段性总结［EB/OL］.（2020－04－17）［2020－09－07］http://www.onefoundation.cn/index.php? m=article&a=show&id=1254.

环（见图 9－2），壹基金在联系当地社会组织核实需求后，将抗疫一线实际情况与捐赠企业进行沟通，并在此基础上制定物资发放方案，从而使物资能够得到合理有效的分配。

图 9－2　壹基金与捐赠企业及接收方关系图

为了维护长期的捐赠关系，壹基金制定了一套“捐赠→反馈”策略。以往，物资的规格和标准不统一、物资发放形式受限、受助人员庞杂等因素导致具体物资的流向无法确定。于是，在物资交接时，壹基金尽量在每一件物资上贴好捐赠方的标志并拍照记录，之后再制作出包含现金数额、物资明细、物资用途等信息的工作表，统一反馈给捐赠方。这一流程虽耗费了许多人力，但清晰明了的捐赠反馈不仅对于维护捐赠关系意义重大，也使得壹基金内部开展工作时更加有条理。

3. 政府：长期搭建的信任关系

推进政府与社会组织之间的合作以实现善治是整个社会共同的目标。在此次抗疫行动中，社会组织成为抗击疫情的重要力量，是政府不可缺少的合作伙伴。

壹基金认为，社会组织与政府之间的合作是个“慢功夫”。良好的互信是开展合作的前提和基础。壹基金以启动联合救灾网络项目为例，说明了社会组织如何与政府保持联络：一方面，社会组织要定期向其业务主管部门汇报工作，使政府部门充分了解社会组织的工作；另一方面，社会组织在开展日常培训时，可以邀请业务主管部门人员讲解政府部门的工作。通过这样的交流，双方可以增进理解，构建良好的信任关系，为日后的合作建立基础。

信任关系带来的便利在疫情防控工作中体现得尤为明显。为了将捐赠物资统一归口，2020 年 1 月 26 日，民政部发布《关于动员慈善力量依法有序参与新型冠状病毒感染的肺炎疫情防控工作的公告》（以下简称公告），指定湖北省红十字会、湖北省慈善总会、湖北省青少年发展基金会、武汉市慈善总会、武汉市红十字会接收慈善组织为湖北省武汉市疫情防控工作募集的款物。[①] 为了达成捐赠人的心愿，壹基金需要将部分物资进行定向发放。但根据公告内容，定向发放任务要几经周折才能完成。基于多年的交流往来，壹基金联系到湖北省慈善总会，由其进行定向捐赠物资的接收，协调有关部门开具“路条”，解决海外物资的通关问题，最终使得定向捐赠物资根据工作计划顺利发放。

4. 社会力量：不断更新的赋能建设

社会组织开展工作离不开志愿者的支持。尤其是在大范围疫情防控工作的紧急情况下，机构的工作人员无法深入一线去事无巨细地完成工作，更需要志愿者的协助。

在此次抗疫行动中，壹基金联合全国 798 家公益组织、15 772 位志愿者共同参与，全力协助。志愿者们的工作包括防疫知识宣传、社区排查、入户调研、环境消杀、防护物资发放、防疫站点设置等。[②] 壹基金在此次行动中遇到了许多挑战，同时也吸取了更多的经验。

---

① 第一财经．官方慈善机构如何不成为捐赠瓶颈，专家建议放开民间通道［N/OL］.（2020－01－31）［2020－09－07］. https://m.yicai.com/news/100484563.html.

② 民政部．民政部关于动员慈善力量依法有序参与新型冠状病毒感染的肺炎疫情防控工作的公告［EB/OL］.（2020－01－26）［2020－09－07］. http://www.mca.gov.cn/article/xw/tzgg/202001/20200100023667.shtml.

首先，在疫情暴发初期，由于防护服、口罩等物资紧缺，志愿者要开展工作，很多时候都是冒着被感染的危险。这无疑使志愿者工作成了具有高风险的挑战。

其次，在疫情影响下，志愿者作为普通公民，其活动受到一定限制，机构有效组织志愿者成为困难。壹基金与各地防疫指挥部进行协调沟通后，在保证安全的前提下，为志愿者们争取到了通行证，缓解了人力资源紧张的问题。

最后，在抗击疫情的过程中，大多数志愿者缺少相关专业知识，比如不了解医疗设备的规格、防护物资的标准等。但现实要求志愿者开展行动前要掌握一定的专业知识。为了使志愿者更加专业地开展工作，壹基金首先组织内部工作人员学习相关知识，对学习过程中遇到的疑问及时讨论解决并汇总，最后整理成资料册分享给志愿者，对其进行专业技能培训。

（二）贯通：项目资源整合

在全国上下抗击疫情的特殊时期，弱势群体容易被忽视，但他们的需求实际上比其他群体更大。壹基金通过自身的项目搭建以及与其他机构进行合作，整合资源，为弱势群体提供了一系列服务。

在罕见病儿童群体的救助方面，受到疫情影响，康复治疗被搁置，这无疑为其所在家庭带来了巨大的压力。由壹基金海洋天堂项目合作伙伴——北京市晓更助残基金会发起，并与融合中国联合执行的"特殊需求困难家庭疫情期间紧急救助网络"，针对十个受疫情影响较重的地区进行紧急救助，开展线上课程。例如，"小萌课堂"和"自主生活"线上课程，专门服务湖北地区的心智障碍者家庭，心智障碍儿童可以在课程中学习生活能力提升和情绪管理等内容。

在为孕妇服务方面，武汉市多家医院因新冠疫情停止提供产检服务，再加上孕妇在特殊时期出门有诸多不便，在黑石基金会的支持下，壹基金与萌动联合发起“武汉安心孕期公益行动”。该行动为湖北省的孕晚期妈妈提供“检测硬件＋三甲妇产医生线上咨询服务”（均免费），帮助她们在不便出门进行产检的情况下，了解胎儿情况。该服务项目为湖北 13 个地市/州的约 1 300 名孕妇发放胎心监测仪，线上医生回复咨询近 25 000 次。

受疫情影响，壹基金为乡村留守儿童和城乡流动儿童建立的儿童服务站无法开展线下服务。壹基金及时转换策略，为孩子们提供了一系列线上服务。随着疫情防控的形势好转，一些儿童服务站恢复了线下运营并开展了与疫情有关的科普活动，如通过绘画的形式传达抗疫主题、学习防疫知识等，让孩子们能够更深刻地认识到疫情对生活的影响。

四、 讨论与反思

对壹基金的抗疫行动进行梳理后我们发现，机构内部灵活的组织和人事制度在一定程度上更有利于机构应对风险。同时，为了保证行动的准确高效，还需要完备的工作制度作为支撑，以便突发事件来临时能够及时响应。另外，对于专业性较强的工作，可以吸纳专业人士作为志愿者参与其中，为工作提供专业支持。例如，医疗物资的采购倘若缺少专业人士的支持，无疑会遇到很多困难，延缓后续工作的推进。

在构建好内部的行动机制后，机构要搭建起可以深入一线的合作网络。壹基金能够与区县一级的社会组织有效联动，得益于其在不同的地区与当地组织的长期合作。社会组织作为连接枢纽，起到了上传下达的作用。枢纽机构能够及时精准地了解一线需求，上传给壹基金，以便壹基金把握实际情况后做出合理的项目规划，避免资源浪费，真正实现“物有所值”，服务到需要帮助的人群。

无论是政府部门还是企业，与合作方构建起基于信任的长效合作机制都是必要的。只有保持长期的联系以形成彼此信任的关系，在开展合作的过程中才能达成默契。特别是在类似此次疫情的突发事件中，长期、稳定的信任关系更有助于为项目的推进争取时间。同时，双方也要了解彼此的需求，在项目执行过程中努力实现双赢，保证合作的可持续性。

本章对壹基金的抗疫行动进行了复盘并梳理，以期能够将其经验反馈给同业，以便在下一次危机来临时，社会组织能够更加从容地应对。

（撰写：姚媛媛）

第十章　社区强基齐发力，公益物流来托底

——招商局慈善基金会抗疫行动案例

2009 年，招商局集团发起成立了招商局慈善基金会，并正式在民政部登记注册为全国性非公募基金会。此后，基金会由招商局集团持续捐资开展公益项目活动，所用资金全部来自招商局集团和相关企业捐赠。依托企业资源，招商局慈善基金会的自我定位是资助型基金会，主要开展了与“公益救灾应急物流”“乡村社区支持”等议题有关的公益项目。在这两个领域内积累的公益行动经验成为招商局慈善基金会在参与应对新冠疫情带来的全新挑战时，得以快速决策、行动，并灵活反应的重要基础。

本章以招商局慈善基金会在新冠疫情防控期间开展的两个项目——“火急送”和“社区有招”为例，通过介绍其具体行动内容，分析公益基金会在应对公共危机事件中的行动有效性与价值，以期为公益机构有效参与应对公共危机事件提供案例支持。

一、抗击疫情，招商局公益基金会可以做些什么?

在抗击疫情行动中，起主导作用的是政府的宏观调控以及企业的资源调动。社会组织的援助行动主要是针对武汉市和周边地市的医护物资筹集和发放。与政府、企业组织相比，社会组织的资源整合力度并不具备显著优势。

（一）发挥资助优势，关注社区建设

考虑到社会组织在此次抗击疫情行动中的短板，以招商局慈善基金会为代表的资助型基金会并不直接依靠自身力量开展救援活动，而主要是通过提供资金援助助力其他社会主体开展活动。一些学者也认

为，资助型基金会的核心作用是资助社区组织，驱动社区资源，激发群众自治活力，以满足多样化的需求，成为政府救助的有益补充。①

公共卫生事件与自然灾害的相似之处在于，两者带来的社会问题往往都会较为集中、快速地暴发，需要社会各界尤其是基层组织及时、准确地回应。这就使得社区发展与社区自组织建设，即进一步激发基层群众的自救能力、自组织能力和互助能力变得极为重要。社区发展能否得到专业的指导与足够的资助，是自组织能力培育能否取得成效的关键。调研结果也显示，社区治理能力越强，应对疫情的效果越好，这从侧面佐证了招商局慈善基金会多年来致力于社区建设的合理性与必要性。

（二）发挥物流优势，助力物资转运

疫情暴发后，困扰各慈善组织的一个问题就是各类应急物资的运输和中转。大量物资难以迅速送达医院、福利机构、社区等基层抗疫单位，“最后一公里”问题扼住了“抗击疫情的咽喉”。在物资的运输和中转受阻的情况下，公益物流平台的独特价值就凸显出来。

为回应公益救灾机构等社会力量在救灾行动中对于应急物资运输的需求，早在2014年，招商局慈善基金会就与招商局集团旗下的中外运物流公司联合推出了提供无偿物流援助的“灾急送”救灾应急物流平台（以下简称灾急送），并与壹基金、中国扶贫基金会、中国社会福利基金会结成灾急送联合救灾伙伴。灾害发生后，平台会依托招商局集团旗下的中外运物流公司的专业运输团队与本地物流网点，为政府和公益机构提供物流服务，把应急救援所需物资、受灾民众亟须的生活物资等顺利送至灾区。在非灾害状态下，平台则根据需求，与

① 李庆．战“疫”中，资助型基金会的行动价值［N/OL］．(2020-03-15)［2020-08-21］，https://mp.weixin.qq.com/s/r3mD_AOGe2Op_bqGKvXESw。

联合救灾伙伴在灾害频发的物流网点设立公益备灾仓库，为联合救灾伙伴提供备灾物资储存和管理支持，以便灾害发生时能够迅速地调运物资送达灾区。推出至今，灾急送平台与联合救灾伙伴先后投入资金近500万元，在鲁甸地震、尼泊尔地震、四川九寨沟地震、山东寿光水灾等重大自然灾害中回应了社会公众救援物资运输的需求。

招商局慈善基金会结合既往行动中对社区建设的关注与自身的物流平台优势，从2020年2月开始，通过链接需求端和资源端，以极高的行动效率与信息透明度，聚焦“物流”与“资助”，迅速发起一系列有针对性的公益抗疫行动。其中灾急送公益物流平台与“防疫抗疫，社区有招”资助计划（以下简称社区有招）重点突出了招商局慈善基金会“回应需求，链接资源”“关注社区发展和治理”的理念与定位。基于自身优势设计项目、发挥作用，招商局慈善基金会的行动有效性与价值得到了极大凸显。

二、 灾急送：打造公益平台，链接社会资源

（一）回应需求：重启灾急送支援应急物流运输

新冠疫情暴发初期，社会需求的紧迫性首先表现在抗疫核心区域的医用防护设备、社会抗疫防疫物资普遍严重短缺层面。此时，社会捐赠成为疫情防控物资的重要来源。及时、高效、稳定的物流是社会捐赠物资顺利抵达抗疫核心区域的关键保障。

鉴于此，招商局慈善基金会结合自身优势，及时准确地识别了物流需求，迅速启动了一级响应，通过灾急送免费为全国范围内支援湖北疫情防控的应急物资提供运输和仓储支持。

（二）链接资源：打造快速、高效的公益物流平台

灾急送在行动前对疫情形势与自身行动能力进行了初步评估，判

断出此次运输行动需要应对的两个特殊挑战。一是需要运输的抗疫物资数量多，二是物资运输时间紧迫。为保证物资运输调度高效运转，决定对原有运作机制的响应流程和内部协同模式进行简化。

作为需求对接和资源对接的端口，平台会在接到运输需求后，根据响应标准进行评估。如果认为可支持，就迅速建立起招商局慈善基金会、物流总部调度部门、一线物流运作公司、物资运输需求方、物资接收方等在内的工作群组。群组中，基金会方负责对接运输需求，并协调中外运物流提供运力支持。全部流程均可在线完成。除车辆和捐赠物资通行函、物流运输公司必需的运单之外，整个过程不再需要其他书面手续。内部汇报机制也由原来的“一单一报”改成“每日一报”。为节省时间，平台运作协调小组还制作了简易的物资运输需求清单，物资捐赠委托人只需花一分钟就能迅速提供有效的物资信息，确保协调小组在短时间内就能进行评估。大部分运输需求从正式启动到安排运力仅需几十分钟。

此外，平台还简化了物资流转过程中的流程手续，尽量减少司机在物资接收地的活动半径和人员接触。例如，如果运输需求很分散，平台会与捐赠人事先沟通，请捐赠方尽可能把收货地址控制在一到三个地点之内，待物资运达之后，请当地物流单位或受赠单位的后勤部门派车来取。这在一定程度上为高效率的物资运输奠定了基础。[①]

（三）撬动杠杆：搭建转运网络，打通“最后一公里”

随着疫情快速传播，武汉市周边市、县也开始出现物资匮乏问

① 招商局慈善基金会．专访｜招商局“灾急送”：公益物流如何在抗疫中实现价值最大化［EB/OL］.（2020-02-27）［2020-08-21］. https://mp.weixin.qq.com/s/p3Q3nlNaeHHzYXkuIEB3qg.

题。考虑到各地区对湖北省车辆管控严格，以及需要熟悉湖北当地交通的当地车辆进行支援，为了保证运输效率，平台依托中外运物流湖北公司搭建了一个市际短途转运网络，打通了从武汉向周边市、县转运物资的渠道，解决了“最后一公里”的运输需求。[①] 灾急送湖北行动驰援数据见图 10－1。

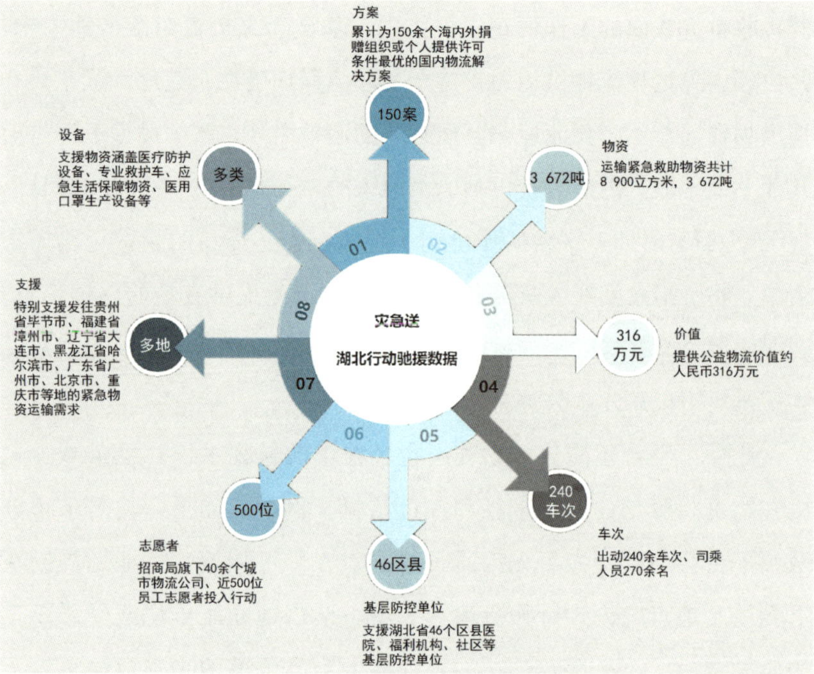

图 10－1　灾急送湖北行动驰援数据图[②]

---

① 招商局慈善基金会．专访｜招商局“灾急送”：公益物流如何在抗疫中实现价值最大化［EB/OL］．（2020－02－27）［2020－08－21］．https://mp.weixin.qq.com/s/p3Q3nlNaeHHzYXkuIEB3qg.

② 招商局慈善基金会．招商局“灾急送”即日起转入常态模式［EB/OL］．（2020－03－31）［2020－08－21］．hhttp://www.cmcf.org.cn/content/1624.

灾急送也会根据一线情况，判断和筛选较突出的运输需求，随后将有限的运输资源合理分配，优先保障更加紧迫和重要的物资运输。因此灾急送与其他利益相关方（地方政府、商业部门、其他公益组织等）的有效沟通合作、信息互通和资源协调等显得尤为重要。灾急送负责人也表示，期待未来能够建立一个反映物资需求的大数据平台，实时监测不同地区一线单位的具体物资需求，从而更好地引导物资供应去向，让公益物流平台更具价值。

在突发公共危机事件的应对中，公益机构能够利用其实时和专业的信息资源，发现需求，引导社会资源合理调度，如灾急送在疫情防控期间展现出的引导作用，无疑也是公益物流平台独特价值的体现。与单一和被动地进行物资运输相比，这种运输与资源协调相结合的公益物流功能，有效发挥了公益物流平台的优势与价值。

三、社区有招：聚焦社区治理，资助社区抗疫

除紧急救灾援助外，招商局慈善基金会多年来关注的另一议题是社区发展与治理。基金会在成立之初就自主设计了关注乡村社区发展的“招商局·幸福家园”资助计划。这一计划关注乡村社区发展与治理议题，旨在通过项目资助、能力建设、知识生产等，为村民开展可持续的服务，并在此过程中聚焦村民自组织培育，持续提升社区自我服务和管理能力，实现乡村社区治理结构优化。

2020 年 2 月，基金会快速启动了“防疫抗疫，社区有招”资助计划，关注社区参与疫情防控和社区恢复两个议题。这一计划着力于提升社区应对公共危机的能力，即通过社区培育，提升社区自组织能力和集体行动能力。同时，基金会也关注社区能力建设项目研究，支持专业研究机构设计和开展调研评估、经验整理、能力建设、工具技

术开发和前瞻性研究等工作，为下一步的社区建设提供方向。[①]

下文将主要介绍基金会在资助评审过程中梳理出的社区参与抗疫的图景，以及据此做出的分析和判断，以进一步明确资助重点。

（一）**需求识别：资源倾斜于社区中的脆弱群体**

资助型基金会能够根据评审和资助过程中发现的新问题、新需求，对具体资助计划进行有针对性的调整，此举有利于提升基金会的资助有效性。尤其是在新冠疫情这一突发且对大多数社会组织来说是完全陌生的社会公共危机之下，不论是一线社会组织还是基金会，都可能会因为信息获取不及时、不全面，从而无法准确识别一线实际的问题和需求，继而无法设计和开展有效的、有针对性的公益项目。因此，主动且及时地对一线信息进行收集分析，梳理真实的社会问题和需求，对于在社会公共危机中想要通过有效资助来实现机构价值的资助型基金会来说显得尤为重要。

通过分析基层社会组织的项目申请书，招商局慈善基金会发现在疫情暴发后的应急响应阶段，许多社区疫情防控压力大，出现了物资和人力严重不足等问题。社会力量多集中于开展抗疫行动，而社区中脆弱群体的需求未得到足够重视，老人照护、儿童保护和教育、特殊群体生活保障等成为难题。随着疫情防控工作进入常态化，社区需求将转向恢复居民正常生活与应对疫情带来的长期影响。

基于上述情况，项目组在评审过程中重点关注了回应脆弱人群需求的社区项目，并对这些项目进行了资助倾斜。儿童是社会公共危机中的一个重要脆弱群体，针对疫情初期城乡防疫工作缺少儿童视角，

---

① 招商局慈善基金会．社区案例｜从流动儿童到流动社区，“火把社区”的有机生长［EB/OL］．（2020－07－21）［2020－08－21］．https://mp.weixin.qq.com/s/HJ2_wRhAKi-gDov7FwJ8jA.

疫情防控期间许多家庭对儿童的照护不足，长时间居家生活导致家庭亲子关系紧张等问题，基金会重点资助了开展儿童或亲子服务的社区项目。

对于其他脆弱群体，基金会也进行了资助倾斜，如关注空巢老人、残障人士、低收入家庭、失亲家庭等的社区项目，也得到了招商局慈善公益基金会的大力支持。

通过对一线社区的问题、需求以及社会组织现状等信息的动态监测和分析，基金会在审核过程中进一步明确了资助重点，为筛选出更具发展前景的社区项目奠定了基础。

（二）行动基础：社区自组织能力与社区治理能力

招商局慈善基金会发现，有自组织能力的社区相比于无自组织能力基础的社区，在抗击疫情的过程中发挥了更大作用。这些社区通过开展社区动员、信息传输、宣传教育、自助互助等行动，助力疫情防控工作在社区有序进行。这部分社区展现出来的应对公共危机的能力，本质上就是社区的治理能力。

随着疫情的变化，各阶段反映出的社区问题和需求并不相同。疫情暴发前期，社区需求多为应急阶段对于防疫物资和人力的需求，为目标群体提供直接服务的社会服务项目能够在社区机制建设不完善的状态下，更加直接地回应需求。但随着应急阶段工作告一段落，社区进入恢复阶段，社会组织更应致力于开展社区合作互助和治理类项目。

针对疫情各个阶段社区需求的变化，招商局慈善基金会进一步明确了社区有招资助计划最终的目的是培育社区治理能力，重点支持涉及社区治理视角的申请项目。同时鼓励申请项目的社会组织针对疫情期间动态的、多元的社区需求，设计不同的项目侧重点，有针对性地瞄准社区长远需求，为社区未来有能力应对风险做更底层、更长远的设计。在招商局慈善基金会最终资助的研究类项目中，关于社会融合视角下社区防疫体系的构建策略研究项目、提高农村自组织能力以增强社区韧性的行动研究项目、社会组织参与突发公共卫生事件应急管理的机制与路径项目等，都从不同维度对社区治理路径进行了探索。

（三）贴心指导：根据项目类别提供全程服务引导

招商局慈善基金会在评审过程中也发现，在众多申请社区有招项目的机构中，社会服务类机构更关注的是疫情暴发前期阶段，即主要开展应急服务和互助类项目，对于社区恢复阶段的社区需求没有做出充分回应。

基于此，社区有招项目组明确鼓励申请机构不仅要开展疫情下的应急行动，而且要关注随着疫情发展，社区人群需求的发展和变化；识别和发掘社会组织在不同阶段的不同参与空间；着眼于社区长期恢复和能力提升，协助社区建立应对公共危机的长效机制。

项目中期，招商局慈善基金会开展了线上交流会，对社区治理资助理念、项目申请情况以及不同项目类型的关键原则和着力点做了更深入的介绍，并从申请机构现状、项目设计存在的问题出发，抓取共性议题，通过实际案例分析申请机构如何在现有工作基础上再进一步。

通过对申请机构的观察，招商局慈善基金会从项目目标、工作方法、所需技术、社会组织扮演的角色等维度，将社区项目大致分为社会服务项目（外部机构直接向目标群体提供帮助）、合作互助项目（外部机构推动特定群体自助）、社区治理项目（外部机构推动各利益相关方协商管理、协调行动，形成长期共建共享机制）三类，帮助申请机构明确项目定位，使其有侧重、有规划地设计和开展项目。

在回应申请者的过程中，招商局慈善基金会提出了项目申请机构可能的改进方向，为申请者提供更具建设性的支持和建议，从而引导申请机构调整项目规划，让资助方与被资助方形成更为良性的互动与支持关系，而非单纯的资助与被资助关系。从助力社会组织能力提升、推动社区项目可持续性角度来看，这些行动都能更有效地实现最终的资助愿景与目标。

四、发展方向：如何促进多方参与的集体行动？

（一）动员企业参与，提升公共危机整体应对能力

多年的行动实践使灾急送平台具有独特的优势价值，包括平台与一线救灾机构形成的联合行动网络，以及在灾害场景下更专业的能力和熟练的行动机制。在疫情的考验下，一些商业机构展现出了在资源、人力、传播等方面的优势。灾急送和商业机构的优势相结合，可以激发出更多生机与合作点。

例如，在灾急送公益行动中，商业机构的加入为公益物流平台带来了新的机遇。公益机构需要继续寻找自身独特的行动价值，更充分、合理地利用机构能力与资源。公益物流平台该如何动员商业机构持续参与，建立更加系统化的应急物资运输协作机制，提升社会力量应对公共危机的整体能力，是一个值得思考的问题。

（二）聚焦社区培育，为社区集体行动增权赋能

从社区有招的资助进展看，大多数获得社区有招计划资助的社区项目，从工作手法上看其实已经具备了社区治理视角。这些项目不仅是“服务者”，也要成为“协作者”。例如，一些项目采用议事协商、社区组织培育、互助网络和支持网络搭建等方法，通过培育社区自组织能力和链接各方资源，激发社区多方群体的参与和集体行动。

如今，社区已经成为基层治理的重要力量，社区自组织能力的高低不仅在很大程度上决定了社区疫情防控的效果，也将在未来的城市治理与公共服务中发挥越来越重要的作用。也就是说，社区自组织能

力的培育不仅是社会公共危机事件发生过程中基层社区的重要需求，也是危机过后推进社区恢复、危机预防和常态下基层治理的需求。

在此背景下公益基金会如何依托其掌握的丰富资源，更好地介入社区，提供不同类型的帮助与指导，培育社区自组织能力与治理能力，是公益基金会，尤其是资助型基金会必须专心思考的重要课题。

（三）**打造公益品牌，构建应对有效的行动网络**

招商局慈善基金会给我们带来的另外一个启示就是，新兴基金会与其他草根公益组织应当如何准确识别需求，打造属于自己的公益品牌活动，并在活动过程中构建起有效应对的各级行动网络，实实在在地提高合作的灵活性、有效性。

如面对自然灾害场景，灾急送平台有着丰富的应对经验，且在多年实践中形成了相对较为完善的应对机制和行动网络。面对新冠疫情带来的新挑战，灾急送平台通过发挥对社会资源的引导作用，体现出其在社会公益活动中的价值。

社区有招通过疫情公共危机下的问题与需求分析，使招商局慈善基金会得以进一步明确资助目标，针对实际需求灵活调整资助方向。在此过程中，基金会也能够通过对申请机构的比较分析，更加直观地掌握不同申请机构的回应能力以及项目设计可以改进的方面。其对应急服务与社区培育的“两个阶段”以及社会服务、合作互助、社区治理“三类项目”的划分使资助方向兼顾了突发需求与长期议题，公益项目也因此具备了极佳的适应性与生命力。

最后，公益组织、政府部门和商业机构若能够建立起有效的社会应急行动网络，将有利于推动整个公益行业的发展与进步。

（撰写：小丫　魏晓莉）

第十一章　以小额资助为支点，撬动民间大能量

——正荣公益基金会抗疫行动案例

2020 年 1 月 23 日，武汉封城。随后，多个省、自治区、直辖市先后报告了首例新冠病毒感染确诊病例，新冠疫情在全国迅速蔓延，每个人的生活都因此受到了一定影响。疫情之下，社会需求不断涌现，亟须公益组织补位。

福建省正荣公益基金会（以下简称正荣公益基金会）于 1 月 24 日对疫情防控做出响应，25 日便开放了抗疫绿色通道，以小额资助的方式支持去一线参与抗疫的公益组织。本章聚焦重大社会公共卫生事件下资助型基金会的小额资助之道，以期为公益行业的同仁提供有益参考。

一、资助过 400 余家民间公益组织的企业基金会

正荣公益基金会由正荣集团于 2013 年发起并成立。该基金会致力于搭建专业、透明的综合性跨界公益平台，以“科学、透明、有效、创新”为运作理念，推动社区公益发展，提供创新公益服务。

正荣公益基金会在管理运作上独立于正荣集团，每年有约 50% 的项目资金来自社会捐赠，这使得该基金会能立足社会问题，从民间角度开展行动，并重视社会公信力建设。

2013 年，正荣集团设立了正荣专项救灾基金，委托基金会进行项目长效化运作。正荣专项救灾基金迄今已与 400 余家民间组织合作参与了多个救灾项目，重点开展了“紧急救援行动成本支持”，联合发起了“中国灾后社区重建行动学习网络”等项目，推动灾害救助走向专业化、协作化。这也为正荣公益基金会能够第一时间了解社会需

求打下了基础。

二、以小额资助支持一线公益组织抗疫

疫情暴发之后，正荣公益基金会陆陆续续接到一些公益伙伴的咨询。最早向其反映社会需求的是扎根一线社区的公益组织：为了抗击疫情，社区需要开展信息登记、排查人口流动情况，还需管控人流、分发防疫物资、宣传抗疫知识等，但却面临缺少人手、缺少防护物资、信息渠道不畅、缺乏支持体系等重重挑战。

此外，正荣公益基金会从合作伙伴处获悉，关注残障群体、心智障碍群体、流浪者群体等特殊群体的 NGO 开展公益服务的意愿较为强烈，需要基金会跟进支持。

1 月 24 日，正荣公益基金会召开全员议事会，决定响应新冠疫情防控。为了争取更多资金的支持，基金会与捐赠方正荣集团进行沟通。正荣集团非常支持基金会的决定，在基金会设立了 1 000 万元的抗疫专项基金，其中 700 万元为定向资金、300 万元为非定向资金。

1 月 25 日，正荣公益基金会微信公众号“公益大爆炸”正式发布推文《正荣公益开通支援“抗击新冠疫情”绿色通道》，标志着正荣战疫行动正式开始。之后，开放了两期绿色通道。

正荣公益基金会延续了以往与一线公益组织合作的模式，为能够发现真实需求且有能力执行项目的一线公益组织提供“粮草和弹药”，支持其及时快速地响应疫情防控。

（一）首期绿色通道：大胆探索，多家机构申请

从 1 月 25 日绿色通道项目上线到 1 月 30 日暂时关闭，正荣公益基金会首期资助计划开放后，有近百家公益组织进行了咨询和申请，其中有 80 多家公益组织提交了项目计划书。最终，28 个项目获得了

基金会的小额资助，覆盖湖北省、陕西省、安徽省等 8 个省份。

“第一时间资助一线抗疫公益组织”是正荣公益基金会首期资助的目标，以小额资助的方式迅速响应公益组织的抗疫需求，其定位有以下几点：

（1）走民间。基于前期对 400 多家公益组织的资助经验，此次战“疫”行动，正荣公益基金会依然选择了与民间公益组织合作，发掘社区需求。

（2）进社区。社区是疫情防控工作最重要的防线之一。社区公益是正荣公益基金会重点关注的领域，且捐赠方正荣集团在发动社区力量共同抗疫方面具有一定优势。此次抗疫行动，正荣公益基金会也希望充分发动社区自救的力量。

（3）广动员。小额资助项目不限制地域和专业范围。基金会的一位工作人员表示，只要是对疫情防控有用的项目，全国各地的公益组织都可以来申请，不限定在武汉市。如果项目确实是有用的、有意义的，基金会会 24 小时内把钱拨出去，迅速支持。

（4）关注弱势群体。服务疫情影响下的弱势群体，保护疫情防控工作中的特殊人群，是此次战疫行动中正荣公益基金会关注的重点之一。

（二）第二期绿色通道：边探索边修正

2 月 19 日至 3 月 10 日，绿色通道开放了第二期申请。和第一期相比，第二期的资助策略做了以下调整：

（1）资助金额提高。第二期最高资助金额提升到 5 万元（第一期为 3 万元）。

（2）明确项目方向。第二期绿色通道明确可申请的项目方向包括传播倡导、心理辅导和特定群体支持三大类。资助对象以专业公益组织为主，同时聚焦区域性枢纽型机构，旨在打造两个资助链条：在区域方面，以基金会—区域性枢纽型机构—本地一线抗疫公益组织的矩阵，扩大对一线抗疫公益组织的横向支持；在专业方面，以基金会—专业领域公益组织—本地专业公益组织的矩阵，加大对专业公益组织的垂直支持。

（3）明确资助顺序。考虑到各地受疫情影响的程度不同，第二期绿色通道根据疫情地图等工具判断资助顺序，优先资助疫情较为严重地区的公益组织。

（4）明确资助行动成本。第二期绿色通道明确资金使用方向以资助社会组织的行动为主，原则上不资助防疫物资采买。同时，正荣公益基金会预测，抗疫行动难以在短时间内结束，对公益组织而言可能是一场持久战。相关负责人表示，基金会希望资金可以用于支持公益组织的运转。

（5）申请条件进一步放宽。第二期绿色通道的申请对象可以是已注册组织，也可以是未注册的团队。未注册的团队，可委托第三方或由正荣公益基金会进行财务托管；如有需求，基金会愿意为合作伙伴开设专项资金，帮助合作伙伴扩大项目的捐赠渠道。

（6）拨付方式调整。第一期绿色通道项目只要基金会和公益组织签署协议则立即全额拨付，但后期个别组织因缺乏执行经验、客观环境发生变化等原因，导致项目执行出现问题。因此，为了降低风险，基金会在第二期项目上采用分期拨付款项的方法。

三、24 小时拨款背后：升级项目审批流程

如何在第一时间筛选合适的项目，实现 24 小时之内拨款？正荣公益基金会内部重新整合了资源，升级了项目审批流程。

（一）3 天内完成审批，24 小时完成拨款

在此次抗疫行动中，正荣公益基金会将全体项目人员按照专业和经

验分成了三个特别小组，并将项目审批权赋予这三个特别小组。采取小组议事的方式，基金会将审批时间压缩至 3 天，拨款时间压缩至 24 小时。

（1）对接。正荣公益基金会建立了项目咨询微信群，将所有前来咨询、申请的合作伙伴纳入其中。基金会选派了两名志愿者，对公益伙伴们提交的项目申请进行要素筛选，筛选内容包括机构资质、项目简介、执行地区等。

（2）沟通。符合条件的项目将进入沟通环节。在此环节，三个特别小组以小组协作的方式审核各个项目。各个小组成员一对一联系前来申请项目的负责人，了解项目情况，必要时沟通调整方向。

（3）审核。完成沟通后，特别小组将在每天 15 点前召开小组会，由小组成员对各自分配到的项目进行介绍并回答提问，最终由小组初步协商出能够通过评审的项目名单。当天 15 点之后，召开项目负责人会议，再一次以小组协商的方式对项目名单进行“二审”，最后提交给秘书长和理事长审批。

（4）拨款。项目通过后，财务组将与项目人员核实财务信息，并于第二个工作日内拨付款项。

正荣公益基金会项目审批流程见图 11－1。

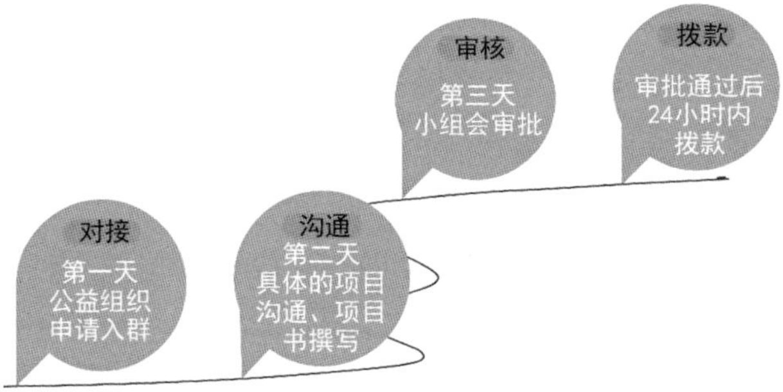

图 11－1 正荣公益基金会项目审批流程

（二）建立审核标准，快速筛选合作伙伴

在首期绿色通道开放的五天时间内，近百个公益组织前来咨询和申请，很多项目超出了正荣公益基金会原来的项目经验。基金会项目人员需要快速了解申请机构及其服务对象，并了解其提出的解决方案是否可靠、是否针对真实需求。

对于合作过的公益组织，双方的互信建立在长期伙伴关系的基础上，其提交的项目从沟通、审核到最后的落地执行都比较顺畅。对于全新的合作伙伴，项目人员则要从零开始与他们建立信任关系。

基金会项目人员采取的尽职调查手段包括：机构注册信息等合法合规要素筛查、一对一项目沟通、同行评议、利益相关方评议等。除此之外，与合作伙伴签订协议也是降低合作风险的重要方式，协议应明确双方责任权利，为信任兜底。

（三）充分信任合作伙伴

在项目的具体实施中，正荣公益基金会选择充分信任合作伙伴。项目负责人表示，因为需求是公益组织提出来的，一线执行项目的也是具体的公益组织，所以基金会不应该用很多条条框框去限制它们。基金会充分尊重公益组织在具体行动中的策略和方法。

四、 最早响应疫情：37 个抗疫项目获资助

从中国基金会战疫行动时间轴来看，正荣公益基金会是最早一批响应疫情防控的基金会。①

两期绿色通道累计资助全国范围内公益组织抗击疫情项目 37 个，

① 中国基金会发展论坛、中国公益研究院、灵析，中国基金会战疫行动时间轴[EB/OL]. [2020－09－22]. http://gongyicovid19.custom.lingxi360.com/index.php?order=asc.

覆盖湖北省、陕西省、安徽省、福建省等 10 个省份。截至 2020 年 7 月 31 日，有 30 个项目提交了结项报告，顺利结项。[①]

1. 防疫物资救援类

在疫情较为严重的地区，武汉市武昌区首义路街创益无限志愿者服务中心在正荣公益基金会的资助下，为社区工作人员家属、社区困难群众送去慰问物资。

正荣公益基金会的小额资助也激活了陕西宝鸡上善公益联合会（以下简称上善公益）抗击疫情的项目。该组织仅用 48 小时就将第一批物资——860 副护目镜送到宝鸡市两家定点医院，这使得上善公益成为宝鸡市首家驰援抗疫一线的社会组织。此后，上善公益在正荣公益基金会的支持下，分别给宝鸡市市区和 12 个县区的医疗机构、省级记者站、市级和县区新闻单位以及市环保监察、公安、卫生疾控、公交公司等 40 余家单位的一线工作人员送去关爱。

2. 防疫知识科普类

2020 年 1 月 27 日，正荣公益基金会的合作伙伴——广州市映诺公益服务促进会通过微信公众号推出了“工作场所战疫”专辑，为劳动密集型工作场所提供防疫建议。此后，该公益组织又发布了《工作场所防控疫情自救指南 1.0 -员工版》，内容涵盖新冠病毒基础科普、工作场所防护、个人防护、居家防护等。4 月，部分务工者面临被离职、被裁员的问题，映诺公益服务促进会持续跟进。截至 7 月，战疫热线已经服务了 30 多个工厂，覆盖工友超过 5 万人。

3. 特定人群帮扶类

正荣公益基金会支持的残障义工网络是一个临时组成、非正式注

---

① 绿色通道｜正荣公益抗疫，小额资助项目结项报告［EB/OL］.（2020-03-11）［2020-09-22］. http://www.zhenrogy.org/project_view.asp?aid=3007.

册的志愿者团队。该团队通过发放残障人士需求问卷，征集义工对接个案，线上链接资源，为疫情影响下的残障群体提供防疫物资、心理援助、学习资源等。在复工复产阶段，残障义工网络通过调研报告和联名建议方式，帮助武汉市上百家盲人按摩店缓解了生存危机。

4. 协作互助网络

正荣公益基金会资助的陕西众益社区组织服务中心联合相关社区工作者、社区社会组织、志愿者以及专业服务机构，于2月3日搭建了“社区互助支持小组”并建立了省级社会组织资源平台，让更多的社会组织将服务内容通过平台向社会开放。与此同时，“社区互助支持小组”筛选了一些适合社区的资源并整理发布，尽可能匹配给社区。这个项目探索建立了针对社区工作者的支持网络的雏形，也带动了更多社会资源支持社区。

5. 心理援助类

在正荣公益基金会的支持下，福建省担当者行动教育基金会心连心项目分别通过心理知识宣传（公众号推文＋动画短视频）、心理直播课、公益疫情心理咨询的方式，进行心理知识宣传并解决部分人群受新冠疫情影响而产生的心理问题。25位专业心理咨询师、心理医生累计为216人提供一对一、一对多等形式的心理辅导。

6. 组织人员抗疫类

在正荣公益基金会的支持下，成都爱有戏社区发展中心搭建了“爱有戏疫情防控干预信息与资源统筹机制”，并在能力范围内协助社区工作者入户排查，为社区人员或困难家庭提供支持，建立线上支持社群。1月25日至3月12日，该组织动员了251名社会工作者，服务居民20万人次，提供心理关爱援助服务7 856人次。

五、反思与总结

新冠疫情是社会组织面临的首次公共卫生突发事件“大考”。正荣公益基金会在绿色通道关闭后，对两期绿色通道项目做了反思和总结，具体见图 11－2。

图 11－2　正荣公益基金会自身反思总结

（一）反思基金会缺憾

绿色通道开启之后，短时间内涌入大量申请者。由于人力有限，又缺乏清晰的目标，正荣公益基金会项目人员疲于应对，缺乏对总体目标的及时反思和讨论。项目负责人吴军军认为，无论是对项目还是合作伙伴，都应该有更加精准的筛选机制，要根据基金会要达成的目标去筛选。

同时，基金会项目人员的侧重点往往放在前期项目申请的沟通上，中期执行和后期结项的紧密跟进和沟通仍需要加强，项目人员应该预见和发现合作伙伴遇到的困难和挑战，多提供一些协助。

此外，绿色通道资助的合作伙伴中不乏优秀的案例和经验，其中有一些还未得到有效梳理和推广宣传，这也是基金会在反思中得出的缺憾。

（二）总结行业弊病

1. 基金会与一线公益组织脱离

从此次疫情中的公益行动来看，整个行业对疫情防控的响应不够迅速，不少基金会在疫情之初选择了观望。对公益行业来说，公益人需要提高对社会需求的敏感度和理解度。为了了解社会的真实需求，资助型基金会应该更加善于聆听、了解一线公益组织的诉求。

2. 行政经费支持仍然匮乏

不论是《基金会管理条例》还是《中华人民共和国慈善法》，都对公益组织的工资福利和行政办公开支进行了限制，“慈善成本”的概念仍不普及。正荣公益基金会发现，其资助的项目中，大多数未能获得其他资助方的行动成本支持。

3. 众多枢纽型机构缺乏独立性

枢纽型机构的数量不少，但很多机构都有政府背景或者由政府支持。但是，这些政府背景下的枢纽型机构受行政的制约比较多，对紧急突发性事件往往束手无策。

（撰写：刘素楠）

第十二章　对抗因疫致贫、返贫的公益实践

——中国扶贫基金会抗疫行动案例

贫困是长期困扰人类的一大难题，战胜贫困是中华民族的千年夙愿。2020年是我国完成脱贫攻坚战略目标和全面建成小康社会之年，但新年伊始暴发的新冠疫情使得国内国际形势发生了剧变，我国反贫困工作面临着前所未有的压力。在党中央和国务院的坚强领导下，全国各级政府加大了对深度贫困地区的支持力度，以保障取得疫情防控阻击战和脱贫攻坚战的双重胜利。在这个过程中，以中国扶贫基金会[①]为代表的扶贫类公益组织，积极动员社会资源，通过物资援助、资金救助、能力建设、推销农产品等行动，减少了因疫致贫、因疫返贫的风险。本章拟通过对中国扶贫基金会抗疫行动和行动脉络的梳理，展示公益组织在对抗因疫致贫实践中的经验与价值。

一、因疫致贫：疫情中面临的风险

诺贝尔经济学奖获得者阿马蒂亚·森（Amartya Sen）认为，贫困的真正含义是贫困人口创造收入能力和机会的匮乏。[②] 因此，地缘型贫困和失能型贫困是常见的贫困类型。同时，贫困又跟脆弱性和风险息息相关，灾害也是导致贫困的主要原因。以2008年汶川地震为例，地震给我国国民经济造成的直接损失达8 451.4亿元，其中四川省、甘肃省和陕西省损失比例依次为91.3%、5.8%和2.9%。[③] 据统

① “中国扶贫基金会”于2022年6月更名为“中国乡村发展基金会”。

② 阿马蒂亚·森．贫困与饥荒［M］．王宇，王文玉，译．北京：商务印书馆，2001.

③ 中华人民共和国国家统计局，2008年全国国民经济和社会发展统计公报［N/OL］.(2009－02－26)［2020－09－12］. http://www.stats.gov.cn/tjsj/zxfb/200902/t20090226_12542.html.

计，三省51个受灾县中，有43个重点扶贫县，其中贫困村4 345个，贫困人口218.3万，贫困发生率约为31%，地震后贫困发生率上升到约60%，因灾返贫率达到约29%。

新冠疫情的发生，使经济欠发达地区的人们除了面临疫情本身带来的风险，还要面对次生灾害。首先，家庭劳动力外出务工受阻，他们大概比往年减少了1～2个月的工作时间。其次，农村的生产经营活动受到阻碍，生产资料进不来，农产品卖不出去。再次，扶贫龙头企业、扶贫项目、扶贫车间等开工推迟，对人们的收入造成了直接影响。最后，驻村帮扶的工作受限，驻村工作人员难以下到基层。低收入和刚脱贫的群众很容易因为这些因素的影响导致贫困或者返贫，而未脱贫的群众则增加了脱贫的难度。在疫情最为严重的湖北省，当时尚有17个县（市、区）未脱贫摘帽。

疫情防控期间，我国高度重视困难群众的兜底保障工作，党中央和国务院及时采取了多项措施来降低疫情对民生保障事务的负面影响。在疫情暴发伊始召开的中央政治局常务委员会会议上，习近平总书记明确指出“要抓好涉及决胜全面建成小康社会、决战脱贫攻坚的重点任务，不能有缓一缓、等一等的思想”。随后，以《关于加强党的领导、为打赢疫情防控阻击战提供坚强政治保证的通知》《关于抓好“三农”领域重点工作确保如期实现全面小康的意见》《关于进一步做好民政服务机构疫情防控工作的通知》《关于进一步做好疫情防控期间困难群众兜底保障工作的通知》等为代表的一系列专项反贫困政策快速出台，为我国保障疫情防控期间贫困家庭的基本生活提供了指导意见，并为尽力减少疫情危机向民生领域蔓延提供了重要的政策依托。

二、播善扶贫：一家“中字头”的民间公益组织

中华人民共和国成立后，面对普遍存在的贫困，扶贫并没有成为政府的首要议题。20 世纪 80 年代农村经济得以发展。由于市场经济的影响，地域之间的差距逐渐增大，政府开始关注减贫，投入扶贫的人力物力资源大量增加。20 世纪 80 年代后期，政府为动员社会资源参与扶贫，成立了一批带有官方色彩的公益组织。中国扶贫基金会（以下简称扶贫基金会）便是在这样的大背景下成立的，在国务院扶贫开发领导小组办公室（以下简称国务院扶贫办，2021 年 2 月更名为国家乡村振兴局）的管理下于全国各地开展扶贫工作。

2000 年，这家“中字头”的基金会主动选择了将人事权、财务权与政府“脱钩”，并确定了“三不一专”原则，即机构不要行政级别、不要事业编制、不进行行政化募捐和项目实施，实行社会化、专业化经营和管理。随着竞争机制、考核机制的引入，近年来扶贫基金会运营绩效大幅提高，从过去的官办非营利组织转变成了民间公益组织。

近年来，扶贫基金会秉承“服务、改变、阳光、坚韧”的价值观，经历了由“官办”到“民办”的组织变革；由“粗放”到追求“精细”“专业”的管理变革；由“泛扶贫”（资助对象不求精准到人）、“项目宽泛”（扶贫项目不聚焦）到直接“瞄准受益人”“聚焦品牌项目”的项目变革。扶贫基金会在服务品质、项目实效、经营管理等方面日益专业化。目前，扶贫基金会的项目众多，主要集中在援助和倡导两个领域。援助类项目以直接援助为主要形式，主要针对教育扶贫、健康扶贫、产业扶贫和救灾扶贫四个方面。倡导类项目则通过

志愿服务、公益体验等动员更多社会力量关注贫困并参与反贫困行动，如“饥饿 24”“善行者”“善行 100”等项目。此外，扶贫基金会还围绕消除贫困、零饥饿、健康福祉、优质教育、清洁饮水和体面工作等方面开展了国际项目。

在灾害援助领域，扶贫基金会有着较为丰富的经验。从 2003 年到 2019 年，扶贫基金会累计开展 247 次灾害救援行动，支出救灾款物 16.74 亿元，直接受益人数超过 617 万，涉及我国 31 个省（自治区、直辖市）与亚洲、非洲、北美洲、南美洲等的 12 个国家的受灾地区。[①] 值得一提的是，扶贫基金会于 2014 年 4 月 7 日发起了人道救援网络，该网络由国内 20 多家公益组织共同组建，目前已经成为一个足迹遍布国内 32 个省（自治区、直辖市）以及海外 5 个国家的防灾、减灾、救灾合作平台。

三、抗疫扶贫：扶贫基金会的实践

扶贫基金会拥有受过专业训练的救援队和多年的备灾救灾经验，在自然灾害救援方面相对专业，但是在公共卫生危机应对方面不够擅长。疫情暴发之初，扶贫基金会考虑到自身在医疗救助方面缺乏专业性，并没有第一时间启动抗疫工作。随着疫情形势的严峻和企业捐赠热情的高涨，扶贫基金会决定迎难而上，于 2020 年 1 月 26 日正式启动抗击疫情项目，接受企业定向捐赠，联合企业抗击疫情。截至 2020 年年底，抗击疫情项目共计收入 243 401 849.25 元，项目支出 224 182 985.09 元。从各季度的收支情况来看，第一季度和第二季度是抗疫行动较为密集的阶段（见图 12－1）。

---

① 数据引自《中国扶贫基金会 2019 年度工作报告》。

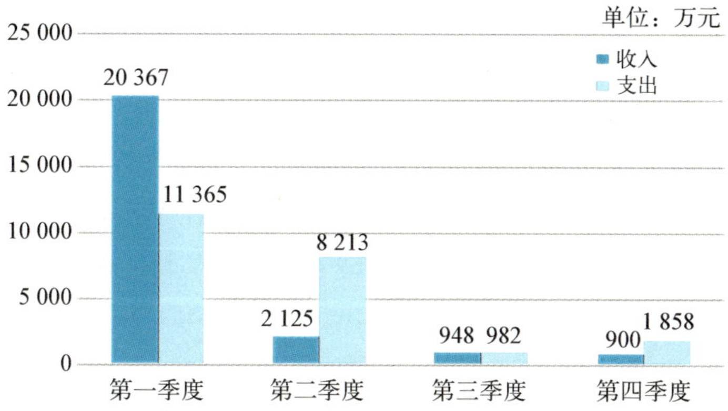

图 12 - 1　2020 年中国扶贫基金会抗击疫情项目各季度收支情况

（一）物资捐赠缓紧缺

疫情伊始，医疗物资紧缺成了抗疫行动的最大阻碍。扶贫基金会接受了中国民生银行股份有限公司、一汽大众汽车有限公司、中国第一汽车集团、苹果电脑贸易（上海）有限公司等企业的大额捐赠，并使用这些款项进行物资采购。采购项目组分成需求统计与发放、采购、物流运输三个小组。其中采购组上承捐赠单位资金整理，下探抗疫一线物资需求，居中协调全国各地的物资供应商，在物资采购活动中起到了极为关键的作用。在急迫的时间窗口内，面对巨量的资金和需求，既要保证高效、高精度，同时还需要一切流程合理、合规。

在由医疗行业专业人士组成的专家顾问组的支持下，扶贫基金会在 2020 年 3 月底就完成了 3 000 万元左右抗疫物资的采购，向湖北省、湖南省、北京市、广东省、河南省、吉林省、广西壮族自治区、西藏自治区等 8 个省（自治区、直辖市）的 95 家医院累计发放消毒液 1.2 万桶、负压救护车 23 辆、监护仪 500 台、一次性医用检查手套 500 万副、一次性防护服 22 319 件、呼吸机 680 台、消毒机 200

台、消毒泡腾片 1 万盒、血氧仪 1 000 台、血压计 500 台、医用垃圾袋 21 万条、一次性医用外科口罩 11 万个等医疗救援物资。

（二）后援基金提效益

随着国内货源的紧张，扶贫基金会意识到继续采购物资并不能实现其公益价值的最大化。随着物资需求量的增加，政府部门、社会组织、企业、个人等都在寻找物资，这会让有限的物资面临价格被抬高，甚至无序抢购的风险。因此，扶贫基金会选择退出抗疫物资的采购竞争，转为设置“医院后援基金”，用于支持医院的个性化需求。

从 2 月 10 日开始，“医院后援基金”根据医院的申请和捐赠人的意愿，共设立了华中科技大学同济医学院附属同济医院、华中科技大学同济医学院附属协和医院、武汉雷神山医院、孝感市中心医院、黄冈市中心医院等 30 家医院的后援基金，以及蕲春县人民医院、黄冈市中医医院 2 家医院的战疫人物基金，以支持医院采购急需物资、设备和药品。“医院后援基金”向有抗疫任务的医院开放，医院可以根据自身需求设计项目并申报，扶贫基金会请专家审核通过后即拨付资金，医院在执行完项目后反馈费用清单即可。截至 2020 年 12 月 31 日，30 家医院的后援基金项目和 2 家医院的战疫人物基金项目已全部结项。

（三）产业扶贫促发展

为了多渠道解决湖北省农特产品的滞销问题，帮助受疫情影响贫困县的农产品实现销售和持续生产，助力贫困县打赢疫情防控阻击战和脱贫攻坚战，中国扶贫基金会经国务院扶贫办批准，与湖北省人民政府扶贫开发办公室、中共湖北省委网络安全和信息办公室联合腾讯公司等共同主办了“战疫扶贫　助农前行”活动。

4 月 13 日至 4 月 18 日，“战疫扶贫　助农前行”活动“搭把手”

行动分别走进湖北省 8 个县、市、区（包括恩施市、宣恩县、神农架林区、阳新县、大悟县、秭归县、长阳县和五峰县等）。各县（市）长和各地“网红”名人、当地农户纷纷出镜，通过“带货”直播，助力售卖恩施绿茶、宣恩红茶、神农架蜂蜜、阳新香菇、大悟山茶油、秭归脐橙、长阳蜂蜜、五峰茶叶等多款湖北农特产品。为期五天的直播，观看量累计突破 663.8 万次，订单量突破 64 000 件，带动网友和爱心企业参与消费扶贫总金额超过 397.1 万元。

5 月 13 日至 6 月 30 日，“战疫扶贫　助农前行”联合“喜马拉雅”平台发起了“味蕾上的云农场”行动，邀请 13 位娱乐圈明星担任消费扶贫助农大使，通过整合喜马拉雅站内优质资源、上线音频专辑、艺人微博发声、“双微”联动和新闻媒体报道等形式，为湖北恩施绿茶、宣恩红茶等八款农特产品代言。话题“味蕾上的云农场”阅读量达 1 454.4 万次，“喜马拉雅”专辑播放量突破 216 万次。

此外，扶贫基金会还成立了“湖北产业扶贫项目调研专项小组”，先后深入湖北省恩施州、宜昌市和十堰市等 6 市（州）、14 个县（区）开展产业扶贫实地基线调查，通过产业发展信息收集、县（区）政府座谈交流和农村新型经营主体调研等方式，拟定了助力湖北省特色农产品的生产和销售思路。11 月，善品公社团队联合“百度百家号”，邀请专业内容创作者拍摄并发布宣传视频，助力秭归脐橙提升知名度并实现销售转化。

（四）特殊扶持显温情

疫情对脆弱群体的负面影响尤为明显，因疫致贫、因疫返贫的现象屡见不鲜。扶贫基金会针对一些脆弱群体开展了专项帮扶：对湖北省确诊新冠病毒感染的一线环卫工人进行资金救助（共计 147 人），向受疫情影响严重地区的感染新冠病毒的建档立卡户提供资金援助

（共计 556 人），以减轻感染者的生活负担。同时，为了感谢医护人员的坚守和付出，扶贫基金会联合中国第一汽车集团有限公司发起了“战疫扶贫　致敬逆行者”行动，为武汉医护人员和各地援鄂医护人员发放由湖北特产组成的爱心大礼包等物资。

除了对特殊人群的帮扶，扶贫基金会还向佛山红十字会、成都红十字会、青岛红十字会、天津红十字会、吉林红十字会、南京市慈善会、西安市红十字会、中国灾害防御协会、中华环境保护基金会、广州市慈善会、重庆市慈善会、湖南省红十字会共 12 家慈善组织和红十字会提供了资金援助，支持他们开展社区、医院的疫情防控工作。

同时，扶贫基金会积极响应国家“一带一路”倡议和全球共同抗疫的号召，启动了“我们和你在一起”抗击新冠疫情国际援助行动，通过尼泊尔社区防疫洗手站项目、微笑儿童供餐（粮食发放）项目和中外抗疫经验线上分享等行动助力有关国家摆脱疫情，早日恢复正常生活。

四、 术有专攻：抗疫行动与扶贫事业的结合

帮忙而不添乱，让有限的公益资源发挥出更大的价值，是扶贫基金会的使命。作为中国扶贫公益领域规模最大、最具影响力的公益组织之一，扶贫基金会在 2020 年的抗疫行动中，捐赠金额之多、行动内容之广、服务影响之深，是普通公益组织很难达到的。扶贫基金会固然有自己的特殊性，但在策略选择、方法使用和资源调动等方面的经验仍然值得借鉴。

（一）需求为本的策略选择

扶贫基金会并不是在疫情发生后的第一时间采取行动的，而且在医疗物资紧缺的时候又改变了自行采购捐赠抗疫一线的策略，选择退

出抗疫物资的采购竞争。在紧急调研后，扶贫基金会发现了医院除医疗物资以外的其他需求，比如医护人员的食堂补给、护工等人员的工资发放、抗疫一线医生的补贴、特殊病人的救助等。面对多样化的需求，扶贫基金会转变了行动策略，不再仅依靠组织自身的人力资源去做相对不擅长的事情，而是选择用获赠的款物去撬动更专业的力量，解决更具体的需求。“医院后援基金”项目的实施，为湖北省 25 家医院的抗击疫情行动提供了支持，切实缓解了抗疫工作中医院防护用品、救助药品、救助设备的短缺，降低了患者的感染率和死亡率，协助医院搭建了远程医疗体系，减少交叉感染的同时解决了偏远地区患者的看病困难。通过“医院后援基金”这种援助方式，使医院的个性化需求得以满足，扶贫基金会能够将捐赠人的资金“用在刀刃上”，对于其自身管理来说也减轻了不少负担。

经过调查和实践，扶贫基金会意识到，在脱贫攻坚到乡村振兴的衔接阶段，乡村人民的最大短板不是缺少物资、设施和场地，而是缺乏生产、工作和劳动过程中需要的知识、眼界和能力。公益组织可以做的，便是协助他们获得知识、开阔眼界、提升能力，最终实现由其自己解决自身问题的目标。因此，“抗疫扶贫”成为扶贫基金会此次行动的重要策略。扶贫基金会在密切关注疫情发展的同时，重点关注对贫困地区和贫困人口的支持，尤其在疫情严重的湖北省，投入款物 1.68 亿元。在尚未脱贫或刚刚“摘帽”的房县、竹山县、竹溪县、郧西县等地，扶贫基金会重点开展了疫情防控物资储备和乡村医生能力提升项目，并在恩施市、宣恩县、秭归县、兴山县、五峰县、神农架林区等地开展了产业扶贫项目。扶贫基金会期待通过协助乡村的能力建设和产业建设，实现从“输血”式扶贫到“造血”式扶贫的迈进，助力乡村可持续发展。

（二）效率至上的方法使用

无论是物资采购、医院后援基金的管理，还是特殊人群帮扶、消费扶贫和国外援助，都需要大量的人力，其中有效的沟通、协调和管理尤为重要。而扶贫基金会能够高效地完成这些工作，得益于科技工具的助力。早在2009年，扶贫基金会就开始了业务数字化的尝试。在此后的三年时间里，扶贫基金会投入大量资源开发完成了信息管理系统的建设，实现了品牌管理、资金管理、项目管理等的数字化，工作效能大幅提高。同时，扶贫基金会深挖大数据，设置了捐赠厅、受益厅、员工厅和收支厅等数据展厅，实现了以数字化方式实时展示基金会的内部运营、外部筹款和项目执行全过程，并通过地图展示、大屏展示、机器人展示、BI分析报表等为管理和计划实施、调整提供决策依据。因此，疫情暴发后，扶贫基金会的工作人员能够迅速投入线上办公，在协调、审批、拨款等事项上减少了因工作环境改变而产生的磨合成本。

“产业扶贫是最直接、最有效的办法，也是增强贫困地区造血功能、帮助群众就地就业的长远之计。”① 公益组织如何在政府部门领导下，与市场有机结合，因地制宜地促进产业扶贫长效机制的建设，这一议题在疫情背景下面临更大挑战。扶贫基金会明确了自身定位之后，启动了“战疫扶贫·产业助农——疫情防控产业扶贫专项行动”。该行动聚焦疫情防控背景下的产业扶贫，开展了包括直播带货、能力建设、实地调研等一系列工作。当然，产业扶贫并不是依托一个好的故事、几场销售活动就能做好的，从市场角度来看，产品实现销售依靠的是好的品质和合理的价格。这也是扶贫基金会在生产模式和销售模式上探索创新、促进产业扶贫的有效途径。

① 2018年10月23日，习近平总书记在广东省清远市连江口镇连樟村考察时的讲话。

（三）充分多元的资源调用

在抗疫行动中，扶贫基金会既没有启动互联网募捐，也没有启动公众募捐，超过 2 亿元的抗疫捐赠都是来自企业，其中仅中国民生银行年度捐赠就超过了 9 000 万元。2020 年上半年，在国内整体经济下行、企业经营压力较大的情况下，这些企业仍选择通过扶贫基金会进行大额捐赠，一方面是积极履行社会责任，另一方面也表现出对扶贫基金会的信任。中国民生银行与扶贫基金会已经合作多年，由两者共同发起的“ME 公益创新资助计划”已经开展了六届，助力了众多中小型公益组织的发展，成为中国民生银行企业社会责任的名片，也成为公益行业资助的标杆。中国第一汽车集团从 2013 年开始便与扶贫基金会合作，一直支持脱贫攻坚工作，疫情暴发后积极与扶贫基金会沟通，截至 2020 年年底，其在抗疫行动中的捐赠额约为 5 600 万元，超过了之前的累计捐赠额。中国扶贫基金会 2020 年前三季度前三名捐赠企业情况见图 12－2。“我要对捐赠企业有交代”，这是扶贫基金会物资采购组相关负责人在接受采访时着重强调的。这句话代表了扶贫基金会对于捐赠人的态度，也是扶贫基金会能够获得信任资本的原因所在。

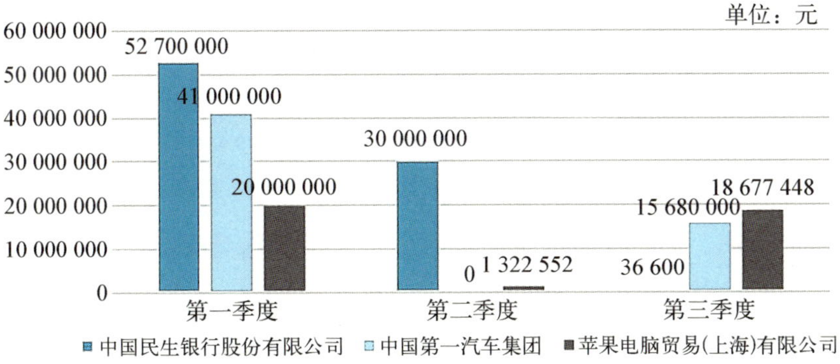

图 12－2　中国扶贫基金会 2020 年前三季度前三名捐赠企业情况

除了企业资源，明星资源也是扶贫基金会在抗疫扶贫工作中的宝贵资源。近年来，明星参与脱贫攻坚和公益慈善活动，已成为中国公益事业的一个重要组成部分，其蕴含着巨大社会影响力与正能量。扶贫基金会也积极关注中国演艺界明星参与公益的情况，并专门组建了明星公益服务、研究工作团队，撬动明星在款物捐赠、品牌推广和公益传播方面的正能量，并委托调研机构和高校等撰写中国演艺明星公益观察报告，对明星公益发展现状和趋势进行梳理与研究。在2020年的抗疫扶贫工作中，扶贫基金会根据不同新媒体平台的不同特性开展了多样化合作，借助明星、网红的流量助力抗疫助农活动的品牌传播和产品销售。

扶贫基金会内部的产业扶贫团队也是其抗疫扶贫的重要力量。善品公社是扶贫基金会于2015年创办的社会企业，以“让诚信生产实现价值”为使命，在全国贫困农村地区开展电商产业扶贫。截至2020年12月，善品公社已经在四川、云南、贵州等19省89县110家合作社开展产业扶贫项目。其核心做法是以合作社作为组织载体支持农户合作，促进上游生产者（农户）和终端消费者的链接，助农增收的同时为消费者提供优质产品。受疫情影响，各种不确定因素加剧了农产品的滞销问题，善品公社积极整合互联网资源，不仅通过微博话题、短视频推广、“大V”直播带货等方式解决了湖北省贫困县（市、区）的农产品积压问题，还通过政府支持将农特产品送给医务人员。同时善品公社还开设了在线能力建设课程，帮助农户提升能力备战复耕复产，帮助贫困地区农业产业恢复生产、持续发展并全面打赢脱贫攻坚战。

（撰写：丁杨阳）

社会团体行动编

基金会作为“财团法人”，是捐助财产的集合体，在疫情到来时，往往发挥募集资源的作用。而社会团体作为“社团法人”，其本质特征是人的集合体，充分体现了人的结社权。在新冠疫情突发时，作为“人”的集合体的社会团体，募捐筹款显然不是其擅长的领域，那么社会团体可以发挥哪些独特价值和作用？

本编共包括四个不同地域不同领域社会团体的案例。案例一是上海市浦东新区社会工作协会。该协会联合武汉大学的“社工伴行”服务团以及上海的多家知名公益组织，发起了“‘在一起’新冠疫期哀伤服务公益项目”。该项目的服务对象是新冠疫情丧亲家属，截至2020年10月18日，项目组累计为130余名社工进行哀伤辅导主题相关培训，并为110余组家庭提供哀伤辅导服务。案例二是湖北省黄冈市英山县的英山人新一代商会。该组织立足英山本地，聚合了遍布五湖四海的英山人。在疫情防控早期成立了“科学防疫志愿中心”，用于收集全县各地的防疫宣传和防控情况，提供医学咨询、心理支持等，为疫情防控提供了关键信息。同时，该组织协助政府进行抗疫安排，通过微信群建立供需双方对接机制，采购物资、提供生活必需品，有效地协助维系卫生机构运转和整个社会的支持系统，并向政府提出若干条建设性政策建议，助力政府为群众提供更精准的公共服务。案例三是湖北省荆门市义务工作者联合会。该组织拥有注册志愿义工2 000多人，在抗击新冠疫情期间，该组织链接公益资源，对接湖北省内外的公益伙伴，筹集抗疫防疫物资，并将接收到的捐赠物资链接、协调、运输和发送至荆门市有需求的医院、社区等；他们还动员社会力量，积极响应政府号召，组织义工参与社区抗疫，补充了社区疫情防控的力量缺口。案例四是阿拉善SEE生态协会。该组织是中国首家以社会责任为己任，以企业家为主体，以保护生态为目标的社会团体。目前，阿拉善SEE生态协会的会员已经超过900人。在此次抗击疫情的过程中，阿拉善SEE生态协会汇聚了会员企业的力量，在疫情初期第一时间为一线提供物资援助；疫情过后助力复工复产，在武汉经济复苏、解决就业问题、扶贫方面开展了一系列工作；大力倡导《中华人民共和国野生动物保护法》修订，提出了修订的十条建议；了解疫情对环保公益行业尤其是草根环保公益组织生存状况的影响，支持环保类社会组织发展。

在活动地域上，四个案例中既有湖北本土组织，也有外地组织。可以思考的是，在危机事件中，本地的社会团体与外地社会团体，各有何优势和劣势，如何发挥各自所长？

在业务范围上，四个组织涵盖了社会工作、行业协会商会、志愿服务、环境保护等。这四个组织的宗旨使命原本与救灾、公共卫生、应急管理等并不相关，但都在抗击新冠疫情中发挥了独特的作用。我们要思考的是，社会团体的宗旨与业务范围千差万别，如何把自己的业务范围和专业所长与疫情当下的需求有机结合，既不偏离组织的业务范围又能有效对接服务需求？练兵千日，用兵一时，这些组织在日常工作中积累的哪些能力和资源，能够帮助他们在抗击新冠疫情中发挥作用呢？

在功能发挥方面，四个组织各有所长，发挥作用的方式或策略有所差异。是直接服务，还是链接资源，抑或是政策倡导？有些组织是相对单一的功能，有些则发挥了多方面的作用。为什么有的组织可以迅速在当地开展工作，而有些却难以走近服务对象？为什么有些组织可以快速得到政府的支持和认可，把建议转化为政策落地实施？

在资源动员方面，四个组织中既有拥有大量企业家会员的组织，也有以志愿者为主体、缺乏专职人员的草根组织。那么，除了筹款，社会团体还可以动员其他哪些资源？社会团体本没有公开筹款的资质，在危机事件中，如何筹集开展服务所需要的资金，如何与上游的资方，如基金会展开合作呢？大机构与小机构各自有何优势？

在政府合作方面，四个组织都与政府存在合作，但合作程度和内容又各不相同。那么，如何看待政社合作？社会组织如何找准自身定位，发挥最大作用？

让我们带着这些问题，阅读以下四个案例，看看它们如何在抗击新冠疫情中发挥作用。

（深圳市社会科学院　徐宇珊）

第十三章　公益组织该如何介入疫情下的哀伤？

——浦东社工协会在一起项目行动案例

2020年年初，突如其来的疫情使社会生活发生了巨大变化。当大众的视线集中在疫情防控、物资捐赠、治疗方案的时候，上海市浦东新区社会工作协会（以下简称浦东社工协会）凭借其敏感度、责任感、资源链接力和赋能取向，开启了新冠疫情哀伤陪伴服务项目，为我国社会工作在哀伤辅导领域如何发挥作用做出了积极探索。本章通过对此项目的发起、内容、成效和挑战进行梳理，期待为公益同仁提供借鉴。

一、发现哀伤：社会工作的独特视角

社会工作是指以利他主义为核心价值观，运用社会工作科学理论和专业方法，为有需要的人群尤其是社会弱势群体服务，协助他们更好地与社会环境相适应的专业性和职业性活动。相对于志愿服务，社会工作更强调专业性和职业性。除了残疾人社会工作、妇女儿童社会工作、老年人社会工作等，灾害社会工作也是社会工作的领域。我国的灾害社会工作在2008年社会工作者参与汶川地震后社会重建之后逐步发展起来。

习近平总书记在统筹推进新冠肺炎疫情防控和经济社会发展工作部署会议上指出，“要发挥社会工作的专业优势，支持广大社工、义工和志愿者开展心理疏导、情绪支持、保障支持等服务”。在这一讲话精神的指引下，广大社会工作者积极投身于物资救助、线上服务和社区防控等工作中，在一定程度上发挥了社会工作的专业优势。其中，在深入参与方舱医院的社工服务后，浦东社工协会的工作人员敏锐地发现了武汉当地丧亲者的独特需求。

（一）丧亲者的独特性

与一般病患不同，新冠病毒感染去世者从疾病确诊、治疗、陪护到临终告别，各个环节都是相对异常的。与普通疾病丧亲者完成与亲人的临终道别并正常进入哀伤期不同，新冠病毒感染丧亲者无法与死者临终告别，也不能按照习俗举办丧葬仪式，自己和幸存亲属也面临高感染风险。在这种情境下，丧亲者往往在还没有完成哀伤适应就突然被推入了“创伤性”哀伤情境之中。①

（二）哀伤辅导的复杂性

受疫情影响，丧亲家属个体及其家庭面临多重困境。对于丧亲家属而言，确诊时的错愕、送医时的无助、病亡前的挣扎、日益逼近的死亡威胁和经历家人逝去的身心痛苦等，使得他们要面对情绪、社交、生计等方面一连串的冲击。即使是在此期间正常去世的病人，其家属也会因疫情的影响产生相应的情绪困扰等其他现实困境。

（三）哀伤辅导的紧迫性

因亲人去世而陷入哀伤状态是人类本能的反应。正向的自我调适能够促进丧亲者的生活重建和创伤后的成长。但因疫情传染风险和防控政策的影响，这些丧亲者往往缺乏外界及时、有效的支持和干预，其哀伤反应可能会非常强烈。此次新冠疫情感染人数众多，波及群体广泛，个体的负面情绪若处理不当，很容易形成群体性的负面情绪，强烈和偏激的情绪则容易激化社会矛盾。因此，丧亲者群体的哀伤辅

---

① 徐晓军，汤素素，袁秋菊．新冠肺炎疫情丧亲者哀伤控制及社会工作介入｜社工课［EB/OL］.（2020－05－21）［2020－10－18］. https://www.sohu.com/a/396806731_491282.

导工作迫在眉睫。

二、服务探索：社工协会的行业担当

上海市浦东新区（以下简称浦东）早在20世纪90年代中期就开始了社会工作的专业化与职业化探索。1999年，浦东社工协会在学者和官员的联合推动下成立，主要从事社会工作者培训、社会工作服务项目研发、政策咨询以及对社会工作机构的服务和培育等工作，协助政府推动浦东社会工作发展。经过20余年的成长，浦东社工协会现有会员单位63家，会员超过4 000人。

疫情暴发后，国内的社会工作协会陆续推出了一系列举措助力疫情防控。如中国社会工作教育协会号召协会会员学校结合当地实际情况开展防控宣传、政策倡导、制定服务标准等工作；上海市社会工作者协会开展了“上海社工在行动”，组建应急服务团，为一线抗疫人员和社区工作者提供服务；济南市社会工作协会发布《致全市社会工作者的倡议书》等服务指引，明确了社会工作者的服务注意事项等。在发现丧亲者哀伤辅导的需求后，浦东社工协会将服务聚焦于哀伤辅导。

与心理咨询领域的哀伤辅导不同，社会工作者除了关注丧亲者自身的认知和情绪外，还关注其社会关系。出于专业使命和责任，浦东社工协会发起了“‘在一起’新冠疫期哀伤服务公益项目”（以下简称在一起项目）。

（一）外界联合与内部协调

在一起项目的服务对象是新冠疫情丧亲家属。此项目由浦东社会工作协会与武汉大学社会学系“社工伴行”服务团（线上）、恩派公益组织发展中心、上海市浦东新区手牵手生命关爱发展中心、上海市浦东新区公益组织项目合作促进会、上海联劝公益基金会、上海仁德基金会、上海爱德公益研究中心等多家机构/团体联合发起。

2020 年 3 月 5 日，在联合团队首批成员召开的首次项目沟通会上，在一起项目的工作框架得到明确：一线组、专业组、筹款组和联络组四组并行，协同推进项目开展。同时，在一起项目通过“浦东社工协会”公众号这一平台发布项目进展、受助者招募等信息。

（二）服务开展与资金筹措

在一起项目的哀伤陪伴工作主要在湖北省（重点在武汉市）开展，一线组由两部分组成：一个是项目联合发起方“社工伴行”团队，另一个是湖北恩派团队以及公开招募的合作伙伴。“社工伴行”团队在紧急抗疫期间就参与到了方舱医院的线上服务中，加之有专业社会工作者的指导，工作开展相对顺畅一些。公开招募的合作伙伴则需要严格筛选，3 月 10 日招募公告发出后，项目组 15 天内收到了 29 条报名信息，并与多家本地机构取得联系，为后续合作奠定了基础。

在以武汉市为主要服务地点的实务落地环节中，项目组成员运用个案工作、小组工作方法，通过线上陪伴、线上科普课堂、团体正念辅导等方式，提供以哀伤辅导为核心的服务，支持服务对象平稳地恢复家庭、社会生活正常化。同时，项目组通过培训课程、督导跟进等措施，为一线服务者提供持续的技术支持。截至 10 月 18 日，项目组累计为 130 余名社会工作者进行哀伤辅导主题相关培训，并为 110 余组家庭提供哀伤辅导服务。

（三）行业交流与专业赋能

1. 举办论坛

4 月 3 日，浦东社工协会开办了“疫情下的哀伤服务”论坛，这也是在一起项目新冠疫情哀伤服务联合行动的首次公开发声。

6 月 23 日，在一起项目发起“专业社会工作介入社区脆弱群体危机的服务机制”主题研讨会，共有 200 余名社会工作者和社会工作机构负责人共同参与探讨。论坛邀请了高校的社会工作专业教师、武汉一线社会工作督导、殡葬行业专家等多个领域的专家学者，从哀伤辅导技术分享、跨行业合作、社会组织角色思考等方面分享了疫情下的哀伤服务经验，并从社区、医院、社会工作机构等维度探讨重大突发公共卫生事件中多元力量联动机制与联合治理，达成了“争取把‘如何运用社会组织的力量来参与应急救援响应’写到公共卫生事件、地震救灾、交通事故等各种灾害和事故的应急预案中”的共识。

2. 撰写工作指南

在一起项目开发了面向社区工作者、殡葬人员、公众、社会工作者等不同人群的《哀伤陪伴的社会应对指南》系列内容。其中“殡仪服务篇”专门面向殡葬系统工作人员，以协助殡葬服务机构提供切实并具有人文关怀的服务。“社区工作者篇”帮助社区工作者应对丧亲家属的情绪问题。“丧亲家属篇”从五个专业角度提出建议，包括“认识陌生的哀伤”“进一步澄清对哀伤的常见误解”“疫情下哀伤中的家人如何相守”“为哀伤中的自己做些事”“如何试着协助哀伤中的人”等，帮助丧亲家属舒缓内心压力。

3. 开展培训

5 月 8 日至 16 日，浦东社工协会开展了“哀伤服务者赋能计划”的赋能课程培训。此课程分为“如何走进丧亲家庭”“如何了解丧亲家庭”“如何赋能丧亲家庭”“哀伤服务经验如何梳理”等五期内容，邀请来自疫情服务一线的老师和哀伤陪伴领域内资深社会工作专家线上分享服务经验和专业理论知识。来自全国 11 个省、自治区、直辖市的 120 余名社会工作和相关领域从业人员报名参加学习。此课程培训辅以“课后复盘”环节，学员们通过分享“我学到的”“我卡住的”“我的提升”等内容相互交流，提升了培训的效能。

4. 发布工具包

7 月 13 日，浦东社工协会通过微信公众号免费分享了《遇见你，在一起——哀伤陪伴社会工作指南及工具包》。这份指南是项目组在需求调研、线上课程设计、课程试讲、学员反馈等基础上组建手册研发小组，并邀请课程培训师交叉校对修改后的成果。该手册聚焦丧亲者、以一线服务经验为基础、侧重教授具体的应对方法，分为《TA 的画像我知道》《TA 的经历能明了》《五大装备全都要》《资源梳理不能少》《服务超市最重要》《初次见面多关照》六章，涵盖了丧亲家属的群体特征和经历、服务者的准备、资源梳理、服务清单和首次家访注意事项等内容，可操作性较强。

三、喜忧参半：公益哀伤服务的短板

（一）项目伊始阶段资金支持不足

项目伊始，行动组就明确了项目的服务对象是受疫情影响的丧亲家属，希望为其提供专业的哀伤陪伴服务，协助其重建生活关系、社区关系、社会关系，支持他们的家庭生活、社会生活逐步恢复正常。同时，在一起项目也期待通过项目开展过程中的经验梳理，积累相关的工作经验，从而推动社会工作介入公共卫生领域的常态化。然而项目在推进过程中还是遇到了诸多阻碍，尤其是开展服务所需的经费有限。

在一起项目刚启动时，获得了上海联劝公益基金会 5 万元的小额资助，用于行动组开展一线服务。之后，筹款组通过基金会申请、政府购买、互联网众筹等各种渠道来募集资金。基金会方的资助重点更偏向于直接的物资捐赠或社区服务，对于哀伤陪伴这种人力成本较高的项目支持的意愿不足。项目组通过腾讯公益平台上线了“新冠哀伤支持”项目，计划筹款 15.89 万元，实际筹款 3.48 万元，远未达成筹款目标。因此，项目开展中的诸多服务都成为项目组成员及协作成员的志愿工作。

（二）赋能明确而一线服务不足

尽管项目开展所需的资金不足，但为了在能力范围内尽可能达成目标，在一起项目组及时转变了服务思路，从为助人者赋能的角度，推进哀伤辅导服务的落地。为了实现“赋能”目标，项目组通过开设哀伤服务者系列课程、举办“疫情下的哀伤服务”论坛、编写《遇见你，在一起——哀伤陪伴社会工作指南》、提供一线社会工作者督导等方式，协助社会工作者实现哀伤辅导工作能力的提升。项目组在项目设计中考虑到了社会工作者扮演的多重角色，尤其强调“资源链接者”角色，为社会工作者梳理、总结了相关政策和经验，配置在工具包中。

丰富、科学的技术支持对一线社会工作者起到了能力提升的作用。然而在项目推进过程中，最为困难的不是社会工作者该如何提供服务，而是如何建立服务关系。社会工作者等民间力量的薄弱使得他们很难直接获得疫情防控期间的逝者名单。同时，受社会工作行业发展的影响，武汉和周边地区的人们对社会工作者并不了解，甚至持怀疑态度。因此项目在服务提供环节接触到的服务对象非常有限，一线社会工作者在获准进入家庭、建立关系等环节面临诸多考验。尽管项目的推进借助于“社工伴行”在方舱医院的服务经验，但实际的服务对象人数仅有 110 余人。幸运的是，通过培训和赋能，项目为 130 多名一线社会工作者提供了了解和学习哀伤陪伴的机会，并与湖北省襄阳市当地的社会服务机构合作开展了哀伤陪伴实务探索项目。

（三）技术明确而介入机制不足

社会工作不同于普通的志愿服务，也不同于心理咨询，它更强调服务对象社会功能和社会关系的正常化。为了使社会工作服务的成效更加显著，在一起项目在理论层面选择了“全人照顾”理念作为核心理论，并依据实际服务经验对其做了具体的阐释。全人照顾模式强调身（生理）、心（心理）、社（社交）、灵（信念）四位一体的服务理念，注重服务对象的身体、心理、社会和信念层面的不同需要，尊重生命，强调服务对象的价值，努力挖掘其各方面优势和潜能，如图 13－1 所示。

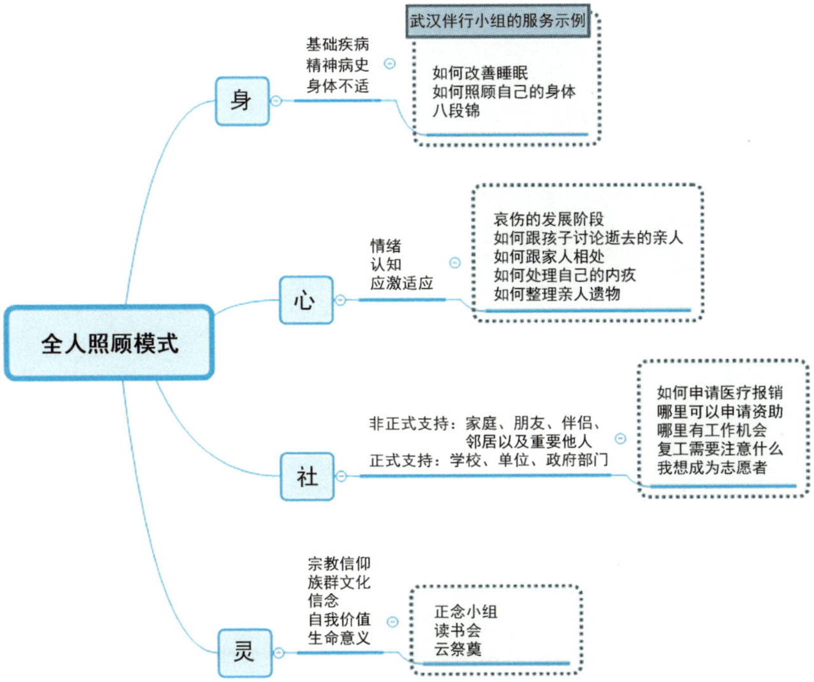

图 13－1　全人照顾模式内容及武汉伴行团队服务示例

为了更好地总结项目推行中的经验，将项目成果推广给更多从事哀伤辅导的业内人士，项目组以在一起哀伤服务者赋能系列课程（第一期）内容为框架（见表 13－1），形成了一套哀伤辅导工作手册和配套工具包。这套手册基于项目实操团队的经验设计，主要针对湖北地区因疫情丧亲的服务对象，聚焦性比较强；80％的内容侧重于教授具体应对方法和操作经验，由侧重介绍知识点的“学习时刻”、提供学习者练习的“任务时刻”以及检验学习成果和促进反思的“反思时刻”三部分构成，并配套相应的工具表格。

表 13－1 《遇见你，在一起——哀伤陪伴社会工作指南》内容框架

步　骤	对应手册章节	涉及知识点	对应工具包内容
1. 了解群体特征	TA 的画像我知道	① 丧亲家属面临的困境 ② 全人照顾模型	① 全人健康模型 ② 丧亲家属画像
2. 了解丧亲家属经历的事件	TA 的经历能明了	丧亲造成的社会、社区、个人维度的变化	——
3. 准备我的五大装备	五大装备全都要	① 铭记服务伦理 ② 提升职业敏感 ③ 保障个人安全 ④ 了解背景资料 ⑤ 了解相关政策	① 政策一览表 ② 政策梳理汇编 ③ 服务伦理先后性排序图 ④ 丧亲者背景资料收集框架
4. 优化我和丧亲家属的资源库	资源梳理不能少	资料梳理技巧及示例	① 资源盘点表 ② 资源彩虹图
5. 罗列服务清单，制定上门计划	服务超市最重要	服务计划制定步骤	服务超市清单
6. 初次见面	初次见面多关照	首次接触服务对象的注意事项、常用话术	——

在推行服务的过程中，社会工作者面临着一个尴尬的情况：相比行政化的主导力量而言，社会组织的独立响应和处置突发事件的能力非常有限。这种情况的发生与这次重大突发的疫情灾害有直接关系，也与长期以来形成的相对成熟且又比较行政化的应急管理体制和基层工作方式有关。[①] 虽然近些年的社会政策文件中多次提及“社会工作者”一词，但是并未对社会工作者扮演的具体角色、承担的功能有清晰的界定，未来如果能够将社会工作者更明确地纳入社会治理体系内，将更利于社会工作行业发展。

四、经验借鉴：哀伤陪伴公益服务的发展

在一起项目的推动是国内公益力量在哀伤陪伴领域内的探索。不论是项目设计还是一线推进服务，在缺少服务经验和外部专业支撑的情况下，项目组的成员边摸索、边学习、边推进，或许取得的成效暂时还无法被明确评估，但还是为哀伤陪伴公益服务提供了诸多经验。

（一）重视公益服务的精细化

近年来，公益服务的要求逐渐专业化。“打铁必须自身硬”，作为公益行业从业人员，除了需要公益热忱和公益责任，还需要努力通过专业手法解决社会服务中的各种问题，并通过继续学习和实践锻炼不断提升自身的专业能力。作为推动行业专业化水平发展的组织，社会工作者协会等行业组织一方面要将专业下沉，提升一线服务人员和一线机构的专业能力；另一方面也需要承担优化行业的发展职责。

从应对重大突发公共卫生事件的角度来看，习惯于在常态情境中学习和成长的各种专业社会工作组织，面对如此严峻的疫情，“专业

① 文军．疫情防控中的社会工作：可为与不可为［J］．社会工作，2020（1）：12－15.

优势”的发挥十分艰难。尽管心理疏导、危机干预、问题解决、需求评估、资源链接、政策倡导等社会工作实践被广泛应用于疫情防控的不同阶段，但社会工作者在面对新冠疫情时，显然需要更多的理论和实践准备。

在在一起项目中，浦东社工协会通过专题培训，在一定程度上提升了社会工作在哀伤辅导领域的专业性和社会知晓度。而在长时间的具体服务中，临终关怀、哀伤辅导、危机处理等服务的需求却是实实在在存在的。随着社会的发展，公益服务的需求势必越来越精细，公益人也必须做好提供精细化服务的准备。

（二）公益资源需向服务性倾斜

公益服务不同于普通的消费服务，其存在“ABC”模式，即服务出资者（A）和服务接受者（C）并不是同一对象，也没有直接关系。二者的关系是靠中介组织来维系的，因此容易产生服务出资者（A）和服务接受者（C）之间的沟通障碍。如果服务出资者（A）没有切实了解服务接受者（C）的实际需求，而服务提供者（B）没有做到良好的对接和转化，很容易造成需求和资源的不匹配。因此，“经费少、筹资难”是诸多公益组织普遍面临的困境。

在疫情的影响下，像在一起这种不直接服务于困难群众、偏向于培训类的项目更加难以获得资助。以支付宝公益平台为例，疫情防控期间上线的捐赠项目更多被用于购买抗疫相关医疗物资、生活物资，以保障公民的基本生活，没有对因疫情去世民众家属的专项援助项目。深入搜索抗疫相关项目后，我们发现几乎所有的捐款项目都是物资采购或生活资助类，仅有两个项目涉及心理辅导、社区宣传等心理社会支持的工作内容，且资金数额只占项目全部捐款额的10%左右。

造成这一现象的原因有很多。首先，我国民间参与“慈善”“公益”等活动的时间很短，公众对公益的理解和参与方式大多停留在传统的“捐款”“捐物”层面。让大众关注、参与服务性的捐赠活动需要一定的时间。其次，相比服务、培训类活动，“看得见的”实物让捐赠者更放心，也更利于宣传，因此款物捐赠更受捐赠者的欢迎。再次，在疫情暴发后，公众视线大多集中于保障基本生存需求，心理层面、社会层面的需要容易被忽视，导致关注心理适应、社会关系调适的服务难以获得支持。最后，行业规范不严谨导致部分机构对资金的使用不规范，损害了行业公信力，以致高质量的服务类、赋能类项目难以获得社会资助。

（三）纳入突发事件应对体系

2020 年 3 月 5 日，国家卫生健康委员会和民政部联合印发了《关于加强应对新冠肺炎疫情工作中心理援助与社会工作服务的通知》中强调了病亡者家属需要社会大众的重点关注。4 月 27 日，国家卫生健康委员会、教育部、公安部等多部门联合发布了《关于印发全国社会心理服务体系建设试点 2020 年重点工作任务及增设试点的通知》，提出了加强组织管理和保障措施、继续完善社会心理服务网络、继续开展社会心理服务等 13 项具体工作任务，并增设湖北省武汉市为试点地区。5 月 11 日，湖北省武汉市民政局出台了《心理疏导和社会工作服务指引》，提出将采取“五社一心”（社区、社会工作者、社区志愿者、社区社会组织、社区公益慈善资源以及心理服务专业力量）联动服务方式，为新冠感染病亡者家属等人群提供心理疏导与社会工作服务。从一系列政策来看，社会工作在疫情下的心理疏导和丧亲者家属服务等方面的作用得到了重视。

然而，倘若社会工作者平时不具备应对突发事件的敏感度和能力，显然无法实现其该发挥的作用。因此，制定和完善相关法律法规，建立健全应急状态下社会力量的动员机制和协调机制显得尤为重要。只有将社会工作纳入突发事件应对体系，确保其参与应对重大突发事件时有法可依、有章可循，才能实现其服务的有序化，避免活动不够规范、激励机制不够完善等问题。同时，只有将社会工作纳入突发事件应对体系，才可以保证社会工作者能够在平时得到应有的能力培训和信息化支撑，使其有力回应需求。

（撰写：刘琦慧）

第十四章　扎根本地，从日常转向应急

——英山人新一代商会行动案例

对许多社会组织来说，新型冠状病毒感染疫情暴发对人群、社区和社会生活造成的强烈影响，令他们迫切感到需要做出回应。但是，社会组织需要做什么、可以做什么、开启的行动能持续多久、有没有更多资源支持、资源来自何处等问题影响着社会组织的行动决策和行动效果。

面对发生于身边的紧急事件，每个社会组织都会不同程度地感到日常的工作被“切断”。如何完成从日常工作到应急响应的转化，应对工作节奏的加快和工作量的增加，是社会组织选择“干”或“不干”、干得如何的关键。

湖北省黄冈市英山县的英山人新一代商会（以下简称新一代商会）迎接了这一挑战。从抗疫工作过程来看，新一代商会较好地将日常的工作关系和模式带入抗疫行动之中。本章借用社会资本的概念，来讨论这样的组织工作转变是如何实现的。

一、 应急社会资本从何而来?

从组织形式来看，新一代商会是个新颖的团体。一般来说，商会、企业联合会等大多以工商联、商务局等相关职能部门为主管单位，开展以商业为目标的交流、考察、咨询等活动。以地缘为纽带的商会通常为从同一个籍贯地流出的会员在同一个人口流入地提供服务。新一代商会创始人邓世杰却用“流浪的英山人”来称呼他的目标群体。他所看见的是“具体的家乡”和“泛化的异乡”。家乡不是商会成员的标签和符号，是人群和活动所在的地点。

新一代商会基于此种视域开展活动，它也为会员提供联结彼此的服务。但与传统商会的方式不同，与“泛化的异乡”相配的，是没有地域界限的互联网。新一代商会通过微信群集合遍布在五湖四海的英山人。由于活动不受地域限制，新一代商会的联结范围更大、可链接资源相对更多。

新一代商会不断将身处异乡的英山人的目光拉回到家乡，让走出去的英山人为家乡作贡献。中国社会组织公共服务平台上显示，新一代商会第一项业务是“招才引智。构建优秀老乡回流机制和环境，实现思想、智慧、发展理念的输入”。新一代商会早期组织的电商发展座谈会、2016 年洪水后共议重修垮桥、通过英山一中校友联谊会反哺学校建设等，都是这一业务的呈现。

新一代商会在这些活动中营造的，是一个既与政府密切配合，又不被政府功能“吸纳”的网络，和一个政府与社会组织之间互通信息、互相影响决策的非正式机制。

这种网络和机制，在疫情暴发后转化成不可替代的应急社会资本。

二、 扎根本地，直接支持防控

黄冈市英山县在 2019 年刚刚摘去贫困县的帽子，外出务工的人很多。2020 年春节前，英山县约 40 万人口中，有外地返乡人员 80 671 人，其中武汉返乡人员 25 446 人，黄冈返乡人员 2 558 人。[①]

黄冈市的新冠感染确诊病例数量在 3 月 3 日增至 2 907 例，这个数字仅次于武汉市和孝感市。英山县累计有确诊病例 62 例，为黄冈

---

① 健康县域传媒．黄冈率先“清零”县，透视英山抗疫“良方”[EB/OL].(2020 - 03 - 02) [2021 - 01 - 05]. https://www.cn-healthcare.com/articlewm/20200302/content-1091689.html.

市下辖十个区县市中最少的，且确诊病例数量的快速增长仅持续 7 天（1 月 31 日至 2 月 5 日），且 2 月 16 日以后就没有出现新增病例。2 月 27 日，也就是出现确诊病例的 30 天后，最后 4 例确诊病例出院，英山县成为湖北省最早病例清零的县。由此可见，英山县的疫情防控工作启动得足够早，且有力有效。

政策有效落实的过程中，与基层的联结是关键。无论是防疫意识、知识，还是个人和家庭卫生防护、减少人员流动等措施，都需转化为个人认知和行为上的改变。这需要大量的资源和组织投入。新一代商会在这个过程中积极灵活地发挥了作用。

2020 年 1 月 20 日，英山县成立了疫情防控指挥部。指挥部下设 12 个专班。21 日，县里开始建设新冠感染患者收治医院，为隔离观察征用宾馆；22 日，英山县出现疑似病例，县里紧急召开防疫工作会议，县委宣传部发布了《致全县父老乡亲的一封信》，呼吁“尽量少出门”。①

1 月 23 日，新一代商会在微信上组建了“英山 nCov Relief 科学防疫志愿中心”微信群（以下简称科学防疫志愿中心），其中有各乡镇的大学生、负责疾控工作的副县长，还有医疗专家、医护专业学生和医务工作者。

科学防疫志愿中心早期尝试的一项工作是让返回家乡过年的大学生们了解本地防疫宣传和防控情况。微信群里随即开始接龙报告各个村的宣传和防范等情况。商会在 2 月 5 日的记录显示，当时“从社群里的反映看，指示并没有迅速到达各个乡村”。② 大学生们顺理成章

---

① 致全县父老乡亲的一封信_英山县人民政府［EB/OL］.（2020-01-22）［2021-01-05］. http://www.chinays.gov.cn/art/2020/1/22/art_18201_905307.html.

② 大别山阅读空间 . 我们不是异乡人——疫灾中大别山青年的担当｜01［EB/OL］.（2020-02-05）［2021-01-05］. https://www.sohu.com/a/370766720_775541?spm=smpc.author.fd-d.3.16045589501172RvalYd.

地开始辅助本村做沟通和传播工作，包括受县政府委托公布疑似病例和密切接触者的信息，普及防疫知识等。

科学防疫志愿中心的早期工作还包括在1月23日建立了为居家隔离人群提供医学咨询的微信群。首批志愿者包括16名医学专业的大学生和从业医师，后来又有30多名协和医学院的研究生加入，微信群数量扩展到3个。① 因为互联网无地界的特性，科学防疫志愿中心的这一工作并不限于服务英山县的隔离人群，还扩展到了武汉地区。

科学防疫志愿中心还开展了心理干预服务，通过即时通信工具为患者及其家庭成员提供心理支持。英山的心理干预志愿者们借助互联网，将自己的专业知识和能力转化为服务，从而使后续工作能够贴切地关照本地人的心理。

三、扩展领域，密切开展政社协同

要实现疫情防控的目标，患者服务只是工作的一小部分，更多的工作在于维系卫生机构和整个社会的支持系统的运转。许多社会组织和团体，都是在工作中结合形势变化逐渐认识到这一点。

英山县的科学防疫志愿中心也经历了同样的过程。1月27日，科学防疫志愿中心建立物资物流组。两天后，物资物流组开始向同乡商会传播需求、募集资源。在防疫物资筹备工作中，许多社会组织面临巨大的挑战。由于医疗物资的特殊性，各个医院基础条件不同，需要的物资也不同。科学防疫志愿中心将全县14所医院与保健院的院长和采购科科长都集中到微信群里，向他们发布资源信息。各医院根

① 邓世杰：疫灾中的大别山青年担当_公益时报［EB/OL］.（2020-02-25）［2021-01-05］. https://k. sina. com. cn/article_1881124713_701faf6901900nzex. html.

据自身情况提出要求，物资组依此进行分配。

疫情防控工作中不仅存在医疗物资需求，还存在生活物资需求。英山县的人员流动管控措施先后三次升级，在完全封闭了城镇小区和乡下村塆后，开始实施社区全面配送生活物资。在农村，一些村民们虽然自有菜地，但也都高度依赖商品流动来获得更多的生活必需品。一些全家外出务工、返乡过年的人员，既无自留地，也无粮油储备。如此，需要依靠村干部开展大规模采购，其间不免出现价格、种类等方面的问题。商品派送时也难以避免发生人际接触。2 月 17 日，科学防疫志愿中心再次动员有关人员，向县政府提出了《部分英山籍学者关于疫情乡村民生紧迫问题的几点建议》（以下简称《几点建议》），其中提出用网络表单每周收集村民的食物和生活物资需求，由村民委员会汇总后发给供应商（超市），由超市按户分装并配送至村，随后由志愿者分送到户。如此既可满足各户的个性化生活需求，也可实现无接触递送。

四、讨论：社会资本在应急时从何而出?

英山人新一代商会基于既有工作网络应急成立的科学防疫志愿中心，兼具社会组织和志愿者自组织的特点。一方面，新一代商会作为一个在地方经营数年的社会组织，在疫情暴发之前，已有较为稳定的运作机制。具体内容包括：

（1）机构本身有较为稳定的核心工作团队，可以保证工作的连续进行；

（2）机构遵行公益组织的管理制度和工作流程，遵守信息透明等规则；

（3）机构已有较广泛的工作网络并且和网络中的伙伴保持相互信

任关系。

（4）机构形成了借聊天软件和社交媒体等即时通信网络进行多种人群协作和组织的运作经验。

这些在疫情应急期间都是顺畅延续工作的“基础设施”，无须临时创建一套工作模式。

另一方面，科学防疫志愿中心仍然需要面对新的状况，包括医疗、公共卫生、应急管理等，这些都是从未涉足的领域。此外，应急期间自身和合作伙伴激增的工作量、处理和新合作方的关系，也是科学防疫志愿中心要面对的问题。面对这些，科学防疫志愿中心和许多基于志愿服务的抗疫自组织一样，采用了灵活的应对方式。一是由需求驱动行动，每发现一种需求，即成立一个专门的工作组，投入更多专业和非专业的志愿者人力资源。二是由需求驱动学习，由学习支持行动，其团队成员从许多外部网络交流信息和学习资料，资料包括从工作模式到专门的应急管理、心理干预等一系列内容。

新一代商会这样扎根于本地和志愿服务的社会组织，在面对紧急状况时，既能够毫不犹豫地跨出熟悉的领域，同时也能将其现有资本迅速转化为应急时期的社会资本，从而有可能更稳定地回应需求。

在新一代商会的抗疫案例中，扎根于本地成为突出的要素。“本地”是新一代商会的立足点，其从“本地”出发积累了组织本身和组织所处工作环境中的优质社会资本，从而得以在应急状态下最大限度地减少不确定性，保持组织结构上的稳定，从而能够应对、适应和拓展新的技术性问题，然后回馈本地的需求。

（撰写：徐诗凌）

第十五章　价值与挑战：公共卫生事件中一线社会组织的行动

——湖北荆门义工联合会抗疫行动案例

湖北省荆门市义务工作者联合会（以下简称荆门义工联）成立于2006年，是湖北省第一家正式注册的公益性民间社会团体，有注册志愿义工2 000多人。在2020年抗击新冠疫情行动中，荆门义工联作为一线社会组织，通过链接公益资源，动员社会力量，以及响应和参与政府行动等，在地区内发挥了重要作用。本章通过介绍荆门义工联在抗疫期间的行动内容，分析一线社会组织在公共危机中的行动价值，以期为一线社会组织如何发展、如何有效开展政社联动、如何促进公益生态圈良性发展等方面带来启发。

一、一线社会组织的公益资源再分配价值

2020年1月25日，新冠疫情危机暴发初期，荆门义工联首先成立了疫情防控服务队，开始对接湖北省内外的公益伙伴，筹集抗疫防疫物资，并将接收到的捐赠物资链接、协调、运输和发放至荆门市有需求的医院、社区等。截至4月底，荆门义工联共对接了浙江省妇女儿童基金会、壹基金、上海华侨基金会、爱德基金会等多家公益基金会，为荆门市医疗机构捐赠并送达了无创呼吸机13台、雾化器20台、血氧仪40台、双道微量注射泵24台、核酸检测试剂盒2 016盒、安心裤812箱、外科手术手套94 000副、一次性外科口罩105 000个、消毒剂100桶等。同时，荆门义工联还筹集了民用口罩118 000个，消毒水、洗手液、酒精等物资，发放到60多个社区、公安局、

福利院等单位。①

物资筹集与发放看似简单，实则蕴含着一线社会组织如何基于自身已有的社会关系网络以及与政府间的合作经验，开展需求对接、运输调动、资源递送等诸多复杂工作。

（一）社社协作的本地优势

以荆门义工联与壹基金和浙江省妇女儿童基金会的合作为例。基金会有捐赠物资到达湖北省后，便向荆门义工联发送转运通知。荆门义工联物资运输小组便迅速到达指定的物资集散地点接收物资。在此期间，荆门义工联扮演了本地协调机构的角色，负责基金会捐赠物资在整个荆门市内的申请、分配、运输等工作。除了将物资运回荆门，再根据需求发放到医院或社区外，荆门义工联还协助荆门周边其他市区的物资发放。②

疫情防控期间，通往湖北地区的交通大幅受限，同时疫情前期大量的应急物资都集中在武汉市，造成武汉周边地区在疫情快速扩散的情况下，面临着应急物资短缺的困境。而拥有资源的基金会与本地一线社会组织的协作价值，就在于其能够打破捐赠物资"最后一公里"的运输难题。

在接收防疫物资过程中，荆门义工联先与防控指挥部联系申请车辆的通行证，随后协调车辆与物资进入荆门。将物资转运到荆门各地仅仅是开始，如何匹配需求、将所有应急物资发放到有需求的医院与社区，是荆门义工联防疫物资协调组的重要工作内容。为了让应急物

---

① 乐仁乐助．严昌筠：荆门义工的 88 天抗疫之旅 | 湖北回忆录［EB/OL］.（2020－06－17）［2020－11－02］. https://mp.weixin.qq.com/s/obZf-UHtpFJScDXYyeUMLA.

② 荆门义工联．疫情阻击战！我们全力以赴［EB/OL］.（2020-01-31）［2020-11-02］. https://mp.weixin.qq.com/s/W2azF7HYwCa99BjZPkqxcw.

资更能物尽其用，荆门义工联会同每个医院和社区进行事前沟通，了解他们对于具体物资的具体使用需求，再按照需求转运、发放物资。

这一过程能够顺利开展，得益于荆门义工联对于当地交通状况的熟悉、对当地道路政策的把握、对当地医院与社区的了解，以及跟当地政府和抗疫指挥部特有的联络机制。这些优势是在地社会组织，尤其是有跟政府合作经验、能够获得政府部门信任的社会组织，与外部社会组织相比所具有的独特优势。

（二）既有合作促进应急协作

荆门义工联开展的筹措、对接和转运物资行动，在物资紧缺的疫情初期，有效缓解了荆门地区的医院和社区的应急物资压力，为他们开展疫情防控行动提供了重要的基础物资支持。在突发公共卫生危机的应急状态下，荆门义工联之所以能够快速反应，链接到大量捐赠物资并及时转运给有需求的社会部门，主要源于其既有的公益资源网络。在非应急状态下，荆门义工联就很重视在外部关系上的积累和投入。例如，在疫情之前荆门义工联已是壹基金和浙江省妇女儿童基金会的项目合作伙伴。因此在突发状况下，有着与基金会合作和联络基础的荆门义工联相比于其他社会组织，能够更加及时地获取资源信息。在既往的信任基础上，荆门义工联和基金会能够快速建立适用于应急场景的新的合作关系，并及时筹措到所需资源，打通有效的资源链接通道。

当然，荆门义工联的行动得以顺利开展也是建立在公益行业的共识之上：公益基金会能够认识到一线社会组织的行动价值和能力，并为之提供多方面的支持；一线社会组织积极承担自己作为资源递送平台的责任；社会其他部门能够接受、支持和协助社会组织开展行动。荆门义工联在常态化时期通过承接壹基金的项目并与之建立了联系，在一定程度上提升了行动的能力和影响力，从而在公共危机发生后有能力较为快速地响应。

（三）扁平化管理助力有效行动

荆门义工联能够承担大量的执行层面的实际行动，确保物资的有效接收与发放，离不开其自身管理的一些特点。

首先，荆门义工联的性质决定了其组织架构的扁平化。在紧急状态下，这种简单的、无需复杂程序的决策和管理模式，让其具备了一定的快速反应能力。其次，组织中的专职成员虽有明确分工，如荆门义工联内部设有防疫物资协调组、运输组、志愿服务组和资源募集组等，在实际行动中，其内部人员职能和行动的灵活性得到了充分展现。

荆门义工联中每个人所负责的工作根据其能力和需求而定，没有绝对的职责边界。这为该组织在全职人员人数有限的条件下能够持续开展行动、充分发挥每个人的能力、保持协作等，提供了有利环境。尤其是在疫情暴发初期，每个人和组织都没有应对经验的情况下，灵活的职能划分让组织能够探索出较为固定的团队内部合作和协作模式。行动初期，面对紧急的物资对接需求，荆门义工联经常采取“主动请缨”的分工模式，每个人根据自己擅长的工作主动为自己划分职责。这种不需要负责流程审批的、以结果和目标为导向的、较为一致的分工协作模式，很快在内部达成一致意见，使得荆门义工联的行动大多较为迅速。

二、一线社会组织的社会动员价值

（一）政社联动与社区抗疫

除了开展抗疫物资的对接行动，荆门义工联在疫情防控期间的另一项行动是组织义工参与社区抗疫，这一行动源于荆门义工联对政府号召的响应。2020 年 2 月 20 日，荆门市委组织部市防控指挥部地区工作组发出倡议书，号召市义工联、商业联合会等社会组织参与到社区疫情防控工作中，协助社区服务居民、收集信息等。2 月 21 日，荆门义工联发出工作通知，呼吁义工加入社区服务的志愿者队伍，补充社区疫情防控力量缺口，并招募到了 100 多名义工进入驻守社区的各个防控卡点，提供登记进出人员信息、测量体温、为群众买菜送药等服务。

荆门市委组织部的号召为荆门义工联参与社区疫情防控工作开辟了准入空间。同时，政府部门在号召社会力量参与抗疫时明确提到了荆门义工联，体现了当地政府部门对荆门义工联的信任。荆门义工联的发起者表示，荆门义工联在成立初期曾刻意保持组织的草根性，不与政府和企业扯上关系。但随后他发现，这一定位在很大程度上限制了荆门义工联的发展。因此，荆门义工联开始重视与政府和企业的关系，并积极参与政府认可的公共服务。例如，在创建全国文明城市的行动中，荆门义工联作为志愿服务组织，承担起“创城”期间的志愿服务保障工作。这样的行动不仅为政社联动创造了机会，建立和巩固了良好的政社关系，也为荆门义工联提高组织动员能力、志愿者行动能力提供了契机，为该组织的其他行动奠定了良好基础。

（二）物资督导与行业行动

疫情防控期间，政社联动的模式对整个湖北省的抗疫行动做出了积极贡献，其中湖北省慈善总会的行动最为典型。由于接受的捐赠量过大，物资对接、转运、分发等难度骤增。面对这一压力，原本只有 30 余人的湖北省慈善总会开始向社会紧急招募志愿者，以补充人力资源，确保捐赠款物的畅通对接。湖北省慈善总会最终招募到有一定公益从业经历的志愿者 100 余人，他们被分成了 10 个具有专门职能的工作小组。

荆门义工联的秘书长当时被湖北省慈善总会抽调担任物资分发督导组的组长，并负责参与对接捐赠人和确保来自海外的捐赠物资尽快通过海关的工作。疫情防控期间有超过 3 000 万件物资涌向了湖北省慈善总会，但物资使用情况自始至终都未被质疑，且社会捐赠物资都能顺利、及时地运送给需求单位，这在很大程度上得益于资源分发督导组的努力。

（三）志愿服务与联合行动

疫情防控期间，荆门义工联开展了诸多动员社会志愿者的行动，除前文介绍的社区行动志愿者外，荆门义工联还作为湖北省公益组织对接人，链接湖北 60 多家公益组织共同学习，一起抗疫。此外，荆门义工联还挑选了 140 多名专业志愿者，携手北京奥运会志愿者指导老师、原 SARS 病毒专家组成“京鄂志愿者联合行动组”，形成了“三师联动”的社会工作师、医师、心理师的联动模式，为抗疫一线社会组织和志愿者提供专业志愿援助。荆门义工联作为一个枢纽型的志愿者组织，在号召、动员、组织志愿者行动方面有着经验优势，能够在其建立起的志愿者网络基础上快速展开行动。

三、一线社会组织应对公共危机的限制与发展

从以上介绍和分析可以看出，社会组织在参与公共危机的应对行动中的优势主要是其灵活和快速的行动能力、内外资源对接和匹配能力、运作协调能力、物资的管理和运送能力，以及社会动员能力等。然而，一线社会组织在行动中也受到自身能力、政策空间、公益行业生态现状等限制，影响了其功能的发挥。

（一）自身能力的短板及其影响

首先，人力资源不足使荆门义工联的作用发挥受到了限制。扁平

化的组织架构有利于其在应急行动中能够更好地发挥灵活性，然而专职工作人员兼顾多项职责，就可能失去了在某一专业领域内深耕的机会。荆门义工联虽然扎根一线、能够看到更多实际需求，但是在面对突发公共危机带来的大量的、复杂的社会需求时，其所能回应的需求往往非常有限。荆门义工联的工作人员也表示，在抗疫行动中出现了对接到大量一线社会需求信息后却无法做出回应的困境。

其次，荆门义工联的行动内容较为单一。新冠疫情暴发后，疫情防控前线最迫切的需求是应急物资，荆门义工联的能力强项——资源调动、物资转运等在这一时期为疫情防控工作做出了巨大贡献。然而从组织长远发展的角度来看，如果不做出调整，荆门义工联的工作范围很可能就局限于此类行动，其价值便会大打折扣。荆门义工联的成员也表示，在此次疫情行动中，他们能够看到自身能力与社会需求或者与其他专业机构人员之间的差距，尤其是在精细化管理、资源动员整合能力、资源调配能力以及专业行动能力等方面。只有这些具有普遍适用性的专业能力得到提升，荆门义工联才能可持续地发挥自身的价值。

最后，本地社会组织也需深度思考如何结合各自资源，除在传统的枢纽平台上发挥社会动员功能以外，深入挖掘与发挥自身的特殊作用。例如，作为义工联合会，对义工的支持与志愿者资源的链接也应成为其核心功能。在明确自身责任与行动目标之后，荆门义工联作为地方志愿者组织，其社会动员、需求回应、促进政社协同等功能才能够更充分地发挥。

（二）政社联动下一线社会组织的行动空间

一线社会组织需要通过积极参与政府主导的公共事务，来获得政府的信任与认可，从而为自身进一步开拓行动空间奠定基础。

荆门义工联等社会组织参与政府主导的公共事务，其优势是有着对民间资源更强的动员和组织能力，能够基于自身已有的协作网络与公众的信任基础，更有效地协助政府开展公共服务。一线志愿者组织应该充分利用这一优势，通过提升自身专业服务能力、需求识别能力、政策倡导能力、资源驱动能力、组织发展能力等，更加积极和主动地开拓自己的政府资源与行动空间。

（三）良性协作与可持续发展的公益生态圈

荆门义工联秘书长曾表示，疫情防控期间，组织在行动中常常遇到捐赠人或资助方对资金的使用要求与组织了解到的需求不一致的情况。即使在非应急状态下，也会存在物资供给方因信息不对称、不了解一线需求、与一线社会组织或者其他部门的沟通不畅而导致产生分歧的情况。而这种分歧恰恰可以靠本地社会组织根据实际需求对接资源，并进行合理再分配的功能来解决。因此，资源型社会组织、捐赠平台、企业、个人等应该将自身的需求和使命与一线需求更好地结合，充分发挥自己的资源优势，合力营造出更加完善的信息共享机制、资源分配模式、协作模式等。同时，一线社会组织也应提升自己的沟通、倡导和动员能力，主动动员资源方，增强自身主动性，从而促进公益资源的合理使用。

针对上述关于一线社会组织自身能力不足的问题，身处公益行业上游的基金会有责任和能力对处于能力发展前期或者瓶颈期的草根公益组织进行培育和支持。且这种培育和支持需要持续性地开展，从而使一线社会组织在公共危机发生时，能够在已有的能力、资源等基础之上快速开展行动。

从社会治理的角度看，只有扎根一线、面向社会需求开展实际行动的社会组织的能力得到提升，其对外部资源的动员和运用能力才能得到提升，才能让基金会扮演的支持性角色及其资源发挥更大功效。结合荆门义工联在疫情防控期间链接湖北多家组织共同学习以及对志愿者的支持来看，公益行业可以建立行业内外多层级的培育支持体系，形成一个互相支持、多元赋能的行业生态，如此，整个公益行业才能实现可持续发展。

（撰写：小丫）

第十六章　公共卫生危机中社会组织助力企业实现社会责任

——阿拉善 SEE 生态协会抗疫行动案例

阿拉善 SEE 生态协会（以下简称阿拉善 SEE）成立于 2004 年 6 月 5 日，是一个以企业家为主体，以保护生态为目标的社会团体。2008 年，阿拉善 SEE 发起成立北京市企业家环保基金会，致力于资助和扶持我国民间环保公益组织的成长，打造企业家、环保公益组织、公众共同参与的社会化保护平台，共同推动生态保护和可持续发展。2014 年年底，北京市企业家环保基金会升级为公募基金会，以环保公益行业发展为基石，聚焦荒漠化防治、气候与商业可持续、生态保护与自然教育三个领域。2018 年 10 月，阿拉善 SEE 发起成立深圳市阿乐善公益基金会，致力于发挥企业家优势资源和创新精神，以多元的保值增值方式，为公益组织和项目提供持续性支持力量。①

阿拉善 SEE 的组织原则是“平等参与、民主决策、权力制衡、公开透明、会员与公众监督”。在此次抗击疫情行动中，阿拉善 SEE 有效进行资源整合，在第一时间为抗疫一线提供物资援助。相应地，阿拉善 SEE 也为会员企业履行社会责任提供了一定的帮助。本章通过梳理阿拉善 SEE 的抗疫行动，分析其行动逻辑，探索社会组织如何助力企业实现社会责任，尝试为公益界和企业界提供有益的思考。

① 阿拉善 SEE 生态协会．关于阿拉善 SEE 生态协会［EB/OL］．［2020－10－14］．http://conservation.see.org.cn/about/introduction/.

一、阿拉善 SEE 抗疫行动概览

（一）抗击疫情初期的紧急救助

疫情暴发后，阿拉善 SEE 会员展现社会担当，第一时间急援湖北省，共抗疫情。2020 年 1 月 24 日晚，阿拉善 SEE 理事会紧急讨论后，号召向全体会员筹集首批善款 200 万元，用于采购湖北省各医院急需的呼吸机设备。仅半个小时，200 万元善款已认捐完毕。1 月 25 日，阿拉善 SEE 援助的 30 台呼吸机被运送到武汉市两家医院并迅速投入使用。1 月 28 日至 31 日，阿拉善 SEE 捐助的约 108 万个医用外科口罩被发放至 47 家湖北医院和单位。①

在对其他国家的援助方面，阿拉善 SEE 关注到意大利是疫情最为迅猛的国家之一。鉴于双方之前结下的环保之缘，2020 年 3 月 17 日，阿拉善 SEE 援助意大利价值 100 万元的呼吸机、空压机、医用口罩、护目镜、面罩等医疗物资。此外，阿拉善 SEE 会长企业单位当代集团（通过湖北省当代公益基金会）与伙伴企业人福医药向马里、埃塞俄比亚等非洲国家捐赠总价值超过 350 万元的抗疫物资。

（二）疫情过后助力复工复产

疫情得到控制后，全国上下开展了复工复产工作。由于疫情的严重冲击，很多企业面临倒闭，工人面临失业风险。湖北省作为疫情较为严重的地区，很多企业亟待支援。由此，阿拉善 SEE 在武汉经济复苏、解决就业问题、扶贫等方面开展了一系列工作。

8 月 11 日至 12 日，由中华全国工商业联合会、湖北省人民政

---

① 公益时报．共抗疫情　阿拉善 SEE 生态协会企业家会员彰显责任担当［EB/OL］．（2020－04－07）［2020－10－14］．http://www.gongyishibao.com/html/gongyizixun/18513.html.

府、中国光彩事业促进会共同主办的“全国工商联携手知名民企助力疫后重振脱贫攻坚湖北行”实地行大会在武汉市举行。作为中华全国工商业联合会团体会员单位和“知名民企湖北行”的承办单位之一，阿拉善 SEE 参加了此次大会，并在“知名民企湖北行”特别峰会上分享了自己的思考，为武汉经济复苏提供了解决方案和具体路径参考。

在“知名民企湖北行”活动中，阿拉善 SEE 成员企业群策群力，为湖北经济复苏凝聚力量、一起助力。其中，在“惟楚有才招聘专场”，阿拉善 SEE 127 家会员企业发布职位共计 897 个，提供招聘岗位6 933 个;阿拉善 SEE 的 41 位企业家会员参与“爱心认筹”，对口支援贫困人口，认筹金额总计 123 万元。当代集团与湖北省长江基金会共同组建了一个专门扶持中小微企业的基金，帮助小微企业生存并发展。①

此外，阿拉善 SEE 以线上直播分享课程的形式，围绕“疫情影响下的企业如何渡过难关”这一备受关注的话题，将优秀案例和市场经验向更多的会员分享。依托超过 900 位企业家会员的庞大基础，邀请名师及优秀的企业进行经验课程分享，助力会员及企业复工复产，渡过难关。②

(三) 支持环保类社会组织发展

2 月 14 日，阿拉善 SEE 和北京市企业家环保基金会向合作伙伴发放在线调查问卷，以了解疫情对环保公益行业尤其是草根环保公益

---

① 凤凰网财经．艾路明：共同组建 50 亿规模基金　支持湖北小微企业生存发展［EB/OL］．(2020－05－11)［2020－10－14］．https://finance.ifeng.com/c/7wNqy82wX4q.

② 公益时报．共抗疫情　阿拉善 SEE 生态协会企业家会员彰显责任担当［EB/OL］．(2020－04－07)［2020－10－14］．http://www.gongyishibao.com/html/gongyizixun/18513.html.

组织生存状况的影响，了解伙伴在疫情下面临的挑战和所需的支持，为环保公益行业凝聚多方力量，形成互助举措，提供基础信息。问卷调查结果显示，在疫情带来的损失方面，超过半数的公益组织损失“较大，勉强可以承受”，三成机构损失“较小，可以承受”。[①]

为此，阿拉善 SEE 和北京市企业家环保基金会采用人性化的方式处理资助期内合作伙伴的项目变动，即资助期内的合作伙伴可向项目组提出一定范围内的项目延期或调整。同时，项目团队组织了以环保议题知识、项目设计与升级、组织管理为主题的一系列线上分享活动，与公益伙伴一起“修内功”。

此外，北京市企业家环保基金会与国内 16 家基金会一起，共同发起“支持湖北公益发展联合行动”，共享资助信息，调研湖北公益组织发展需求，推动资源有效匹配和高效利用，实现资助信息共享，产生协同效应，共建湖北公益生态。

二、 阿拉善 SEE 与成员企业合作抗疫行动逻辑

不同于一般社会团体类社会组织，阿拉善 SEE 集合了社会团体组织和公益基金会侧重整体性社会目标实现的特点。在此次公共卫生危机中，阿拉善 SEE 不仅突破了自身的角色限制，还将企业行动嵌入了合作过程中。

（一）社会组织设定公益目标

阿拉善 SEE 作为专注于环保公益的社会组织，救灾并非其专业领域。在此前的工作经历中，只有在汶川地震、雅安地震这种重大灾

---

① 阿拉善 SEE 环保机构．疫情带来生存大考，阿拉善 SEE 与伙伴携手共克时艰[EB/OL].（2020－03－09）[2020－10－14]. https://mp.weixin.qq.com/s/OTzWmaKbIREnJrrsiyvfxA.

难发生时，阿拉善 SEE 才启动过面向会员的非环保领域的募捐号召工作，但所得捐款通常是通过有相关业务范围的公益组织予以接收执行。

疫情伊始，阿拉善 SEE 遵循一贯的工作模式，根据会员提议，拟成立医护人员支持基金，再以协会会员的名义进行捐赠。但随着疫情的变化，整个社会的需求变得复杂多样，其中需求缺口最大的是医疗物资。面对这一情况，阿拉善 SEE 并未执着于最初的判断，而是及时将工作重心转移到医疗物资的筹集与捐赠上。

（二）企业负责明确物资需求

疫情的迅速蔓延使各种物资需求暴增，铺天盖地的求助信息使捐赠方难以确定具体工作安排，如何使物资实现精准匹配与投放，对于每个捐赠方而言都异常困难。

阿拉善 SEE 借助湖北籍会员的属地优势，采取“会员推荐负责制”，即由会员推荐有需求的医院并对实际情况负责。这一机制在一定程度上避免了资源浪费，并有效推进了工作进度。确定捐赠对象后，阿拉善 SEE 又与医院负责医疗物资的人员建立了联系，由其提出诉求。

在此基础上，阿拉善 SEE 的工作人员为了进一步核实情况，对医院基本情况进行了调查，包括医院等级、是否有发热门诊、是否属于定点医疗机构、医护人员数量、收治病患数量、每日消耗物资数量等，调查数据与实际情况相结合，更有利于明确真实的物资需求。

（三）企业提供资源并开展行动

在此次公共卫生危机中，如何筹集到急需资源对于大多数社会组织而言是首要难题。然而，阿拉善 SEE 的很多会员企业，凭借自身优势，在不同的领域内迅速响应并且相互配合，凸显出企业的责任担当。

在国内物资购买方面，会员企业人福医药集团股份公司能够以优势价格将急需医疗物资迅速采购到位，该企业员工也承担了物资入库出库、对接当地红十字会医院的工作。

在海外物资采购和运送方面，卓尔集团于 1 月 24 日通过世界商品智能交易中心启动跨境供应链，联合卓尔宇航仅用 42 小时就打通了应急医用物资全球采购通道，从东南亚地区采购了 320 万个医用口罩、21 万套防护服，通过货运专机运抵武汉市。卓尔集团成为全国首个从海外大量采购急需医疗物资，并最早送达抗疫一线的企业。在随后的 40 多天里，卓尔智联海内外采购、国际物流、通关、配送等环节无缝连接，高效运转，先后组织 11 架飞机，将在海内外采购的 600 多万件应急医用物资驰援武汉市，缓解了医疗物资急缺的燃眉之急。①

在医疗物资配送方面，由于当代集团的企业主体位于武汉市，其全程参与了湖北省的抗疫工作。在武汉，大约有三分之一的抗疫物资是由当代集团配送的，覆盖了全市几乎所有县级以上医院，甚至到达了一些乡镇医院和乡镇卫生院。

在提供医疗场地方面，卓尔集团和当代集团将企业的公共建筑腾出来作为方舱医院。

阿拉善 SEE 与成员企业合作抗疫行动逻辑见图 16－1。

三、阿拉善 SEE 助力企业实现社会责任

在中国，企业社会责任的概念属于舶来品，其行动也经由跨国企业的带动和政府自上而下的推动发展起来。

---

① 卓尔控股．卓尔智联全平台发力支持抗疫医疗物资保障［EB/OL］.（2020－03－20）［2020－10－14］. http://www.zall.net/newsdetail.php? id=1150.

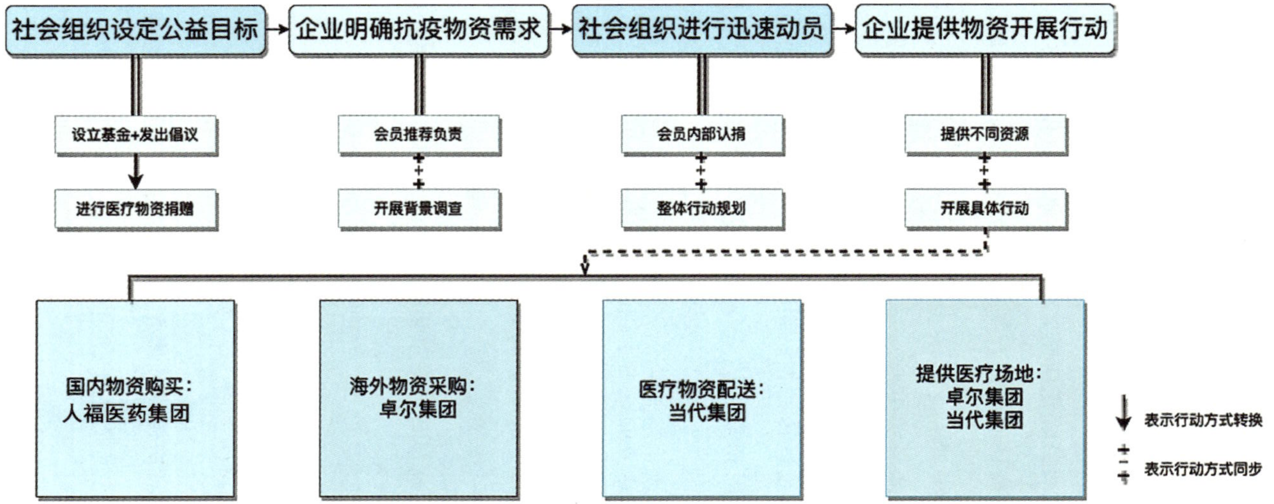

图 16－1　阿拉善 SEE 与成员企业合作抗疫行动逻辑图

企业社会责任这一概念的基础——“企业金字塔”是由美国学者阿奇·卡罗尔（Archie Carroll）于1979年提出的。他认为，企业社会责任包含了在特定时期内，社会对经济组织经济上的、法律上的、伦理上的和慈善上的期望。其中，经济责任是创造利润、实现股东收益最大化。它位于金字塔底端，是企业的首要责任。而慈善责任是给社会捐赠资源、提高生活质量。它位于金字塔最顶端。公益的视角所期待的企业社会责任并非位于企业开展行动的首位。如此一来，企业自行开展的公益行动的数目和范围无疑是有限的。

阿拉善SEE作为以企业为主体的社会组织，其成立初衷——保护生态凸显了对于企业社会责任的关注。在此次新冠疫情重大公共卫生危机中，企业成员的行动更加凸显了企业社会责任，阿拉善SEE在助力其企业成员实现社会责任方面做了许多工作。

（一）树立公益目标，培养公民意识

阿拉善SEE一方面在总体上为每个企业成员树立了公益目标和使命；另一方面进一步促进所有成员公民意识的形成，从而为后续共同开展行动，在战略层面落实企业社会责任奠定了基础。阿拉善SEE的宗旨是“改善和保护中国的生态环境”，包括但不限于减缓或遏制荒漠化的发生，与此同时，促使和引领中国企业家承担更多生态责任与社会责任。基于长期以来对于环境议题的关注，阿拉善SEE在此次公共卫生危机中持续为环保类社会组织“输血”。

在此次众多企业成员共同抗击疫情的过程中，阿拉善SEE凭借在企业成员间早已达成共识的公益目标和公民意识，使企业成员的履责行为自发而统一。

（二）搭建交流平台，统筹内部资源

阿拉善SEE在抗击疫情过程中，能够迅速把握不同的时间节点并进行内部动员协调，统一企业进行协同行动。企业成员通过阿拉善SEE这一平台，利用自身专业优势，在不同的领域内发挥作用。阿拉善SEE促进了企业成员间的合作，并统筹企业成员的多样化资源，为开展行动减少了阻力。

（三）赋予公益能力，丰富履责形式

大部分企业在履行社会责任时都采取传统的捐钱捐物的形式。阿拉善SEE将企业成员分散的资源进行整合，运用社会组织的专业公益技能对企业成员赋能，使企业成员彼此之间取长补短，相互配合，实现多赢效果。此外，阿拉善SEE根据需求将整合后的资源精准投放，既减少了企业在实现社会责任方面精力的耗费，同时也丰富了企业履行社会责任的形式。

不同于大部分企业直接捐款捐物支持公益行动，阿拉善SEE将企业资源转换为目标明确且可执行的长期公益项目。通过这种方式，阿拉善SEE能够更好地实现可持续发展。

除了开展一系列公益项目，阿拉善SEE还充分利用企业的资源优势，在疫情相对缓和后的复工复产阶段，扶持湖北当地企业，创造就业岗位，并通过线上课程的方式帮助企业进行管理。无论是作为社会组织的阿拉善SEE，还是参与其中的企业，都在社会影响力层面获得了正向效应。

四、讨论与反思

作为众多企业家的公益平台，阿拉善SEE始终秉持着公益目标，企业成员以借助平台一边学习、一边践行社会责任。阿拉善SEE持续关注社会、敢于突破、借助内部资源高效开展行动，在疫情暴发后迅速响应，捐赠了大量物资。结合阿拉善SEE的行动经验，以整个公益行业的宏观视角，我们就公益行业应对公共危机提出几点反思：

首先，众多企业在各自领域内都具有独特的优势资源，为了更好地使整个社会受益，在条件允许的情况下，阿拉善 SEE 应尽可能将企业的资源和信息通过搭建共享平台的形式开放给社会公众，让部分缺乏相关资源的社会组织和社会力量可以借助这些资源与信息更顺畅地开展行动。

其次，有必要建立一个“政府—企业—社会”之间的信息交流平台。从需求方看，小到个人患者，大到医院，其需要的物资类别和数量参差不齐。从供给方看，物资的购买、运输、发放都需要以一定的实践经验作为基础，如何找到需求方也有一定的困难。因此，信息共享十分关键。

再次，在社会组织配置物资时，阿拉善 SEE 建议采用负责包干制，即将社会组织的物资与有需要的多家医院进行匹配，避免重复捐赠。

最后，阿拉善 SEE 认为，在资源分配层面，社会组织不应该与政府“抢”资源，而应利用自身的优势去拓展外部资源刺激增量。此外，社会组织可以充分利用自身的业务优势，在所属领域内开展服务工作，并非只有捐款捐物才是行动。

此次疫情对于阿拉善 SEE 和其他社会组织而言是一次挑战。只有在救灾减灾方面形成相应的应急预案，在危机来临时，社会组织才能够更好地与政府、企业配合，形成良性互动，实现自身的社会价值。

（撰写：姚媛媛）

社会组织联合行动编

在抗击新冠疫情的艰难时刻，众多企业、社会组织、个人联合起来，凝聚磅礴之力，为疫情重灾区、受困人群提供支援，彰显了中华民族互助友爱的文化传统与打赢疫情阻击战的坚定决心。在抗击疫情过程中，许多民间公益组织开展联合行动，共同参与到医疗卫生、疫情防控与心理安抚等工作中，成为疫情防控工作中的重要社会力量。

本编着眼于民间公益组织参与新冠疫情抗击的联合行动，对疫情防控期间九个代表性联合行动的操作理念、思路、方式和成效进行总结和反思，不仅能为社会组织在应急条件下如何统筹力量、调配资源提供借鉴经验，也能为社会组织未来发展方向提供新的思考视域。同时，此次抗疫行动聚焦的联合体，不仅涵盖了传统意义上的联合体，还包括现代社会背景下催生的协同网络、线上组织等。可以说，由多主体联合形成的组织与行动既是国家治理体系与治理能力现代化的体现，也是特殊情境下对社会资源的合理整合和调配。分析这些实践积累，或许可以为提升社会组织能力、推进慈善治理体系与能力现代化提供参考。

其中，《社会组织应急协同长效机制的探索——抗击新冠疫情社会组织协作网络行动案例》以由国内多家基金会联合成立的“抗击新冠疫情社会组织协作网络”为主体，对该协作网络下联合行动的内容及其特征进行梳理、分析，呈现了该联合网络在探索“政—社”和“社—社”应急协同长效机制建设中的经验与价值。《合理、自主、权利：没有人该是一座孤岛——抗击疫情残障支持网络行动案例》聚焦于抗风险能力低、应变能力差、脆弱性强的特定人群，对疫情催生的

“抗击疫情残障支持网络”的行动进行梳理、分析，探索了突发事件中残障群体公益服务的可行性路径。《以人性关怀的价值进行专业科学的服务与陪伴——“社工伴行”团队抗疫行动案例》以由高校师生以及社会热心专业人士组成的志愿服务队伍“社工伴行”团队为主体，通过剖析“社工伴行”团队的行动路径，呈现了在紧急情况下关注团队与服务对象之间的联系与互动的重要性，以及该行动背后蕴含的专业思维、理念与价值观。《“新手”公益团队的物资管理探索——新精英古典老师战疫小队行动案例》聚焦于依靠职业经验和赤诚之心的“新手”组织——新精英古典老师战疫小队，还原了一个新生公益组织在特殊时段历时30天出色的成长和行动。《自组织网络、志愿与爱：记一家特殊的“线上医院”——“NCP生命支援”行动案例》以由医务人员郝南发起的特殊“线上医院”为主体，聚焦于疫情催生的“NCP生命支援”行动，通过对其梳理、分析和呈现，探索突发事件中急需的自组织志愿服务的可行性路径。《联合平台集众智　专业志愿齐抗疫——京鄂i Will志愿者联合行动疫情响应行动案例》以“京鄂i Will志愿者联合行动”为例，通过还原该平台的抗疫历程，梳理其可为其他组织或机构借鉴的行动经验。《融于协作实践　合于守望相助——融合中国网络抗疫行动案例》则以由全国范围内的心智障碍者家长组织和家长互助小组自愿组成的非营利性网络化组织为主体，梳理与归纳了一个民间机构在疫情防控期间为心智障碍者及其家庭奔走相助的行动路径与角色定位。《青年公益人的联合抗疫——“武汉银杏在行动”行动案例》以由基金会发起的联合项目“武汉银杏在行动”为主体，探讨了青年公益人在突发性公共危机面前，如何发挥联动作用，串联起生命之网。《看到、融合、发声：找药背后的希望——中国罕见病联盟-北京病痛挑战公益基金会行动案例》以中国罕见病联盟与北京病痛挑战公益基金会发起的“新型冠状病毒防控期间罕见病患者用药援助项目”为主体，通过对其行动的梳理、分析和呈现，探索突发事件中罕见病群体公益服务的可行性路径。

九篇案例，九个联合行动，是社会组织参与抗疫行动的实践积累，更是民间社会力量参与社会治理的重要象征。懂得这些，既是为了理解“1＋1＞2”的慈善力量，更是为了激发“第三次分配”的活力。

（中国矿业大学公共管理学院　刘蕾）

第十七章　社会组织应急协同长效机制的探索

——抗击新冠疫情社会组织协作网络行动案例

2008年汶川地震后，社会组织已成为自然灾害救助中不可或缺的重要力量。然而在社会力量参与的灾害救助中，资源调配和需求不匹配、信息混杂且核实困难、政社协同失效等现象屡见不鲜。社会组织参与要从自发无序走向协同规制也逐渐成为行业共识。在此次抗击新冠疫情的行动中，社会组织的响应能力又一次得到了认可。为了推动民间力量安全、高效、有序地参与新冠疫情防控工作，国内多家基金会联合起来，于2020年2月2日正式启动了“抗击新冠疫情社会组织协作网络”（CNC－COVID19，以下简称协作网络）。本章通过对此次协作网络的行动内容和其特征的梳理，总结其在探索政社和社社应急协同长效机制建设中的经验与价值。

一、使命与担当：协助网络的发起

基金会救灾协调会（注册名为成都合众公益发展中心，以下简称协调会）是协作网络的重要发起机构之一。它是于2013年“4·20”雅安芦山地震后发起成立的民间组织，致力于促进基金会之间、基金会与政府部门、社会组织和社会各界在防灾、减灾、救灾、重建中的沟通、交流、合作与协同。协调会试图用民间协调机制来引导社会组织协同救灾，先后参与了多次灾后援助工作。其第四届理事机构包含中国扶贫基金会、深圳壹基金公益基金会、南都公益基金会、爱德基金会和招商局慈善基金会，监事单位是北京师范大学风险治理创新研究中心。无论是协调会自身还是其成员机构，在灾害管理议题中都具备较高的敏锐度和专业性。

2020年1月23日武汉“封城”后，协调会立即针对联合响应召开了讨论会议，面对公共卫生危机这个相对来说比较陌生的领域，协调会做出了积极关注、谨慎行动的决定。然而，随着疫情的发展，成员机构快速调整了工作策略并达成共识，同意针对此次疫情开展联合响应和协同行动。2 月 2 日，协作网络正式启动，并明确了工作目标、协作原则、协作架构与协作机制等内容。

基于已经确立的工作目标和协作机制，协作网络对于申请加入网络的社会组织也有较为明确的期待。在申请机制上，协作网络采用推荐制，即申请加入的社会组织必须由协作网络成员推荐；在申请流程上，议事小组会对每个申请机构进行审核，甚至和推荐人或推荐机构逐一核实具体情况；在申请的组织类型上，协作网络优先考虑地区层面的行业平台或枢纽机构、议题类的专业组织或机构和其他网络技术、传播平台等支持机构。通过严格、明晰的筛选机制确保协作网络成员信息的真实性、协作的高效性和行动的专业性。如图 17－1 所示，截至 2020 年 6 月 30 日，共有 68 家机构加入协作网络。

发起机构	议题机构	枢纽机构	
1. 深圳壹基金公益基金会	1. 北京市晓更助残基金会	1. 恩派公益	20.重庆市九龙坡区黄桷树青年社工发展协会
2. 南都基金会	2. 北京无国界爱心公益基金会	2. 上海联劝公益基金会	21.广西现代东盟教育研究院
3. 招商局慈善基金会	3. 上海新途社区健康促进社	3. 北京春苗慈善基金会	22.南昌益心益意公益服务中心
4. 中国扶贫基金会	4. 深圳市开太平公益基金会	4. 中华社会救助基金会	23.江西省爱心公益协会
5. 爱德基金会	5. 湖南省三诺糖尿病公益基金会	5. 风险治理与教育创新网络（中国）	24.陕西众益社会组织服务中心
6. 正荣公益基金会	6. 北京新阳光慈善基金会	6. 孝感市义工联合会	25.陕西仁爱儿童援助中心
7. 北京平澜公益基金会	7. 北京病痛挑战公益基金会	7. 绿舟应急救援联盟	26.永济市青年公益服务中心
8. 北京师范大学风险治理创新研究中心	8. 大爱清尘	8. 贵阳市众益志愿者服务中心	27.安徽省广善公益助困服务中心
9. 国际志愿机构理事会（ICVA）	9. 映诺社区发展机构	9. 甘肃一山一水环境与社会发展中心	28.英德市亮石志愿者协会
10.北京三一公益基金会	10.监利县蓝天下妇女儿童维权协会	10.潍坊先锋应急救援促进中心	29.哈尔滨市松北区阳光社会工作服务中心
11.万科公益基金会	11.辽宁省青柠檬青年公益事业发展中心	11.淄博红狼应急救援队	30.沈阳市利州公益事业发展中心
12.阿拉善SEE生态协会	12.北京博能志愿公益基金会	12.济南市历下区善治公益发展中心	31.岳阳市爱心驿站志愿者协会
13.浙江敦和慈善基金会	13.北京韩红爱心慈善基金会	13.山东省社会创新发展与研究中心	32.长沙群英会
协调办公室	14.易善数据	14.潍坊市领航社会工作事务所	33.长沙善行社会工作服务中心
1. 基金会救灾协调会	15.广州市颗粒公益传播发展中心	15.成都市爱有戏社区发展中心	34.北京益动燕赵社会组织能力建设发展中心
2. 爱德传一基金	16.平安产险“益行关爱”公益平台	16.攀枝花志愿服务工作委员会	
	17.深圳市福田区维德法律服务中心	17.成都授渔公益发展中心	
	18.善达网	18.四川原点公益慈善中心	
	19.卓明灾害信息服务中心	19.雅安市群团组织社会服务中心	

图 17－1　协作网络成员列表

二、 规划与变化：协作网络的行动

协作网络在社会组织协同响应疫情防控的背景下成立，但其目标不仅仅是促进此次社会组织抗击新冠疫情的协作，而是以此次行动为契机，催生公益慈善行业应急协同的创新变革，探索中国社会组织应急协同长效机制的建设。

在此目标的指引下，协作网络结合协调会的特长和战略规划，在行动之初就设定了明确的工作规划。随着疫情发展、资源状况和需求的变化，实际开展的工作有一些变动，但仍在最初设立的目标范畴内。协调会在 4 月 1 日公示的信息中，将协作网络的行动分为应急响应、过渡重建、疫后重建和行动复盘总结四个阶段（见图 17－2）。因为过渡重建、疫后重建和行动复盘总结三个阶段的工作连贯性较强，且与第一阶段行动内容差异较大，这里简单将原先的四个阶段划分为应急响应阶段和疫后恢复阶段。

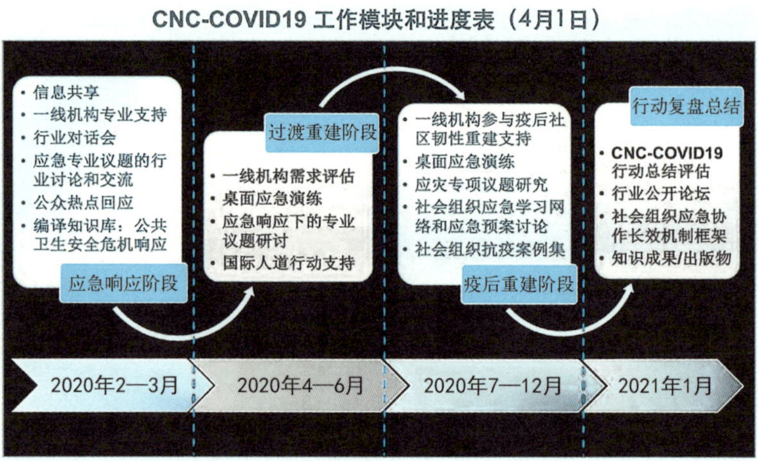

图 17－2　协作网络工作模块和进度表

（一）应急响应阶段的协作

进入 2 月，医疗物资紧缺、一线物资发放困难、脆弱人群需求彰显、社区防控压力增大等诸多问题显现出来。协作网络根据此次疫情防控响应的实际参与方向，划分了“应急物流”“志愿者管理”“物资捐赠/现金捐赠”“心理援助”“弱势群体支持”“社区服务和社区防控”“行业协同”“一线组织支持”等八个应急领域的专业议题，并结合“一线问诊”“快闪共商”“项目推介会”“行知行交流会”“深度访谈”“编译知识库”和汇总并分享一线行动信息等不同形式的项目和活动，对各专业议题的行动类型、特征、经验与挑战进行重点呈现、深入分析和分享探讨。

具体而言，协作网络的行动内容主要分为三方面：第一，通过传播倡导增强行业影响力，协作网络对专家库中的专家以及一线的资深公益人进行专访，推动行业内外对于此次公益力量参与抗疫的了解；第二，通过对接国际实践引进国际经验，协作网络以“他山之石”为专题撰写相关文章，介绍了国际社会应对公共卫生安全危机的理论背景、方法论、工具等内容；第三，通过信息协同、行动链接和能力建设等方面的服务为行业内组织赋能。协作网络应急响应阶段行动逻辑见图 17－3。

（二）疫后恢复阶段的实践

4 月，国内疫情基本得到控制，全国各地陆续进入复工复产阶段，社会组织的抗疫重点也从物资采购逐步转向推动复工复产、脆弱人群扶持、韧性社区建设和海外援助等。基于应急响应阶段的实践，协作网络开始着手于深化应急协同长效机制建设的探索。

1. 行动评估和参与复盘

为了梳理本次协作网络和社会组织参与疫情防控的经验，助力社

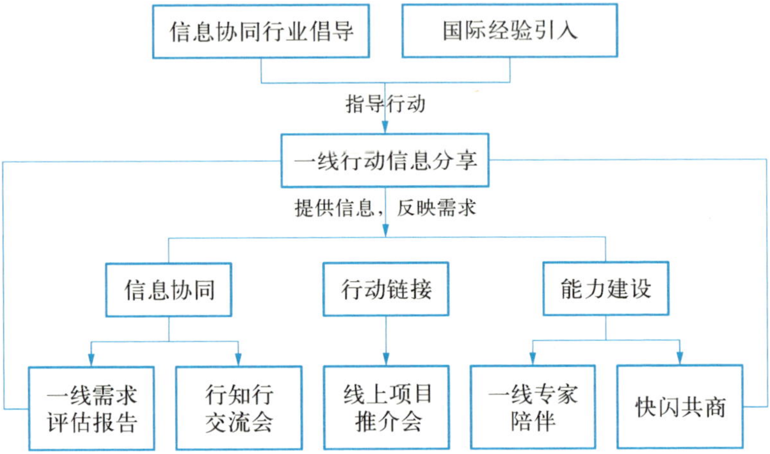

图 17－3　协作网络应急响应阶段行动逻辑图

会组织应急协同长效机制的建立，协调会先后做了两项评估：第一，针对协作网络在应急响应阶段的行动，协调会委托资助者圆桌论坛进行了专项评估。评估采取问卷调查、电话访谈和工作坊等形式，对68家网络成员和理事成员进行了信息搜集，于2020年8月完成了《社会组织抗击新冠疫情协作网络评估报告》。第二，协调会联合中国应急管理学会、北京师范大学风险治理创新研究中心，采取问卷调查、个案访谈等方式，对国内社会组织参与新冠疫情应对实践、组织管理、组织间协作和组织需求等方面进行了评估，并于2020年9月完成了《社会组织抗击新冠肺炎疫情评估报告》。评估发现，此次疫情中成立的协作网络更多体现的是社社协同的作用，其在社会组织和政府协同中发挥的作用相对较小。

2. 信息分享平台初建

“协同、沟通、合作、交流”是协作网络的行动初衷，也是其行动原则。尽管在这一阶段协作网络成员之间的联结不如应急响应阶段那么紧密，但协作网络协调办公室创建并启动了协作网络网站（后变更为“基金会救灾协调会”官网），以期为网络成员机构和行业伙伴提供交流对话和知识分享的平台。未来，这个平台可能会成为行业救灾信息共享的中心平台，也可以成为行业内机构行动的宣传平台。

3. 梳理、分享与学习

除了延续疫情防控期间编译资料库的计划，协作网络在基金会救灾协调会的支持下，也做了多项经验梳理、成果分享和应急知识学习的工作。第一，协作网络对原有编译资料库内容进行了充实和深化，为各应急议题的专业研究提供资料。第二，协作网络推动编撰了社会组织响应新冠疫情案例集。第三，协作网络与国际机构合作开发了应急议题的在线视频课程。第四，协作网络积极参与了与抗疫工作有关的分享会或论坛，分享基层应急治理经验。第五，基金会救灾协调会与雅安市群团组织社会服务中心启动了“新常态下的应急桌面演练计划”，通过系统化的应急演练理论与方法培训，提高应急队伍和应急管理人员的专业化应急演练组织水平。

不同于应急响应阶段的协作，协作网络在疫后恢复阶段的实践有更强的总结性和反思性。无论是对自身行动的评估还是对社会组织参与抗疫行动的评估，以及信息分享平台的建设等，协作网络都是站在促进行业发展的立场开展行动，为社会组织应急协同机制的建设提供了借鉴。

三、抗疫与协作：协作网络如何运转?

依据现有资料来看，协作网络在应急响应前期通过信息协同、经验分享、深度访谈和线上活动等服务为抗疫中的社会组织增能，在应急响应阶段后着手梳理行业经验，切实为社会组织的抗疫行动提供了帮助，并为应急协同网络长效机制的建设做了有益的探索。在这个行动周期中，协作网络的行动模式也逐渐明确。

（一）对接国际经验，搭建学习型网络

公共卫生危机的应对专业性比较强。如口罩、呼吸机、消毒液等物资如何选购？拿到物资后如何按需调配？社区消杀怎么做？这些问题是诸多社会组织在抗疫行动中遇到的共性问题。只有在行动中快速学习，才能合理应对这些挑战。协作网络在行动之初就把“学习和分享”作为任务之一，把相关政策文件等编辑成工具包分享给相关社会组织和人员。同时，在资料有限的情况下，协作网络一边学习国际上建立快速响应机制的做法，一边在实践中快速总结，积极与相关国际组织建立信息协调机制，分享专业知识和经验以及国内应对进展。通过建立以学习和分享为导向的协作网络，协作网络有效提升了一线社会组织的专业性。

（二）集结优质资源，明确内部协作架构

协作网络的发起机构大多是行业内有一定影响力的机构，其中不乏救灾经验丰富的组织，而且其亦有明确的准入机制。基于发起机构的救灾经验和专业素养，协作网络确立了较为明确的行动方向，搭建了清晰的内部协作架构：发起单位的成员们组成议事小组，下设协调办公室，主要负责整个网络的运作；还设置了专家顾问组，尤其是北京师范大学风险治理创新研究中心，为协作网络的工作提供了智力支持和政策指引；媒体热点组由凤凰网公益、南都观察家等媒体代表组成，增强了协作网络的宣传力度和影响力。

在议事小组中，主要由协调办公室对行动进行协调和统筹。其中协调组主要负责与合作方的沟通、工作网络搭建和整体工作计划的推进，包括但不限于筹资、能力建设、信息交互平台运营与协作网络的行政和财务支持等内容；传播组由爱德基金会传一慈善文化基金（以下简称爱德传一基金）负责统筹工作，开展了包括抗疫背景下的社会组织行动议题的策划和实施，邀请专家或者媒体等对行动案例进行分析并发布相关文章，推动相关议题的公众传播等工作。协作网络的组织架构见图 17－4。

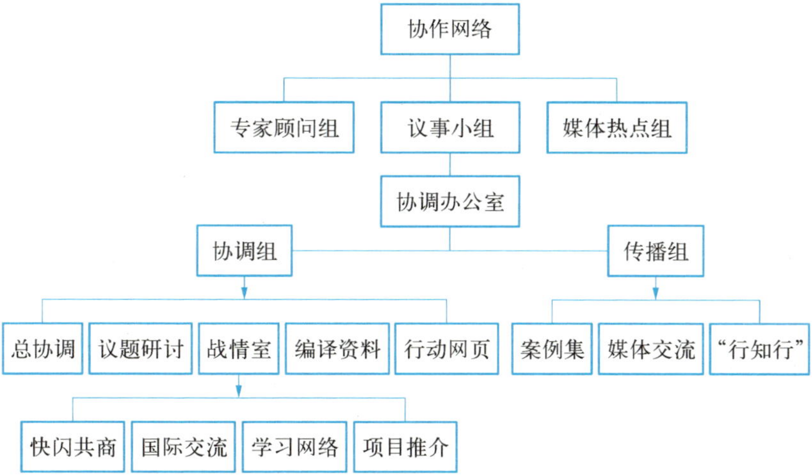

图 17－4　协作网络的组织架构示意图

协作网络并不是单个机构能够支撑起来的，不同机构和诸多优势资源集结，形成了分工明确、各司其职、发挥各自优势的工作机制，使得协作网络得以顺利运行。

（三）重视监测评估，提升行动效益

在救灾服务领域中，容易出现媒体和政府关注度较高的地区能获得大量资源，甚至资源过剩，而很多灾情更严重地区却因各种原因未被关注导致资源匮乏的情况。在抗疫行动初期，也出现了大量社会捐赠与医院需求不匹配的情况。因此，专业的需求评估尤为重要。就协作网络的行动内容来看，其直接服务并不包含物资购置，而主要是以为参与抗疫的社会组织提供信息分享、能力建设和资源链接为主。如果对参与一线行动的社会组织的需求不够了解，也必定出现服务与需求不匹配的情况。

除了行动前评估，协作网络也注重过程评估和成效评估。比如在公众号上公布联系方式、开放留言，以及活动结束后发放满意度评估问卷等。应急响应阶段结束后，协作网络分别就自身的行动和其他社会组织的抗疫行动进行了专项评估，并邀请专业第三方机构参与评估，保证了评估结果的客观性和真实性。

（四）行动与倡导并进，彰显公益价值

在疫情的影响下，面对服务专业需求强、社会公众期待高等多方面的挑战，社会组织一方面需要提供更专业、更高效的服务，另一方面也需通过宣传与倡导引导社会公众和政府部门了解社会组织在参与社会事务、推动解决社会问题中能发挥的多元化价值。协作网络负责传播倡导工作的是爱德传一基金，其在行业倡导方面有明显的优势。在爱德传一基金的协调下，协作网络中各个领域的工作都在同一个框架下开展，并以协作网络的名义对外传播，从而使社会组织在抗击新冠疫情中的需求被看见、贡献被认可。

四、应急与常态：应急协同长效机制何以可能

“应急”与“常态”是两个既对立又统一的概念，应急处置和常态防控是应对公共卫生危机的重要方法，而应急能力的提升则与常态下的培训密不可分。鉴于此，协作网络以应急响应阶段的行动为契机，着手开展应急协同长效机制的建设，并得到了一定的资金支持。

（一）政社协同机制是基础

政府部门始终是灾害应对的主导力量，其在资源动员和调配、信

息汇集和分析、社会动员等方面具有得天独厚的优势。而社会组织需要做的是寻找政府未能或者尚未顾及的社会问题并及时补位。在我国“共建共治共享”的社会治理格局中，社会组织之间的协同也需要在政社协同的大背景下展开。

尽管《国家突发事件应急体系建设“十三五”规划》中明确提出，要支持引导社会应急力量发展，“完善政府与社会救援力量的协同机制”。从此次疫情响应来看，这个协同机制还不完善。社会组织与主管此次抗疫行动的应急管理部、卫生健康委员会等政府部门之间缺乏了解、合作和信任是重要的因素。鉴于我国社会组织与民政部门的合作经验，日常的政社沟通与对话显得尤为重要。

（二）信息同步平台是手段

在应急响应阶段，信息的准确性不仅关乎效率，更关乎生命。对于社会组织来说，不仅要了解灾区群众的需求，也要知晓同行的行动信息，这样才能做到更好的资源整合。信息同步是社会组织采取协同行动的基础与核心，当前我国社会组织在这方面的建设还有很大的提升空间。

协作网络将搭建信息同步平台纳入自身行动目标，期待通过对一线机构行动的梳理和分享，达到协作网络中的信息互通。然而，由于一线机构精力有限、信息收集标准不统一、技术支持不足等因素，协作网络的一线行动信息共享未能取得理想效果。从信息内容来看，仅仅把机构的行动简报罗列在一起，这样无法从整体上把握资源流动的情况，这种形式的信息交互是低效的；从协作机制来看，由于协作网络内成员并无约束机制，信息收集的数量、速度和质量受到了一定影响。

建立信息同步平台是行动信息的同步，同时也应是行动经验的同步。行动信息的同步需要标准化，使信息内容可以被统计、被描述和被可视化呈现，这样才能帮助其他社会组织看到同行有哪些行动和资源、将要有哪些行动和资源、如何跟自身的行动和资源进行协同。而行动经验的同步可以是救灾知识和经验的分享。

（三）网络成员协作是关键

协作网络期待网络成员是基于共同目标采取行动的有机结合体，而非单个行动的集合。然而，《社会组织抗击新冠疫情协作网络评估报告》显示，网络内成员间互动并不频繁和充分、成员对自身的贡献难以把握、协作网络未能达到成员的预期是目前存在的几大问题。

为了解决以上问题，下面几项措施值得尝试。首先，成员机构的一些关键要素需要被明确，如资源与长处、需求与不足、行动与动向等，在此基础上才能实现协同。其次，有效的学习系统需要被建立，成员机构的应急能力和协同素质得到提升，才能更专业地参与社社协同。最后，常态化情况下的成员互动应该得到加强，只有建立了坚实的合作基础，各成员才能在突发性公共危机来临时以最快的速度协同应对。

（撰写：马尧）

第十八章　合理、自主、权利：没有人该是一座孤岛

——抗击疫情残障支持网络行动案例

新冠疫情的暴发，给所有人的生活都带来了极大的挑战。对于抗风险能力弱、应变能力差、脆弱性强的特定人群来说更是如此。居家隔离、商店关停、失业率上升等造成的负面影响并不是平均分摊给所有的社会成员，弱势人群受到的冲击尤为严重。本章聚焦疫情催生的“抗击疫情残障支持网络”的行动，通过对其梳理和分析，探索突发事件中残障群体公益服务的可行性路径。

一、疫情下的残障人士更脆弱

残疾和障碍是存在本质区别的：残疾是指个体存在某种缺陷，障碍则指强加于个体身上的不利因素。联合国《残疾人权利公约》中指出，残疾人包括肢体、精神、智力或感官有长期损伤的人，这些损伤与各种障碍相互作用，可能阻碍其在与他人平等的基础上充分和切实地参与社会。我们常用“残障人士”来指代那些由于某种个体缺陷造成其在学习、生活、就业等方面的互动中出现障碍的人士。他们属于生理性弱势群体，在疫情的冲击下，面临着比普通人更加严峻的挑战。

（一）信息获取的障碍

听障人士日常多以手语交流。如果他们不识字，也没有手语翻译，就很难获取信息。2020 年 2 月 4 日，我国新冠肺炎联防联控相关的发布会才开始配备了手语翻译员。听障人士通过官方渠道获知相关信息的滞后性可想而知。

对于视障人士来说，获取信息也不那么容易，虽然他们可以通过

听新闻或者借助读屏软件来获取信息，但许多资料中的图片等无法通过读屏软件表达出来，这给他们了解疫情造成了障碍。

对于智力障碍人士而言，理解病毒、疫情及其危害更不是简单的事情。

（二）生活方式的不适

在居家隔离期间，人们的生活方式发生了很大变化。或许居家生活对残障人士来说是一种常态，但随之而来的变化却给他们带来了挑战。以买菜为例：在微信群里接龙买菜对视障人士来说非常困难；肢体障碍的人无法去小区门口拿菜；听障人士无法接听快递的电话……

（三）就医用药的挑战

在疫情防控期间买药和就医变得非常不便，如果残障人士或其家属不幸感染或疑似感染，其所面临的不仅仅是医疗资源紧缺的问题，更有沟通障碍、照顾障碍以及情绪障碍。因此在突发公共卫生事件中，关注残障人士的生活困难、切实做好残障人士的防护、平等保障残障人士的权利，引起了社会的关注。

二、 抗击疫情残障支持网络及其行动

抗击疫情残障支持网络（以下简称支持网络）是一个自发性、临时性的志愿者网络，致力于在居家隔离期间为残障伙伴提供生活必需品代购、心理疏导、居家康复和锻炼、在线教育资源等支持。

（一）需求调研与支持

支持网络以需求调研为起点，开展了一系列工作。2020 年 2 月 2 日，支持网络正式发布第一篇倡议，呼吁大家关注残障群体并加入志愿者行动，同时发布了需求登记表。需求登记表重点关注了残障人士的现状和需求。值得一提的是，需求登记表设计简洁、支持读屏，为

残障人士的阅读提供了便利。

需求调查表回收后，调研组会通过电话回访的形式进行跟进，并评估需求的类型和紧迫程度。之后，物资组、心理组、教育小组、无障碍小组、社区对接小组和传播小组会针对不同的需求分别回应。具体工作流程如图 18－1 所示。

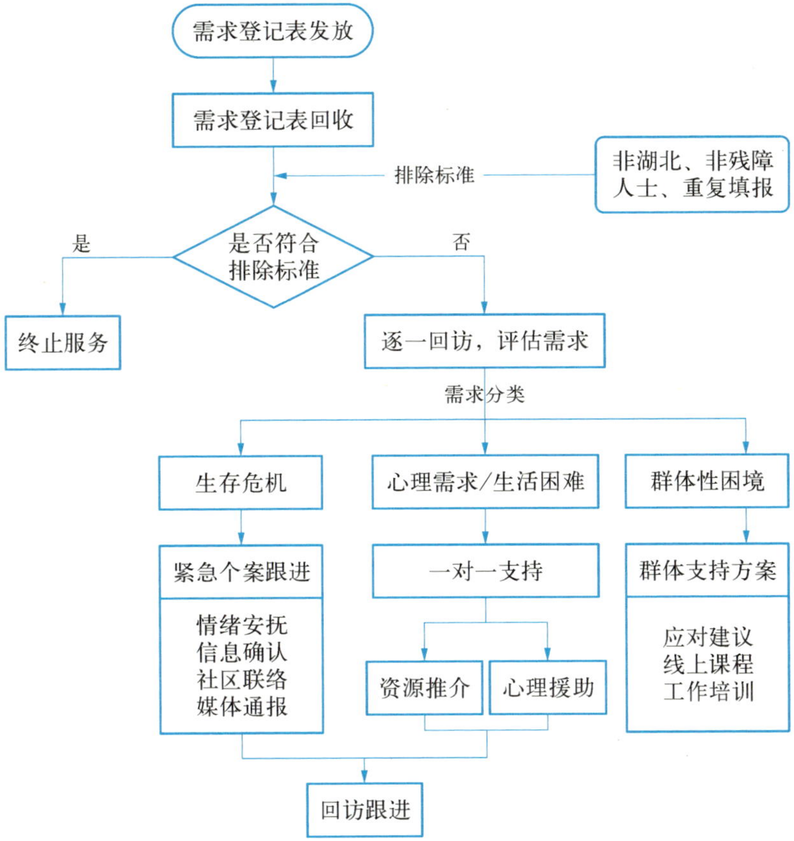

图 18－1　支持网络调研支持行动流程图

（二）发放支持物资

志愿者们通过需求调查表中反映的需求，经过核实后将物资发放至残障家庭。口罩是抗疫初期的紧缺物资。在有限的资源面前，如何回应广大需求绝非易事。支持网络在回访中也发现问卷中反映的需求并非都是急迫的、合理的。因此，支持网络采取措施如赠送口罩但须自付邮费、代买生活用品需要支付跑腿费等过滤掉了一些“伪需求”。截至行动结束，支持网络共发放口罩 200 个，支持了 19 人；发放女性温暖包 150 余份，支持了 150 余人。

（三）专项政策倡导

受疫情影响，全国的经济都遭到了重创，残障创业者亦不能幸免。幸运的是，政府随后出台的多项政策对残障创业者在生活救助、关爱帮扶和心理支持等方面均有惠及。

3 月 5 日，湖北省残疾人联合会下发了《关于疫情防控期间做好残疾人就业服务和盲人按摩指导工作的通知》，从创新服务方式、聚焦重点群体、加强盲人按摩指导等方面为湖北省受疫情影响的残疾人就业提供了指导。3 月 12 日，武汉市残疾人联合会（以下简称武汉市残联）和武汉市财政局联合下发了《关于疫情防控期间做好残疾人就业服务和盲人按摩指导工作的通知（征求意见稿）》（以下简称《征求意见稿》），拟从困难补贴、房租补贴和稳岗补贴三方面给予残疾人就业支持。其中提到，“对租用私有产权不能减免房租的、取得营业执照正常经营 1 年以上并有租房合同的武汉市残疾人创办的机构（包含盲人按摩机构、残疾人个体工商户等），在疫情过后积极复工复产的，按照每家 3 个月的实际房租发放疫情防控期间房租专项补贴，最高不超过 5 万元（含）”。

在前期的需求调研中，许多盲人按摩店的经营者都表达了经济方面的困难。这项政策的出台对于许多盲人按摩店来说无疑是雪中送炭。然而，能够享受此政策的盲人按摩店需要满足的条件有：（1）经营者必须是武汉市户籍；（2）正常营业一年以上；（3）有营业执照；（4）租用私有产权且有租房合同；（5）疫情后积极复工复产。

这些条件使得一些同样困难的盲人按摩店被排除在外。对此，支持网络发起了专项调查，结果显示：（1）经营者本人为武汉户籍的仅有 39%，意味着有 61%的盲人按摩店得不到支持；（2）营业时间不足一年的有 10.9%，然而创业初期其实是经营者最需要支持的时候，再加上疫情的影响，经营者更需要政策支持；（3）没有营业执照或营业执照过期未审的盲人按摩店有 23.4%；（4）绝大多数经营者的房租转账记录皆有迹可循，但不一定有租房合同。

支持网络认为，此《征求意见稿》并不符合社会政策维护社会公平的目的。因此，支持网络联合 252 家盲人按摩店向湖北省、武汉市残联发起联名建议信，提出房租补贴取消本地户籍、营业一年、有营业执照的限制等建议。联名信发出后，得到了凤凰公益、南都观察家等媒体的支持和宣传。

2020 年 4 月 14 日下午，倡导者们收到了武汉市残联的回应。该回应提出，需要提交联名建议信的机构提供组织信息作为制定政策的参考。考虑到盲人伙伴填写表格的不便，支持网络最终采用了方便读屏的“灵析电子表单”，填写完成后，打电话确认填写是否正确。第二日凌晨，信息统计工作终于完成。

此次行动最终以中国红十字会总会划拨 1 000 万元捐赠资金帮扶湖北省残疾人的结果落下帷幕。根据武汉市残疾人就业服务中心 8 月份公示的信息，共有 118 家武汉市受新冠疫情影响的盲人按摩店获得了每家 1.37 万元的资金补贴，总计 161.66 万元。这些盲人按摩店的经营者都是非武汉户籍人员。

三、对于抗疫残障支持网络行动的思考

据统计，我国现有残障人士约 8 500 万人，其中湖北省的残障人士约有 380 万人。支持网络积极发动专业志愿者力量，为湖北省的残障人士提供服务。根据官方公布的数据，支持网络的志愿者总数约为 200 人，直接服务对象 1 000 人次左右。

（一）数量与规模，是检验公益服务成效的必要因素吗？

公益服务常因缺乏竞争机制、缺乏服务成效衡量机制、缺乏显示“业绩”的晴雨表等因素，在经济性、效率性和效果性方面遭受质疑。在“时间就是生命”的情况下，一些公益组织甚至能够做到动辄几百万件的物资发放，相比之下，支持网络的时间产出比似乎并不高。

然而，只有我们探究支持网络的服务过程，才能发现其价值所在。在公共服务中，政府能够提供大范围的“兜底”服务，如电话核查、街区随访、入户测温、院落值守、宣传资料发放等，但是在精准服务方面却显得力不从心。这也恰恰是社会力量参与的切入点，公益服务在社会治理体系中能够起到查漏补缺的作用。支持网络能够关注到受疫情影响残障人士的真实需求并提供“一对一”的帮助，不仅解决了一些家庭的燃眉之急，还从服务对象中发展出多名志愿者，提升他们的社会价值，其产生的社会效应绝非数字或规模所能衡量。

（二）爱心奉献，与专业志愿的区别何在？

在公益服务中，空有志愿服务热情和意愿是不够的。疫情防控的特殊性对志愿者的专业性提出了更高的挑战，否则不仅不能有效帮助到别人，还有可能危及自身健康安全。因此支持网络必须严守的底线是：第一，任何公益举止不能增加或扩大疫情；第二，不能给志愿者增加感染疾病的风险。在残障支持领域中，支持网络在抗疫中的服务

从三方面凸显了专业性。

（1）给予合理便利。合理便利是联合国《残疾人权利公约》中的一个关键概念。合理便利是指根据具体需要，在不造成过度或不当负担的情况下，进行必要和适当的修改和调整，以确保残疾人在与其他人平等的基础上享有或行使一切人权和基本自由。在支持网络的服务中，合理便利的理念贯穿始终。例如，支持网络特别制作针对不同人群、不同形式的防疫手册，在需求调查表中加入读屏功能等。这些合理便利不仅为残障人士提供了便利，也提高了支持网络的工作效率。

（2）支持性自主决策。支持性自主决策是残障服务领域中的一个倡导理念，它指的是所有形式的支持都必须基于当事人的意愿和偏好，而不是基于来自外界的、所谓的“最佳利益”的判断。在支持网络的服务中，支持性自主决策的理念使得志愿者们能够以更加理性和包容的态度来提供服务。他们没有通过行政手段强迫服务对象，而是给予他们选择的权利。同时，志愿者们为服务对象提供一些支持，协助其做选择而非替他们做选择。

（3）权利倡导。有学者指出，如果残障群体自身没有建设性地得到教育，不主动改变自身现状，而是等待政府和社会的改变，就不会有彻底的、以残障人士需求为中心的改变。这也是支持网络为盲人按摩店做权利倡导的理论依据。支持网络让这些按摩店的经营者们意识到自身的权利和资源的不利现状，意识到自身有力量可以去改变并且愿意付出行动。其中既有残障群体的自我身份认同与权利觉醒，也包含群体内部的互助和共融，同时，公益组织的介入为其增加了专业力量，提高了整个过程的效率。

（三）按摩店提供免费按摩，是反哺行为吗？

随着疫情逐步得到控制，武汉市于 2020 年 4 月 8 日解封，人们的生活逐渐回归正轨，盲人按摩店也开始正常营业。在全国助残日到来之际，武汉市百家盲人按摩店发起了“为抗疫英雄免费按摩”的活动。凡是一线抗疫工作人员，包括医务人员、公务人员、社区工作者、志愿者等，都可凭有效证件享受一小时的到店免费按摩服务。

许多人称这次活动为“反哺行为”或者“回馈社会”。然而，免费按摩活动一定程度上也是一种宣传和获客的手段。不过与这种经济利益驱使的影响力相比，残障人士能够积极参与社会生活并利用自身专长服务社会，其中蕴含的残障人士增能和残障事业的发展前景更值得关注。

四、抗疫残障支持网络行动带来的启发

（一）循证公益的实践

“循证”的概念最早出现在医学领域，近年来在司法、教育和社会科学等领域中也有所应用。然而，在公益服务领域中，循证研究仍处于起步阶段。尤其是在时间紧迫的疫情防控工作中，许多组织深陷于物资紧缺、物流不畅、资源不足、行动不便的困境中。抗疫一线的需求不能被准确识别，就会出现物资捐赠不匹配、物资积压、弱势群体被忽略等情况。

然而，支持网络却能够基于调研开展相应的服务，并形成《残障抗疫需求调研报告》《疫情下的武汉盲人：需要支持，更需要倾听》等调研报告。或许其调研的流程、工具和方法还存在提升空间，但还是为其行动获取了有效、科学的实证。尤其在大数据技术快速发展的背景下，如何有效地收集、分析、挖掘、共享数据，使公益服务规范化、决策科学化、实践有效化，是当前公益从业者们应该重视的问题。

（二）服务对象的增权赋能

国际上对于残障人士的保护政策正在由“需求”路径向“权利”路径转变，残障人士的角色也逐渐由“受助者”转向积极的“参与者”，公益从业者应该对这一趋势保持敏感度。支持网络积极引导残障人士参与到志愿服务中，让服务对象享受合理便利和支持性自主决策，协助盲人按摩店的经营者们结成联盟并通过倡议争取到补贴，这便是增权赋能的结果。

一般来说，增权赋能是指从内部激发服务对象的力量，并从外部消除其权利障碍。公益从业者在提供服务的时候，要避免“救世者”心态，在保持接纳和尊重的基础上，通过赋权，使服务对象能够对自身权利有所认识、自身潜能得到激发。

（三）社会互动的良性倡导

在我国，人与人之间的信任通常建立在熟悉之上。受地域、血缘、宗族等因素的影响，人与人之间基于私人关系而结成一张张关系网。支持网络正是基于这种关系网衍生出来的互助组织。值得一提的是，从提供服务到链接资源，再到政策倡导，支持网络充分发挥了熟人的作用。例如，盲人按摩店经营者通过熟人了解到支持网络，参与了联名政策倡导工作，并在武汉市解封后为一线抗疫人员提供免费按摩服务。通过一系列的倡导和实践，服务人员之间、服务人员与服务对象之间、服务对象与社会和政府之间，形成了良性的社会互动系统。

（撰写：丁杨阳）

第十九章　以人性关怀的价值进行专业科学的服务与陪伴

——“社工伴行”团队抗疫行动案例

2020年1月下旬，随着疫情防控措施的施行，一支由高校师生和专业人员组成的志愿服务队伍——“社工伴行”团队投入到了武汉市疫情防控的应急响应工作中。该团队采取“4+1线上异地救援模式”，以社会工作价值为主导开展了多专业合作服务，服务对象超过5 000人。据统计，“社工伴行”团队集结了来自海内外和全国各地的社会工作者、志愿者、专家顾问等近500人。

本章选择“以人性关怀的价值进行专业科学的服务与陪伴”为切入点进行案例分析。首先，关于“社工伴行”团队的相关资料可及性较强，其微信公众号上发布的“4+1”系列课程的内容对其具体服务内容和服务模式进行了非常翔实的分享，因此本章不对其具体行动及细节作过多阐述。其次，“社工伴行”团队将关注重点放在团队与服务对象之间的联系与互动上，而非偏重团队内部的管理手法和组织构建。最后，“社工伴行”团队行动中表现出的专业性，是本章为读者重点展示的内容。

一、封城后的武汉社区与市民

（一）社区力不从心

社区是党和政府传递、落实政策的基层单位。这种属性决定了社区需要在最短时间内了解辖区内的情况，并迅速开展封控状态下的各项服务，如疑似病例初筛、集中隔离人员生活服务、社区内卫生消杀、民众健康教育、生活用品保障等。

社区工作人员流动率较高，加之通常情况下社区工作人员需要面对的事情大多较为松散。面对疫情之下艰难的工作任务，多数基层社区难以适应。

疫情暴发后，紧迫的要求摆在眼前，基层社区陷入手忙脚乱的窘境。这时就需要一定的专业人员介入，一是有效分担现场的工作压力，二是协助社区工作人员在应急状态中敏锐捕捉各方问题与需求并给予回应。总而言之，这些“专业人员”不仅要了解社区，更要能做得了社区工作。这为社会工作者的介入提供了良好的契机。

（二）市民需要支持

在疫情影响下，一方面，庞杂的医疗需求让原本正常运作的医疗体系负荷过重；另一方面，社会可提供的支持资源与手段极其有限，导致人们的生活在一定程度上受到了影响。因此，对武汉市居民的支持迫在眉睫。

二、 需求为本、立体回应的服务模型

针对疫情之下的特殊需求与变化，“社工伴行”团队在“2＋3”线上社区下沉抗疫模式的基础上，设计并接入了“4＋1”线上异地救援模式。所谓“4＋1”线上异地救援模式，就是在灾难突发的情况下，救援组织通过网络迅速整合各地的社会工作者等四类志愿者资源，以即时沟通工具为依托，与至少一名在地应援者实现线上对接，立体回应在地服务对象身体、心理、社会三方面的需求，从而达到救援效果的工作模式。

“社工伴行”团队根据社区、集中隔离点、方舱医院等不同场域的特征和需求，将服务对象按照防御级别进行归类，并分别配以一类在地应援者和四类线上志愿者（见图 19－1）。各类志愿者都有其针

对性的场域特色、干预优势和任务职责。在地应援者在服务第一现场，是“社工伴行”团队开展所有服务的重要对接人，他们熟悉服务对象和环境信息，需要及时反馈、配合线上团队的支援；线上志愿团队身处异地，他们熟谙专业干预的技巧和理念，及时跟进、解决服务对象的问题。

表 19－1　三级防御体系下的“4+1”线上异地救援模式

	目标对象	地面应援者	线上团队和服务内容
一级防御	社区普通居民	社区工作者（街道网格员）	① 医务工作者：医疗科普，在线答疑 ② 心理志愿者：心理疏导，缓解情绪 ③ 社会工作者：建立积极关系，评估情绪及需求，协调各方资源，帮助组员形成互助团体 ④ 社工助理：管理群事务，管理日常档案
二级防御	居家或集中隔离人群	集中隔离点管理者	① 医务工作者：医疗咨询，指导自我隔离 ② 心理志愿者：心理疏导，缓解情绪 ③ 社会工作者：建立积极关系，评估情绪及需求，协调各方资源，帮助组员形成互助团体 ④ 社工助理：跟踪发热人群每日临床表现，管理日常档案
三级防御	患者及疑似患者家属	医务人员或后勤人员	① 医务工作者：根据病情发展提供医疗信息，并指导按医嘱服药，提供健康知识，帮助家属自我筛查 ② 心理志愿者：心理疏导，缓解情绪 ③ 社会工作者：建立积极关系，评估情绪及需求，稳定家属情绪，协调各方资源，帮助组员形成互助团体 ④ 社工助理：管理群事务，管理日常档案

在实际服务中“社工伴行”团队发现，服务对象在不同阶段呈现出的需求是有差异的。这跟疫情本身的复杂性与不确定性紧密相连，

给服务的开展带来了严峻的挑战。以社会工作者为主导的“4+1”线上异地救援模式的优势在这种立体动态的需求面前，优势逐渐显现。

首先，该模式能提供不同专业的服务，这为服务对象在不断变化的情境中提供了针对性的支持。其中心理志愿者侧重于处理服务对象心理健康的问题，为其找到解决方案；医务工作者侧重于诊断、解答一些基本的医疗问题，为服务对象提供当时最新的健康信息；社会工作者与社工助理则侧重于关注困境中个体的内在优势，更好地支持服务对象。

其次，高要求的准入标准使团队具备了一定程度的持续性。专业性和实践经验是服务团队招募志愿者的硬性指标，这为实际服务提供了有力的专业支持。在服务团队开展服务之前，还会进行在线的岗前培训。在服务过程中，团队还会根据服务的质量对志愿者的能力进行评估。

最后，“4+1”模式也注重对服务者的赋能和支持。由督导组、培训组、协调组、技术援助组和信息收集组等二线后援团队，会为一线服务团队提供情绪支持、能力提升和行政辅助等服务，进一步保证一线服务团队的服务质量。

这种多维、立体的服务模式，不仅可以从不同角度回应服务对象的需求，也关照到从应急干预到哀伤辅导等不同阶段的服务差异。

三、专业：干预服务的重要张力

“4+1”模式的重要特征之一是异地救援。社会工作服务是针对人的服务，充分的沟通以掌握服务对象的现状、需求和资源尤为重要。在紧急情况下，这种非面对面的“线上沟通”对服务团队提出了更高的要求。以在方舱中提供的服务为例，“社工伴行”团队一方面需要与地面应援者沟通，并协助服务对象解决其身体、心理等各方面的需求；另一方面，社会工作者们还在线发动了服务对象选出方舱中各区域的区长，营造方舱内互帮互助的氛围。这些都需要团队成员具有“快速与案主建立信任关系”的能力和较好的“沟通、整理、判断、链接”能力。

（一）一点一滴建立多方信任关系

在对方舱内部情况和病人的处境不甚了解的情况下，“社工伴行”团队志愿者“潜入”病友群，以私聊的方式逐渐掌握病人的基本信息，开展了尝试性的介入，在一定程度上消除了他们的恐慌、无助、焦虑等负面情绪。如此，“社工伴行”团队一点一滴地获取了对方的信任。由此可以看出，持续的陪伴和有效的服务是建立双方以及多方信任的良好基础。

（二）细微之处更需专业

在如何传递安全感（表明身份、双方交际、允许试探）、如何接纳与倾听（倾听内容、非语言并澄清表述）、如何给服务对象预留空间、如何运用有节制的同理（淡化、重构、强化）、如何开启谈话等每个环节中，“社工伴行”团队都是在尊重、肯定并理解服务对象的处境与状态下开展服务的。此外，团队还会通过一些指定的操作标准和回复工具，指导团队人员更好地回复案主，以不否定不质疑的原则，和他们站在一起，给予他们陪伴和安全感。

这些专业的处理手法在回应服务对象方面非常重要。例如，服务对象会因为情绪不佳，在阐述某个问题时表现出模糊和不确定。对此，社会工作者在沟通时会使用一些循序渐进的、具体而简单的问题，引导服务对象的叙述逐步由情绪宣泄转变为情况陈述，之后再进行专业的需求判断、整理。

（三）研判需求，个性回应

在具体服务的行动中，“社工伴行”团队会对服务对象的需求进行大致分类，辨别个体/群体需求、轻度/重度需求、日常/紧迫需求等，再根据级别标准对这些需求进行筛选、判断和整理，并将归纳整理后的需求反馈给相关人员，帮助相关人员对服务对象的个性化需求做出个性化的回应。

（四）资源调动的意识与能力

识别需求后，“社工伴行”团队需要做的就是调配、整理、链接资源。如在方舱医院中，“社工伴行”团队能迅速、有效地识别哪些资源可能是服务对象需要的信息资源，并且也是自身有能力整合的资源（如方舱医院的入院须知、指示图等）。而当服务对象置身于新的环境，又处于无序迷茫的状态时，“社工伴行”团队也会及时提供给他们一个“指向针”或“地图”，减少其不安与恐慌感。

另外，“社工伴行”团队还扩展了服务内容，通过高校物资对接组和资源搜集组来增强自身对资源的链接和掌控能力。

（五）跨专业团队的合作与分工

由于“社工伴行”团队的成员来自不同的行业，不同专业的交流和碰撞是其优势，但对于同一件事，不同专业的处理方式可能会不同，在特殊情况下甚至可能引起团队成员间的冲突。对此，“社工伴行”团队鼓励个人用可以“分”和及时“合”的手法，实现相互配合，顺畅有效地推进各项工作。在服务中，不同专业的志愿者会用自己的专业技巧，回应具体的个案、需求和问题，这是术业有专攻的“分”。在需要运用到“合”的服务中，不同专业背景的团队又会给出不同的专业建议，团队负责人将这些意见整合起来，提炼出综合效益较强的方案。

四、局限中的有效价值

（一）最有价值的人性关怀

不可否认的是，面对缺少资源的情况和隔离措施带来的不便，“社工伴行”团队能链接、提供的资源十分有限。面对切切实实的需要，线上服务也只能起到辅助作用。

相比于在一线直接提供服务，“社工伴行”团队更重要的价值是：团队提供的及时的倾听、回应和陪伴，让服务对象看到了有人在为他们而努力。这些最容易被忽视却不可或缺的支持，是“社工伴行”团队秉持人性关怀的理念并踏实践行的服务。在“社工伴行”团队的志愿者看来，专业知识的援助只是接近居民的渠道，形成人与人之间的共情和对服务对象的精神支持则占据了救援的更多部分。

（二）明确自身定位，推动助人自助

在解决问题、提供服务的过程中，“社工伴行”团队很清楚自己的角色和职责——“帮忙不添乱”。考虑到线下的多方人员（患者、医务人员、管理人员等）都有自身需要面对的困难与压力，团队遇到必须多方沟通解决的问题时，会首先解决团队内部可以解决的问题，其他问题则是梳理清晰之后，再邀请对方配合或支持。

在服务过程中，“社工伴行”团队运用了社会工作中非常重要的“助人自助”理念。当事人最清楚自身的情况和处境，协助其解决问题的社会工作者只能用专业的技巧“陪同协助”，去引导服务对象产生自助意识。因此，团队也会使用“刻意让渡”的手法，给服务空间留白，让服务对象逐渐形成互助机制。此举不仅有利于服务对象建立临时社会支持网络，还让服务变得可持续。

（三）能落脚于实践，能随变化而行

随着疫情的发展，“社工伴行”团队也相应做出了一系列适应与调整。服务提供者自身因发展需求而做出的“适应与调整”是否及时、是否围绕问题切入专业分析、是否具有一定的逻辑性，都是公益服务提供者尤其需要关注的地方，也是“社工伴行”团队有效提供服务的地方。在抗疫行动中，“社工伴行”团队想要开展的是“有针对性、持续性”的专业服务，去给予困境中的服务对象陪伴、关心与支持。在此过程中，“社工伴行”团队不断地调整对服务对象的认识，把团队内各专业理论技巧应用于实践。在疫情最紧急的时期，“社工伴行”团队及时获取疫情动态，找准有迫切需要的服务场域与服务对象，在自身服务能得到锻炼的同时，有效解决了服务对象遇到的问题。

（四）线上服务的专业挑战

“社工伴行”团队主要提供的是线上服务，通过建立微信群的方式与服务对象进行联结。然而，群内成员之间的互动方式和线下实际开展服务有很大的差异：在群内，每个人都可以随时抛出问题或者表达自己的观点，多人同时进行信息交叉互传，所有信息也会展示在每个群员面前；而线下的个案工作大多是一对一的。线上服务与线下服务的开展以及后续的跟进与转介，其场域环境是完全不同的。而随着网络技术的进步和线上服务的拓展，服务是否能系统性地跟进，是否能及时完整地记录服务过程，是否能快速地将合适的志愿者与服务对象进行匹配，如何削弱线上服务对于服务效果的负面影响等，都是亟待探讨的问题。

（撰写：傅典子）

第二十章 “新手”公益团队的物资管理探索

——新精英古典老师战疫小队行动案例

在2020年的疫情防控阻击战中，民间公益组织发挥了不可忽视的作用。在众多民间公益组织中，有一个“新手”组织带着一颗助人的赤诚之心，依靠自己的职业经验和敏而好学的精神，以出彩的成果进入了公众视野，它就是新精英古典老师战疫小队（以下简称古典战疫小队）。

一、坚定目标，初创团队

医护人员是冲锋在疫情防控一线的战士，但并不是每一个战士都能配备最齐全最专业的装备。当越来越多的医院在网络上发布接受物资援助的信息后，古典战疫小队迅速确定了自己团队的目标——把一流物资送给一线工作人员！但是，在疫情刚暴发的时候，不仅是武汉地区，我国其他地区同样进入了紧张状态。在这种情况下，迅速组建一支高效率的团队、明晰整个项目流程至关重要。

（一）明确分工，打造高效团队

古典战疫小队主负责人古典老师对商业化团队建设有一定经验。而这一次，是他第一次和其他负责人一起从零打造一个公益团队。这个为期30天的公益项目时间并不算长，但它和商业运营项目一样，身处趋势清晰而路径模糊的“战场”。最终，团队主力们借鉴打造商业团队的经验，从组织搭建、流程设计、人才选育和人员激励环节一点点做起。

古典战疫小队的主要任务是物资援助，总共分为四个步骤：第一步是收集医院需求，明确各科室需要什么物资；第二步是去全球找货源，并随时关注资金募集；第三步是运送物资，重点是海外物资的回国清关；第四步是选择合适的物流公司，将物资点对点直送去医院。据此，团队把组织按照业务链条分成五个部分：医院直联组，负责收集和评估医院需求；物资采购组，负责采买和鉴定物资；物资跟踪组，负责国内外物流跟踪；募资宣发组，负责募集资金和对外宣传；财务组，负责财务合规（见图 20－1）。确定大类分岗之后，再将适合该工作的人安排到具体岗位上。

（二）高能激励机制，强意义感驱动

组织管理中有一个经典说法叫“选育用留”，但是这个语境下带着一种强烈的居高临下之感，在公益团队中非常不妥，因此团队在进行志愿者招募时改为“发现、吸引、激发和共创”。发现，即主动去发现这些志愿者来自哪里，持续地寻找合适的志愿者；吸引，即团队本身需要具备吸引志愿者加入的特点；激发，指团队需要帮助开发志愿者的能力，激发其优势，规避劣势；共创，即团队所有成员同心协力，共同创造成果。值得一提的是，古典战疫小队给团队内的 60 多个志愿者做了志愿者画像，发现 49％的志愿者是直接邀约而来，30％的志愿者是从现有的朋友圈招募而来，一度二度人脉占优秀志愿者人数的 75％。也就是说，当下社交网络层面的招募比通过广告招募更有价值和意义，熟人圈几乎可以成为资源丰富的志愿者储备池。

与其他公益组织中的志愿者不同的是，古典战疫小队因为其跨国采购等任务特点，其志愿者中有不少是企业高管，还有来自不同国家甚至世界顶尖高校的留学生。如何驱动这些志愿者参与没有任何工资报酬的志愿活动？最重要的是自主、精专、强意义感。古典战疫小队是一个自发组织，处于无领导小组状态，并不存在雇佣关系，也不存在上下级关系，主要依靠规则来约束。因此招募志愿者时可以通过

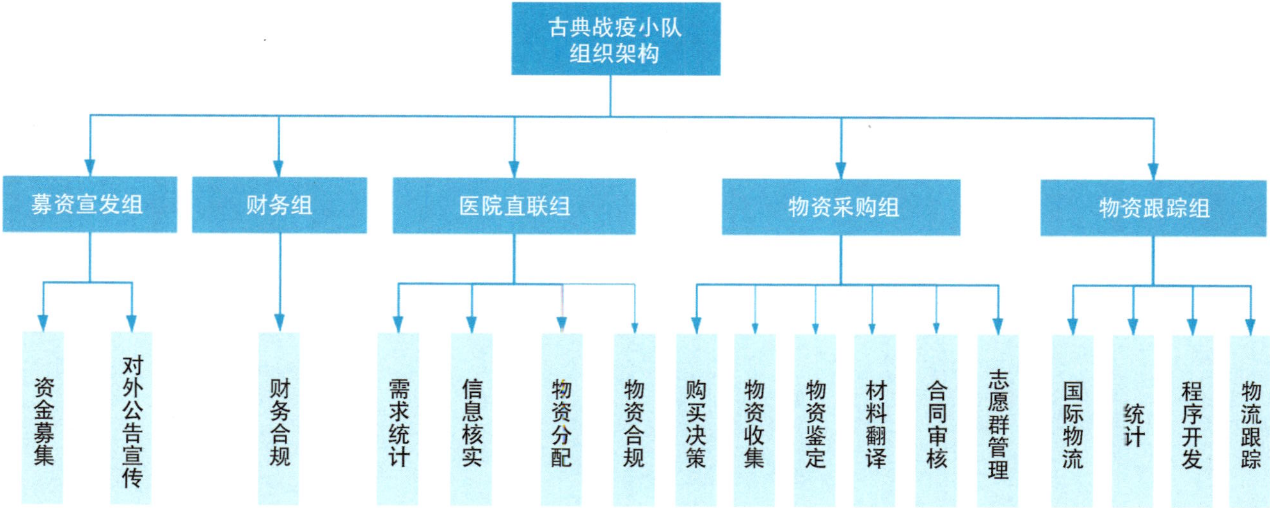

图 20-1　古典战疫小队组织架构图

“是否能遵守规则”的标准，筛选出其中主动加入者，这就是“自主”。而“精专”是指针对志愿者的激励机制做公益，并不是单纯地驱使志愿者做事，而是让志愿者在行动中不断成长。轮流主持、沙盘演练、阶段复盘等方式都是很好的能力提升手段，同时也能进一步提高服务项目的质量。意义感，是所有志愿者投身于公益的最底层动力。其又可细分为三个部分：荣誉感、崇高感和仪式感。简单来说，荣誉感来源于外界对自身的肯定，崇高感来源于自己对自己的肯定，仪式感是一个放大镜，好的仪式可以大幅度提升荣誉感和崇高感。古典战疫小队通过颁发专业监管基金会的优秀志愿服务证书、负责人签名，以及团队成员与医护人员云合影的实体照片，来打造这一仪式感。这对志愿者来说，不仅能真切地感受到来自团队与医护人员的爱和尊重，更能从这一志愿工作中实现自我满足。

（三）公开项目流程，自觉接受监管

“我们通常会认为志愿活动是感动的、快乐的、温暖的。但真正优秀的志愿者会认为，他选择一个公益机构去加入时，要考虑透不透明、严不严谨和高不高效。”基于这样的考虑，古典战疫小队在项目运行时采取了完全公开透明的方式，所有的募捐来源、资金使用、受赠医院等信息全部在官方微信公众号上每日公布。如此，目标既定，团队已成，规矩立下，接下来便是着手一步一步实行，主要包括以下三个环节：

1. 透明自愿的公开募捐

公开募捐是短时间内迅速筹集资金最快捷的方式，古典战疫小队前期主要通过在“古典古少侠”微信公众号上发布募捐文章来筹集资金。后期团队联系上了专业公益组织进行合作并接受监管，如与上海宋庆龄基金会合作完成了第四期公开募捐《致敬逆行者——为一线医护人员捐赠防护设备》，与北京歌路营慈善基金会、上海联劝公益基金会联合发起了第五期公众募捐项目。整个项目遵循公开透明原则，所有捐款人姓名、款项、资金流向都进行了统一公示，所有行动与资讯都在公众号上每日统一公示。接受募捐时，古典战疫小队特别强调捐助者自愿原则，让爱心更纯粹，让行动更真诚。

2. 优质合规的物资采买

为疫情防控奔波在一线的医护人员自然要配备优质合规的医护资源。为此，古典战疫小队的成员特别梳理出了一整套符合规定的完整的护目镜、口罩、防护衣等物资清单，特别注明了规格、产地和生产公司等。实际上，当时国家已经进驻到口罩生产车间，甚至都是生产一小批就直接送走，但需求量太大，急需补充。“有湖北的医务人员和我说，他们的电话一直接个不停，捐赠物资满天飞，但一个都落不了地，特别着急，很多护士和医生都急哭了。”医院直联组负责人汪伟玲回忆道。因此，古典战疫小队明确“自己作为补充力量”这一目标，采取全球招募、采买议价的方式进行采购，尽可能去国外购买合规物资进来，并且直接对接给有需求的医务人员。所有参与采买的志愿者都是具备采买、医疗用品鉴定、翻译能力的医学双语人士；直接供货商也是经过层层筛选和洽谈，从最大程度上保证医护物资的优质合规。

3. 精准高效的资源对接

当供货端基本准备完毕时，送货端也需要精准确认，不然就会出现“所送非所需”的情况，导致不必要的资源浪费和分配不均。因此，古典战疫小队专门建立了医院资源对接群，群内人士均为受赠医院的在职在岗医生，群内的每位医生都经过医院对其身份真实性的实名审核。如此，相当于直接和需求者进行深度对话和沟通，了解实际需求，从医院规模、紧急程度、所处地域、物资需求和接收要求等维度建立医院需求信息表，把医院分成三等，配备不同的支援力量。在物流方面，明确海外货源运输流程，对接国内物流，直接送至有需求的医院。总的来说，基本的流程是国外采购→货运公司→中国大型机场→海关申报（绿色通道）→快递公司→国内医院。

“我的城，我去守，有你们在身后支持，我义无反顾。”受捐助的医护人员专门致电感谢团队的付出，说出了这句让团队成员落泪又备受鼓舞的话语。类似的话语还有很多，在团队官方微信公众号的留言板块内，许多网友纷纷留言对团队的所作所为表示赞赏和感激。整个行动不是简单的捐助与被捐助，而是多方协力、共渡难关。

二、坚守底线，迎难而上

“公益组织新手面临着一边尽快解决问题，一边推进项目进程的局面。这个时候就需要理性地思考问题来源，理性地行动，做好手头的事，做确定有价值的事。”古典老师在战疫行动期间如此强调道。

（一）缺少货源——倡导投资供货端

疫情防控期间，许多厂家因工人春节放假回家，后又隔离在家不得不停产，导致货源一度紧张，“手中有钱无处花”的情况很常见。随着疫情不断发展，全球货源需求量与日俱增，国外采买供货逐渐乏力，古典战疫小队不得不在微信公众号上公开寻找供应商信息。到疫情中后期，随着厂家陆续开工，古典战疫小队又发文倡导具备大额捐助能力的组织或个人投资产能，例如给予复工复产的工人一定比例的加班费，激励工人们加大生产、保证质量。

（二）哄抬物价——坚决不打价格战

对于以“采购运输物资”为主要目标的古典战疫小队来说，“价格战”无疑是又一个令人头疼的问题。行动正式开展没几天，全球的疫情防控相关的医疗物资溢价 70%以上。在那段时间，采购小组的成员经常遇到如下对话：

“我们有……个口罩，……钱。”

“太好了！我们要!”

“对不起，刚被订走/征用/抢货/缺货了，现在还有一批，价格是……（涨了 50%）”

“啊，我去问问……”

“亲，还在吗，现在是……（又涨了 30%）”

面对如此压力，团队成员一起冷静下来思考，认为这个价格已经严重偏离价值，本着对捐赠人负责的态度，决定不参与价格竞赛。重新调整策略后，团队成员决定在紧急送达和最高效率花钱上保持平衡：拿出一部分钱（50%左右）转为关注二线医护人员的医用器材，并保持低价、合规的要求，对一线医用物资的价格保持观望，等全球产能提升上来、价格回落时再买；同时呼吁同行机构不要参与到价格战中，不给中间商赚差价的机会，确保每一分钱都用在刀刃上。

（三）网上办公——四会办公模式

这次疫情防控期间战疫行动的特色之一就是开创了网上办公的新模式，为了克服各个成员仅能依靠网络互通有无、难以保持团队高效率运作的问题，古典战疫小队采取了“四会办公”模式。具体来说就是：早会 15 分钟，领导者强调重点，每个成员讲解自己的工作计划，然后双方对焦；每天定时汇报核心数据，一般是上班、中午、下班三次；遇到紧急事件马上开会，直接在群里语音，想听的都参与旁听，增加透明度；晚上开晚会，不仅要汇报目标和挑战，还要分享“今天最感动”和“最期待”的事，提振士气，也弥补远程办公的隔离感。此外，为了保证所有工作不受时空限制，团队专门采用文档驱动的工作方式，实现“四化”，即过程结果化、结果数据化、数据视觉化、视觉全员化，给一线员工足够明确的流程和足够清晰的数据。

三、坚持分享，授人以渔

除了主要的物资输送服务外，古典战疫小队也积极发挥所长。发起人古典老师说，引导他们团队躬身入局的是一则耳熟能详的故事，故事讲述的是海边有一个小男孩，尽管力量微小但还是依然努力拯救一条条因为退潮搁浅的小鱼们。团队成员的工作时间从每天早上 8 点到凌晨 1 点，每个人的想法都是“想多救一条小鱼”“再多救一条小鱼”。

但是沙滩上搁浅的小鱼太多了，因此他们换了一个思路——“让更多的人来救小鱼”！于是，成员们将这一路走来资金募捐、物资采买等内容整理成一个个经验帖并最终形成复盘报告进行分享，在微信公众号“古典古少侠”上陆续输出。

（一）实用经验帖

在整个行动过程中，古典战疫小队在微信公众号上陆续输出了三篇经验帖，分别涉及捐助的行动方、小队自己的战略调整原因说明和参与捐助方，即“捐助八大攻略”（《古典：联系 73 家医院发了 38 万货以后，总结出给捐助者的 8 条攻略》）、“策略调整”（《古典：为什么我们暂时不再接受捐款，不采购高价口罩》）、“捐赠人攻略”（《古典：都在关心武汉“谁在甩锅”，谁来操心“怎么做饭”?》）。其中，“捐助八大攻略”是团队对物资采购环节所有涉及内容的经验总结，结合了官方通告和自家团队不断改进后的高效方法，如《货源模板》《医院需求信息表》等。“策略调整”是在第四期募捐后，面对艰难的项目运行境况，团队成员的集体反思和行动，可以看到民间公益组织的艰难处境与依旧火热的助人之心。“捐赠人攻略”既是好友之间的谈心，也是来自先行者的经验分享，“做公益，但别觉得自己特牛”“与其消耗注意力，不如踏实干活”等，话语虽显粗糙但十分真诚接地气。

（二）项目复盘报告

随着国家逐渐接管、海外物资价格上涨、国内产能上升，一方面，一线医用物资货源逐渐变少，价格高涨，公益捐赠的空间逐渐收缩；另一方面，志愿者需要复工，捐赠人也要回归自己的事业。综合内外考虑，古典战疫小队决定逐渐结束物资采买，项目走向了“后续支持”阶段。最为突出的成果便是《项目复盘报告》，其内容涵盖十个方面，分别是：① 项目汇总，整体数据汇总；② 需求分析，医护人员到底缺什么；③ 募款分析，如何更好地募款；④ 媒体联动，如何让大家更好地了解一个公益行动；⑤ 组织运营，如何组建和运营一支神志愿者团队；⑥ 项目合规，如何让民间自发项目更好地合规；⑦ 效果评估，尝试评估一个项目做得怎样；⑧ 此次遗憾，好多事以后能做得更好；⑨ 公益方面的其他可能，这场战疫行动，除了口罩，有很多伟大的可能；⑩ 公民如何更好地参与公益。这十大板块总结了古典战疫小队作为一个新手公益组织所做出的成果、如何开展公益项目、对于此次行动的反思等，一方面向公众公开汇报了此次团队成员的行动结果；另一方面也向同行内的公益组织或有意愿建立民间公益组织的团队分享了自己的经验，彼此之间进行了交流。

四、巩固成果，期待未来

尽管这是一个具有临时性质的新手团队所做的短期项目，但最终成果令人惊叹。

（一）千万筹资，高送达率

古典战疫小队成立最初是两个人一拍即合的想法：王晶邀请古典帮忙在朋友圈捐款用以购买医护物资。随后他们在公众号上发文章发起募捐，并通过五期募捐，逐步收到了 7 万、20 万、300 万、500 万元的善款，到第九天，这个数字变成了 1 000 万，最终定格在 1 123.5 万（见图 20－2）。

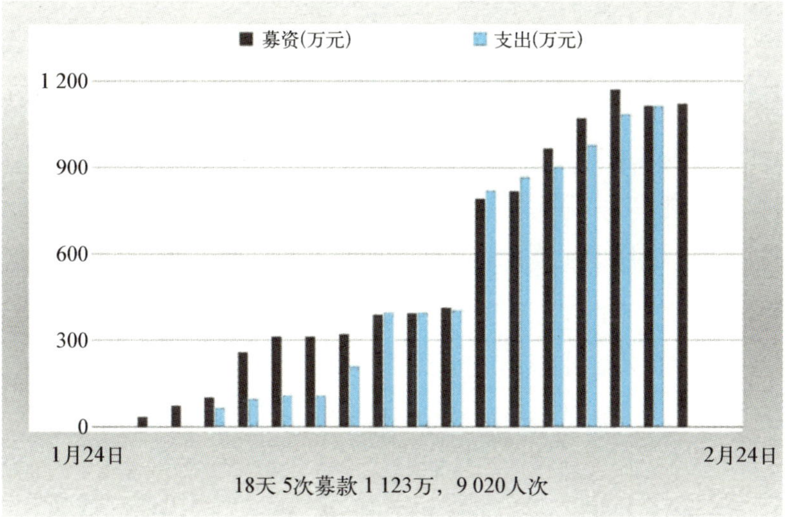

图 20－2　古典战疫小队成果图

他们组建了 7 个人的核心志愿小队，并逐渐扩大为 10 个人、30 个人，最终发展成拥有 60 多人的志愿者团队，这些志愿者们来自全球 12 个国家和地区。

他们逐渐学会了“N95”“FFP2”“病毒大小是20纳米”等医学知识。团队累计采买了223 480只N95级别的口罩，18万只一次性医用口罩，70 160件防护服，55 939副护目镜，100万副医用手套。

他们的采购名单从我国湖北，到德国、俄罗斯、日本、印度这些他们自己都未想过会去采购的地方，甚至到黎巴嫩、摩尔多瓦这些国家。

他们收集了1 266家医院及社区的2 041条信息，涵盖26个省（自治区、直辖市）的129个市，物资对接527家医院。在这个过程中具备了一定的转运、清关、运输直达能力，以点对点的方式使物资至医院的送达率高达91%。

（二）“精英”优势，系统决策

从古典战疫小队的诞生故事中我们可以看到，这是一个由精英牵头、专业支持下的临时组织，活跃在前疫情时期。同时也能注意到，在疫情暴发的前期，政府力量深入与铺开不足时，临时组织可以见缝插针地进入实地救助中。当然，仅有一片热心公益的赤诚还不足以取得有效的结果，古典战疫小队的优势之处在于其团队成员都具备组建团队或者与物资采买项目相关的专业知识，是真正的“精英”团队。团队成员贵精不贵多，这样才能在混乱的局势中高效配合、理清思路。当政府、大型公益组织还在做全局准备时，小而精悍的临时性组织已经能够就某一具体的小问题或者小需求展开行动，及时填补漏洞。

纵观全局，古典战疫小队能够从一个公益“新手”迅速成长为具有一定影响力的组织，有许多值得人们学习的经验。首先，小队自一开始就不是打无准备的仗，而是在准确分析局势的情况下，迅速确定好自己的定位和目标，如“阶段性募捐采买”的形式，充分适应疫情期变化较快的局势，避免一次性大额捐赠采买造成的浪费。其次，最大限度地将微信公众号运营成信息中转站，其留言平台成为各方寻求合作伙伴、运输境外物资、寻求供货商、寻求帮助的地方，帮助真正有需求和有意愿提供帮助的双方搭建起沟通的桥梁。最后，小队的特色为跨界合作、强强联合，依托传统而强大的人脉圈，各行各业的精英人士、捐赠方、基金会等围绕着一片赤诚之心展开行动，精减成员、提高效率，由此进一步保证了服务的质量。

（三）民间公益，道阻且长

回顾这次战疫行动，能够将自己的经验整理成册，将每个细节都完整回顾，将每个步骤原因都清晰列明的公益组织团队并不多见。相较于国外民间公益组织在大型公共事件中的强有力作用，我国在这一块显得比较薄弱。究其原因，一方面，我国民间公益组织尚在发展中，政府强有力而显得民间公益组织力量相对弱小；另一方面，民间公益组织参与社会公共事件的经验十分缺乏，相互之间缺少经验资源共享的机会。古典战疫小队在这方面实实在在地走在了助推民间公益组织成长的路上。

当然，正如古典老师在分享中所说，这次的“新精英古典战疫小队”是他们第一次作为公益组织的尝试，仅仅涉足“物资”这一模块。但对于服务需求者即医护群体而言，他们的需要自然不只是“防护物资”这一块。每日游走在生命安全的边缘，疫情的侵袭、工作的压力、救人的急切、日常的困扰、与家人的分离等都是现实的需求。即便我们已经进入后疫情时代，但公益组织并不是就此停下了脚步。我们仍然需要去总结经验，为有可能的“下一次”做足功课；我们也依然有着可以发光发热之处，去观察这疫情呼啸而过的日常生活中，是否还有需要我们去关注和服务的地方。

（撰写：陈雪）

第二十一章　自组织网络、志愿与爱：记一家特殊的“线上医院”

——“NCP 生命支援”行动案例

在疫情初期，由于医疗资源紧张，因此很多患者无法得到及时救助。在这种情况下，“NCP 生命支援”这家特殊的“线上医院”于 2020 年 1 月 22 日被发起。该“线上医院”通过网络招募具备临床执业资格、社会工作经验和心理学背景的志愿者加入，致力于为患者提供全流程的线上咨询与及时的线下支持，带动更多相关方采取及时、积极的行动。本章聚焦于“NCP 生命支援”的行动，通过对其梳理、分析和呈现，探索突发事件中自组织志愿服务的可行性路径。

一、发起：公益启动、网络招募

“NCP 生命支援”是由前医生郝南和其他公益人发起，以自组织形式，志愿为新冠病毒感染者及其家属提供支持服务的协作网络。

（一）发起人的专业背景与公益情怀

郝南在应急和志愿服务领域积累了大量经验，2008 年志愿参与“5・12”汶川救灾后，为解决灾害援助中的信息不对称等问题，他创办了卓明灾害信息服务中心，形成了一整套处理灾情信息的方法和技术。

2020 年 1 月，郝南利用自身社会网络，联合一批医生和公益人发起了“NCP 生命支援”网络，成为疫情防控工作中的一支重要民间力量。

（二）发起过程：迅速响应、紧急支援

1 月 22 日晚，“NCP 生命支援”正式启动。在核心团队的首次会

议上，初步明确了各部门职责、主要工作方法和路径，并初步确定此次行动的支援对象是武汉市内无法通过正常就诊方式在医疗场所隔离治疗的患者及其家属。

1 月 23 日早上，武汉宣布封城。“NCP 生命支援”于当日发起线上志愿者招募倡议，几小时内就收到 2 000 份志愿者报名表，人力组从中筛选出约 200 人，包括具有临床经验的一线医生、护士、社会工作者、心理咨询师等。1 月 24 日，医疗组首批志愿者入群开启问诊服务，线上诊所成立。之后，团队仿照医院门诊、病房、重症监护三线诊疗流程，建立了一套线上医疗分级支持系统，为无法住院的患者提供跟踪式医疗和居家隔离指导①，并帮助危重病人联系医院和制氧机、指夹式血氧仪等。

二、志愿者：关注、关怀这些“小天使”

“NCP 生命支援”的启动与运作有赖于众多不同专业背景的志愿者的参与，那么如何对众多报名者进行筛选？如何核实志愿者资质以保证专业性？如何保证志愿者的持续投入？诸如此类问题是本部分主要关注的。

（一）志愿者筛选：让合适的人去合适的岗位

在志愿者招募方面，“NCP 生命支援”团队形成了成熟的技能与岗位匹配的筛选机制。

从流程看，要成为线上志愿者，首先要私信联系“NCP 生命支援”相关账号，填写志愿者登记表单，选择组别岗位。之后进入不同组别的微信工作群，接受上岗培训。

---

① 财新网．救武汉，社会自助网络这样织成［EB/OL］.（2020－02－24）［2020－10－09］. http://weekly.caixin.com/2020－02－22/101518909.html.

具体来说，根据志愿者具备的不同技能和工作需要，志愿者们被分为八个行动组，具体见表 21－1。

表 21－1　志愿者分工情况

组　别	岗　位　职　责
信息收集组	收集整理求助信息与资源信息；形成信息档案，共同维护管理
文宣传播组	根据确认、核实后的救助信息、资源信息和医疗信息，加工制作传播产品、知识文宣；转发扩散“NCP 生命支援”信息等
关怀组	联络对接求助者，一对一沟通、安抚支援对象，提供心理支持或陪伴；配合医疗组，更新救助档案，对接救助信息
医疗组	有足够的临床、护理执业经历，呼吸内科优先，能够用医疗专业支持为支援对象提供咨询服务，包括负责一对一联系、回访和在群内解答询问的“小天使”
人力组	寻找、识别、引导志愿者进入志愿岗位，支持志愿者工作顺利进行，为志愿者提供心理支持
平台维护组	线上平台协作工具维护；技术维护；档案与资料管理等
孕妇支持组	为感染（疑似）孕妇与新生儿提供线上医疗指导和急需的线下医疗支持，联系医院，核实信息等
外联组	由郝南个人负责与合作方、资源方、其他公益组织等进行联络

面对众多充满热情的志愿者，“NCP 生命支援”并没有盲目扩张，仍然选择从骨干网络开始逐步增加人员，医生团队从早期层层筛选的 25 名在三甲医院有临床经验的医生，逐步过渡到 400 余名有临床经验的持证医生、护士。即必须是有完整的医学教育背景，至少有

两三年相关科室临床经验的医护人员，才能成为专业的医疗志愿者。

如此，通过精准的需求识别与技能匹配，“NCP 生命支援”最大程度利用了不同志愿者的专业优势，发挥部门间的互补作用，建立起生命支援网络的工作闭环。

（二）志愿者疏导：从零开始，我们能做些什么

在疫情防控工作中，志愿者们面临着巨大的工作压力。疏导志愿者和医护人员的负面情绪非常重要。

“NCP 生命支援”根据志愿者经验水平、心理能力、抵御风险能力的不同，分配给其不同风险程度的工作。如医疗人员、医疗志愿者、具备社会工作经验的志愿者等具有创伤应对经验的志愿者可以接触相对高风险的工作（“NCP 生命支援”会在事前把可能面对的风险明确告知，允许大家自由选择）。事后则有足够的力量给志愿者做心理支持和精神辅导。关怀组团队在工作之余建立了一个聊天群。每晚会有成员在群里互动，用陪伴与对未来的美好期待排解志愿者们一天的工作压力。

三、如何运作和提供帮助

在“NCP 生命支援”的具体运作阶段，我们关注的是每个部门的运作方式如何，如何对援助渠道进行梳理，志愿者如何精准对接医患需求，以及“NCP 生命支援”如何调整工作方向并与其他组织合作等问题。

（一）支援工作流程：分类支持、分级诊疗的线上医院

针对不同工作组，“NCP 生命支援”制定了连续性的工作流程。更难得的是，在克服了医生排班、患者分流等种种困难之后，医疗组迅速根据实际情况建立起分类应对、运转有效的三级垂直诊

疗体系。①仅十天左右，这个部门清晰、运作高效的垂直工作模式已经基本成熟，成为一个有分诊群、门诊群、病房群，还有用于危重症患者的监护和抢救重症监护室的“线上医院”，其结构几乎相当于一家三甲医院，可以应对每天新增几百个患者的门诊量。

考虑到现有的线上诊疗平台只能对轻症患者提供支持，1 月 28 日，“NCP 生命支援”的领导团队决定将工作重点从早期的线上咨询转向对重症患者的支持。据统计，“NCP 生命支援”直接和间接支持的重症患者超过 2 000 人，约占武汉当时重症患者总数的十分之一。

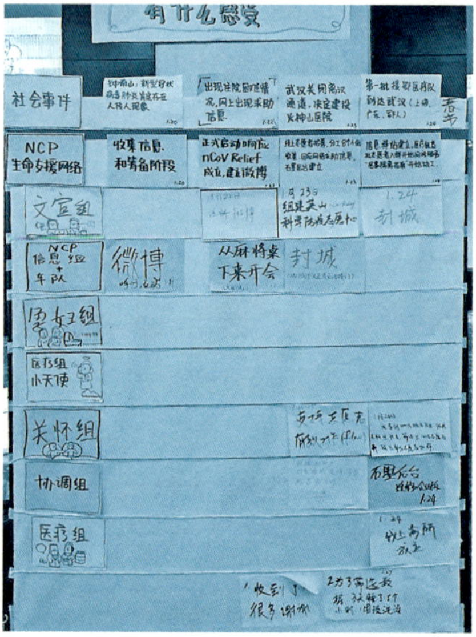

图 21 - 1　“NCP 生命支援”线下会议志愿者们拼出的时间轴

具体来说，从协作流程看，信息收集组负责搜寻支援对象，告知支援信息，邀请支援对象加群；关怀组负责群管理，将支援程序在群内置顶，指导支援对象填写信息登记表，一对一对接，了解详情，初建患者档案，然后将支援对象转交给医疗组；医疗组则开展具体的问诊、分诊，给予患者对应的医疗咨询服务。“NCP 生命支援”线下会议志愿者们拼出的时间轴见图 21 - 1。

支援对象依照病情轻重被安排在不同级别的病患群里，每一个病患群就是一间病房，由相应级别的医生负责诊疗，“线上医院”特有的

① nCoV Relief 线上志愿者说明文档［EB/OL］.（2020 - 01 - 23）［2020 - 10 - 09］. https://shimo.im/docs/rtTKcR9X8TjrTDpv/read?from=timeline&isappinstalled=0.

节省时间、可以实现“一对多”实时诊疗的优势也逐渐凸显出来。

对于普通患者与轻症患者，采取药物指导＋缓解焦虑的应对手段。医生志愿者要求患者把自己的 CT 结果、体温、血氧等数据报告发在群里。但由于无法开药方，药物购买和配送也遇到种种困难，线上医院主要根据患者现有的基础药物提出建议，同时尽可能地缓解他们的焦虑情绪。①

对于每一个进入“线上医院”的重症患者，“NCP 生命支援”需要为其提供比普通患者多几倍的人力资源。

首先，医生志愿者时刻联系重症患者亲属，指导亲属们怎样保持患者的意识和生命体征。

其次，其他志愿者帮助重症患者联系社区，通过患者住址找到社区工作人员，再找到社区医院的联系方式。

最后，志愿者们要同步拨打 120，并帮助患者家属与急救中心的工作人员有效沟通。

（二）全周期公益模式：医疗、咨询和关怀服务并重

“线上诊所”伊始强调的是“医疗与关怀并重”的支援模式。关怀组除了对接患者、减少医患沟通过程中可能产生的摩擦，也在“线上诊所”中同步提供心理关怀和疏导服务。对于已经康复的患者，也配有后续的心理支持和陪伴。

在线上，“NCP 生命支援”累计为 5 000 余名患者提供医疗咨询和心理辅导服务，日增咨询量最高达 400 人次。2 月 1 日，文宣组制作的《居家隔离指南（第 2 版）》正式发布。数据显示，通过“NCP

① 【一点资讯】NCP 生命支援：能救一个是一个，仍有几百台制氧机未能送出｜深度报道［EB/OL］.（2020－02－13）［2020－10－09］. http://www.yidianzixun.com/article/0OcfJbYe/amp.

生命支援”微博发布的防疫知识产品已超 9 000 万次阅读量。

在线下，“NCP 生命支援”将通过公益渠道筹集的家庭制氧机、血氧仪发放至急需辅助医疗设备的患者家庭，并为其提供使用指导。通过自组织网络协作，联合民间公益力量，“NCP 生命支援”尝试填补政府职能暂时无法覆盖的领域，为急需生命支援的患者及其家属提供具有参考价值的策略建议。

除此以外，团队也在尝试进行一些政策倡导，影响政府、推动政府做出回应，以及进行更大范围的防疫信息宣传与公益行业研究。从行动开始，团队积极联系媒体和政府相关部门，努力把线上诊所运作中了解到的一些重症患者的情况、分布、发展趋势和需要采取的措施等不断向湖北省疫情防控指挥部等传递，并取得了一定成效。

四、经验与挑战：自组织协作网络的现在与未来

（一）行动经验：线上线下相结合的自组织行动网络

结合对“NCP 生命支援”网络行动的梳理与呈现，笔者认为，“NCP 生命支援”的特殊之处主要有四点。

一是组织新。“NCP 生命支援”是疫情防控期间涌现出的新生自组织，在疫情暴发后迅速响应，并扩大为超千人的专业团队。基于自组织网络以及团队成员间的充分信任，实现组内外关系与资源的高效对接，以及志愿者、基层社区、当地医院、患者与家属等的群策群力。

二是组织成员全部为志愿者，没有固定编制和薪资。

三是支援对象特殊。该组织主要服务已确诊和疑似确诊的病患及其家属，准确把握并积极响应了疫情防控期间患者与基层组织的真实需求。

四是线上和线下结合的服务形式。“NCP 生命支援”通过互联网优势，利用微博平台招募志愿者，发现求助者并提供帮助，也通过线

下方式向患者提供制氧机等用以康复治疗，推进规模庞大的线上线下协同工作。

（二）行动挑战：资源不足、响应缓慢与转型困难

我们也从这次行动中看到一些不足与自组织网络在实际运作中面临的一些困难。

一是志愿者难以持续有效投入。当缺乏经验的志愿者遇到工作挫折时，如何对其开展精神援助与后续培训是需要密切关注的问题。

二是人手不足，尤其是缺少同时具备在线管理经验和医疗技能的志愿者与能够提供精神援助的心理医生的加入。

三是在线援助存在局限性。因为在线心理辅导没有办法直接接触患者，此时实现心理疗愈是非常困难的，需要救助人有非常高超的专业能力。

四是自组织网络的转型与维护。目前“NCP 生命支援”的线上诊所模式已经初步建立。日后若再有类似的公共卫生事件发生，自组织网络是否可以快速响应并灵活调整以应对新的危机，如何避免志愿者流失，都是公益组织面临的重大挑战。

（三）反思与总结：“NCP”为个人与行业带来的启示

1. 快速迭代、充分赋权，走向高效融合

“NCP 生命支援”团队经历了一个比较艰难的磨合过程。在启动阶段，团队发现了很多值得反思的内容。比如，第一天应对 2 000 名志愿者的热烈响应、生命支持团队的构架搭建等。这些过程充满了探索与融合。

组织发起人与其他公益人分享的第一个关键经验就是，对待一件新事物，必须为其留出迭代的准备时间，不能追求一步到位。面对新要求和新变化，行动目标要及时调整。灵活的工作机制与成熟完善的工作模式是非常重要的。

从“NCP生命支援”的行动来看，另一个重要经验就是去中心化与充分赋权。由于存在多条工作线，负责人一天可能要在十几条工作线上切换，如果单靠具体的某个人来统管全局，会非常低效且容易造成混乱。这时，去中心化就特别重要，负责人要充分赋权，让各小组实现独立运作。

2. 信任缺失、分级诊疗与社区赋能

此次“NCP生命支援”所展现出来的问题之一，就是线上服务的局限性。在微信群中用文字表达善意的能力是很多人欠缺的。线上服务缺乏信任基础，高效协作也就变得困难。

此外，医疗资源的分级诊疗制度必须在第一时间到位，要重视资源缺乏与挤兑问题，避免无效的资源调动与资源不匹配带来的浪费。如何把合适的医疗资源用于合适的人身上？各方如何配合实现患者分级诊疗与资源分级输送？“NCP生命支援”的行动说明，在此过程中社区的力量特别重要。社区发挥的作用在疫情中是不可替代的。

3. 社会组织协同机制和平台亟待建立

除了有限的自组织网络，社会组织层面的协同机制和平台并没有完全建立。在未来的行动中，我们需要建立更大的，具备较强应急专业能力的信息交流平台与关系协调平台，实现组织之间需求与资源的高效对接。

在项目收尾阶段与组织转型方面要做好两方面工作。一是要重视患者与志愿者的身心健康恢复，尤其是心理健康恢复，这是一项长期持续的工作，也是之前很多组织忽视的一点。二是要思考如何在危机过后持续支持在志愿服务过程中已经有一定经验和专业积累的伙伴，培育一批有素质有能力的应急状态下的志愿者，储备有生公益力量。

（撰写：魏晓莉）

第二十二章　联合平台集众智　专业志愿齐抗疫

——京鄂 i will 志愿者联合行动疫情响应行动案例

京鄂 i will 志愿者运用的是专业志愿精神，解决的不仅仅是个体当下的问题，也是社会的需求。协作与联动也能够实现 1+1>2 的效果。公益的信念、个人自由意志是志愿者在未来进行有效社会参与的核心基础。拥有专业技术的个体有渠道聚集在一起，是未来中国发展的重要一环。国家抗疫得到全球认可，离不开每个志愿者的奉献。志愿活动的影响是无穷的，未来有更大的潜在意义所在。志愿服务关注的绝不仅是当下，也是未来。也是为社会更友善美好，为社会文明传承铺下了第三条道路。

——翟雁

2020 年，关于新型冠状病毒的研究和讨论从隆冬延续到炎夏，面对重大的公共卫生危机事件，政府和民间纷纷响应全民抗疫的号召，其中，社会组织在集中社会抗疫力量方面发挥了重要作用。本章将以京鄂 i will 志愿者联合行动为研究对象，通过查阅文献资料、访谈相关人员，在该平台的抗疫历程中，梳理其可为其他组织或机构借鉴的行动经验，供读者参考。

一、京鄂 i will 志愿者联合行动发起

I will 是专业人员以自己的专业才华，志愿提供无偿专业服务的标志。专业志愿者的中英双语口号是“专业志愿、我乐意”“Pro Bono，I Will!”自 2015 年 11 月在北京举办的第二届亚洲专业志愿峰会上正式发布以来，作为来自中国的专业志愿品牌，i will 已经通过全

球专业志愿联盟、AVPN（亚洲公益创投网络）和 UNV（联合国志愿人员组织）等在全球范围内产生了一定影响，并于 2017 年注册商标。

北京惠泽人公益发展中心成立于 2003 年初，秉承“以专业促进社会发展、以志愿精神推动社会创新”的组织理念，专注于为社会组织对接专业知识型志愿者人力资源，助力公益能力建设和社会组织的可持续发展。北京博能志愿公益基金会（Beijing Probono Foundation）成立于 2016 年 12 月 6 日，是由北京市民政局登记、注册和批准的慈善组织，是中国大陆第一家致力于推动专业志愿服务发展的非公募基金会。

疫情肆虐，社会组织可以做些什么，怎么做？2020 年 1 月 22 日晚，博能志愿公益基金会理事长翟雁与北京市社会心理工作联合会会长张青之以及中国社会科学院公共政策研究员杨团商定发起京鄂 i will 志愿者联合行动，同时邀请伙伴机构如北京卓明灾害信息服务中心、北京奇点公益信息服务中心、北京君心善行心理咨询中心等公益机构和京鄂两地专业志愿者共同为疫区前线社会组织和志愿者提供建制化专业志愿援助。

二、i will 时间脉络与组织架构

自 1 月 22 日发起、23 日启动后，i will 志愿者联合行动得到了来自基金会、志愿者的积极响应，在整个行动过程中，i will 的服务范围和行动方向也随着疫情暴发点的转变进行不断调整，其抗疫时间脉络见图 22 - 1。

除在疫区的抗疫时间节点外，i will 志愿者联合行动内部也经历了四个阶段，分别是混乱调整期（1 月 23 日—2 月 4 日）、紧张忙碌期（2 月 5 日—2 月 10 日）、平稳推广期（2 月 11 日—4 月 22 日）和

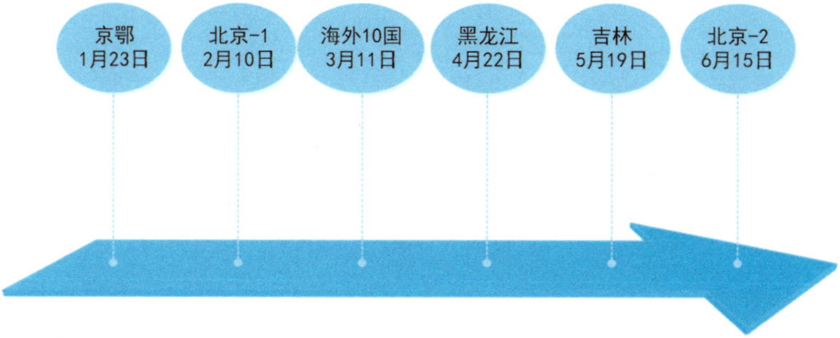

图 22－1　i will 志愿者联合行动抗疫时间脉络图

资料来源：北京博能志愿公益基金会

成熟总结期（4 月 23 日—6 月 15 日），并在探索中逐步提炼出高效有序的抗疫志愿服务模式——“三线三师三群联动模式”。

不可否认的是，在项目启动一周内，项目团队在需求端和供给端都出现了一系列的混乱：一方面，来自武汉以及湖北其他地区的社区居民需求大量涌现；另一方面，申请加入 i will 的抗疫力量也需要做出妥善安排。为扭转忙乱的局面，在骇浪中掌舵前行，项目团队曾多次展开讨论。杨团老师提出细化需求和精准筛选，将需求者逐级筛选为以居民为主的大群、以疑似患者为主的中群和高度疑似者所在的小群，工作团队组织来自全国的社工师、心理咨询师和医师共同进入社区的三群，配合线下的工作，解决人力不足又无法直接提供线下支持的问题。翟雁老师与湖北的志愿服务组织负责人进行了网络会议，共同制定了志愿者联合行动六大模块组（见图 22－2），联合行动组工作人员对志愿者身份和专业擅长进行分类登记，在电话沟通后将各专业人员输送到相应的分类小组中。来自跨国公司负责项目管理的宗思语老师也运用自身特长，协助项目团队厘清问题，以一、二、三线志愿者的分类整合志愿者力量。

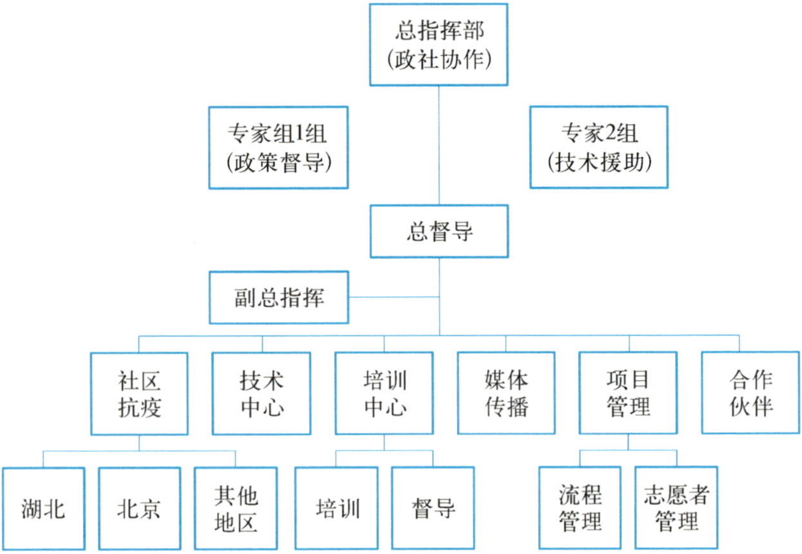

图 22－2 i will 志愿者联合行动组织架构图

资料来源：北京博能志愿公益基金会

三、三线三师三群联动模式

(一)“三群”的创建及服务

对当时的报道所反映出来的问题进行研判后，专家组认为武汉疫情防控的关键应在社区。1 月 28 日，联合行动组在 1 000 多名志愿者中选拔出 140 多名包括医师、心理咨询师、社会工作师等在内的专业志愿者，组成三合一“京鄂 i will 志愿者联合行动组”（以下简称 i will），通过北京和武汉社会组织的会议讨论，i will 与武汉逸飞社会工作服务中心合作，在社区内建立微信大群（为疫区广泛的人群提供基础的咨询服务，上限 500 人）、中群（为疑似病例和出现一定心理问题的人员提供辅导，上限 100 人）和小群（为发病或重度疑似患者、有特殊咨询需求的人员，进行一对一的个案辅导与医疗服务转介），来自全国的志愿者进驻微信群内开展社会心理科普、新型冠状病毒防疫知识讲座，以及开展情绪疏导和心理应激干预等工作（见表22－1、图22－3）。

表22－1　i will志愿者联合行动"三群联动"

三　群	服务人群	组建人员	服务内容
社区（大）群	疫区某一街道、社区或村的所有人员	由当地部门或社工机构组建，配有协管	为群成员提供基本的咨询服务，并开展心理状况初筛，如有需要进行分诊
小组（中）群	疑似病患、居家隔离者及其家属；经大群初筛发现的出现一定心理问题的人员等	由专业志愿者团队组建	为群成员提供心理咨询、医学咨询等
个案（小）群	发病的或重度疑似患者、有特殊咨询需求的人员等	由个案服务对象、心理咨询师、社会工作师等组建	一对一的个案辅导与医疗服务转介

资料来源：北京博能志愿公益基金会

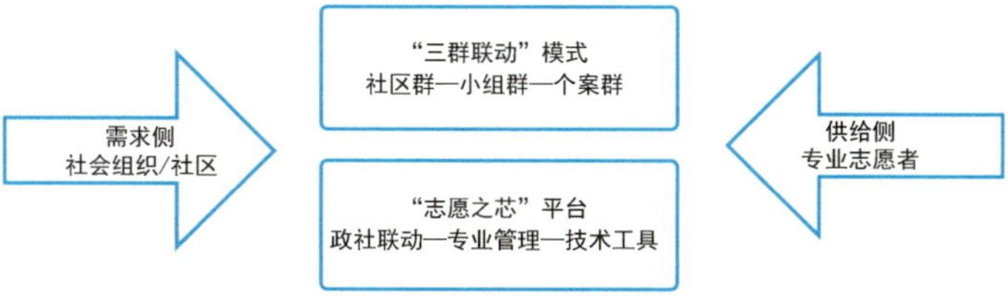

图22－3　i will志愿者联合行动服务机制图

资料来源：北京博能志愿公益基金会

（二）"三师"的提出及协作

首先，考虑到疫情的特殊性，医护人员在线上为灾区居民提供疾病预防指导能够在一定程度上缓解居民因为紧张而涌向医院的就诊压力；其次，长期居家隔离也容易使得个人情绪或家庭关系出现紧张，心理咨询师便能够在纾解居民不安情绪、调节家庭矛盾方面发挥作用；最后，社工师的必要性在于其在社区防疫中的关键地位。据杨团老师研判，社区是医院的上游，若不能在社区层面对居民进行很好地疏导、安抚与服务，位于下游的其他单位，尤其是医院就会面临极大的压力，因此社工师的存在对于整个政府以及社会的稳定都是非常重要的。

一线行动组的志愿服务实行每个小组三班倒的模式，每班次配备医师、心理咨询师、社工师各两人，共计六人，一天分三个班次，从早上 6 点到晚上 11 点进行线上答疑与辅导，咨询较多时，也会适当延长工作时间，咨询内容主要包括身体健康、心理情绪、隔离问题、生活情况、家人关系等方面，各专家依据不同的专长予以解答和安抚，并提出居家隔离期间生活、娱乐和心理保健方面的建议。

在抗疫响应的不同时期，三师的构成也随着不同地域的情境需要而变动。比如，从武汉所形成的“三师”模式出发，其他地区如黑龙江、吉林均复制了此模式，且愈加成熟；在北京的两轮防疫中，在新冠防疫知识普及的基础上，医师的角色逐渐淡化，心理咨询师和社工师则承担了较多的工作；对于海外的援助，则在三师的基础上，增加了律师，形成“四师”模式，主要负责为服务对象解答疑惑，处理在信息和物资方面的法律问题，保障线上支持与服务顺畅进行。

（三）“三线”的分工及运作

“三线志愿者联动”指由三线建制式的专业志愿者社群，通过集群化联动，为在地志愿者和社区所提供的专业志愿服务模式。I will

项目组充分发挥“中台”的作用，将志愿者们分为直接服务疫区困难群体的一线志愿者、服务于一线志愿者管理的二线志愿者和服务于整体行动的三线志愿者。一、二、三线的网络结构成为支持一线三师联动抗疫的运营机制，自此，调研、研发和研判融为一体，同向发力。

在 i will 志愿者联合行动组织架构中，总指挥部下设 2 个专家组，分别负责进行政策督导和技术援助，此为三线志愿者的工作内容。

对于二线的志愿者，则根据其特长和经验，将其划归到 6 大模块组中，承担不同的工作任务，由总督导、副总指挥进行协调管理。其中，社区抗疫指通过热线和互联网对疫区人员开展心理辅导、心理咨询等，编写专业辅导资料等有关专业服务。技术中心负责提供技术支持，对疫区需求和相关信息进行科学采集，协助专家志愿者进行相关资料整理等，形成传播信息，供公众科学了解信息。培训中心在线上为一线志愿者提供必要的岗位培训、督导、监测和评估等专业支持。媒体传播指负责新闻传播、撰写新闻稿件与重大活动简报，维护微信、微博账户。项目管理指协助服务队进行日常运营服务，如做好会议记录、相关方联络及其他管理协助工作，支持项目运行工作。合作伙伴组负责与疫区进行线上对接，并协助处理专家、志愿者、捐赠方与疫区的对接和服务。

一线的志愿者主要为“三师”，即社工师、医师和心理咨询师，他们以线上微信群为工作地点，以困难群体的需求为工作内容，相互协作，及时了解、应对需求，并反馈信息给二线、三线志愿者进行参考。

京鄂 i will 志愿者联合行动“三线联动”服务内容见表 22 - 2。

表 22-2 i will 志愿者联合行动“三线联动”

三　线	服务定位	服务人员构成	服务内容
一线志愿者	直接服务疫区困难群体的专业志愿者	由社工师、医师、心理咨询师、律师等组成	提供咨询、辅导、陪伴等社会支持服务
二线志愿者	服务于一线志愿者的管理型志愿者	包括社群管理者、项目经理、志愿者管理者、培训师、督导师、互联网 IT 技师、行政管理与财务管理者、品牌传播和宣传人员等	构建建制化志愿服务运营平台，支持一线志愿者实现最大化服务效益
三线志愿者	服务于整体行动的智库和指挥者	由相关领域和专业的政府领导和干部、专家学者、社会工作领袖等组成	对疫情进行研判，深入调研研究和整合社会资源，对行动做出战略决策，指挥并监督联合行动，确保志愿行动的公信力和社会影响力

资料来源：北京博能志愿公益基金会

四、i will 行动的产出与成效

从 1 月份到 6 月份，i will 联合行动按照区域划分已经历了四波抗疫，分别是武汉、仙桃、黄冈、海南、北京和北美洲、欧洲、澳大利亚与亚洲其他地区，以及黑龙江和吉林。尽管每个地区、国家的文化和内涵不同，但 i will 均能快速进入状态，主要在于二线中台充分发挥自身功能，不同职能模块资源整合，每个专业志愿者的专长和能力都能在其中得到发挥和沉淀①，进而达到了部分之和大于整体的功能。

① 北京博能志愿公益基金会. 团结的力量：专业志愿者自组织的崛起与未来［EB/OL］.（2020-04-26）［2020-09-20］. https://mp.weixin.qq.com/s/61IYAC4HS2Jr-2onXZq7nw.

从翟雁老师在 i will 志愿者联合行动论坛上的发言可知，截至 6 月 30 日，加入 i will 的专业志愿者共有 2 724 人，所开展的志愿者培训有 233 场，志愿者为 2 万多名受疫情影响严重地区的居民和华人留学生群体提供了服务，服务国家和地区有：中国武汉及湖北省周边城市、北京、东北、四川、山东、广州和海南等在地居民与志愿服务组织和团体；北美洲、欧洲、澳大利亚、亚洲 10 多个国家与地区的海外华人、留学生和志愿服务团体。其累计服务捐赠时长为 14.37 万小时。除此之外，i will 的合作组织有 75 家，包括有关部委、企事业单位、院校和众多社会组织、新闻媒体等，形成了多元跨界的协作机制。I will 志愿者联合行动志愿者贡献价值见图 22－4。

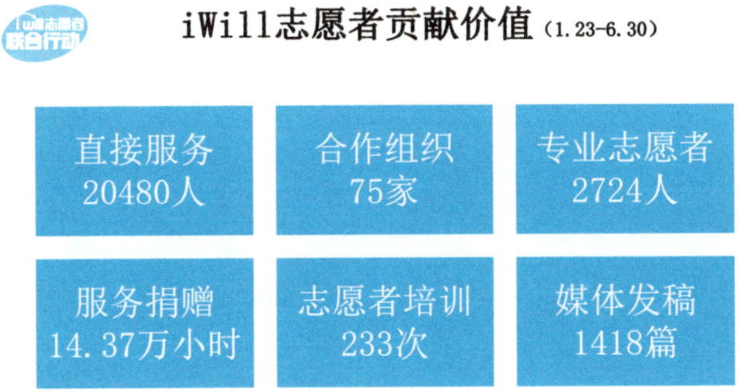

图 22－4　I will 志愿者联合行动志愿者贡献价值图

资料来源：北京博能志愿公益基金会

在服务成效和团体凝聚力方面，志愿者反馈道：“通过三师联动的模式，大家可以根据各自的专业，为武汉居民提供生理、心理、生活多角度的帮助，让居民快速调整心态，从无助绝望、对志愿者不信任、否定任何提供的建议，到情绪稳定、建立信任、能够积极面对眼前的困难。不仅自己走出困境，后期更出现了集体互助的现象。”因为跨地域的线上战疫经历，不少志愿者们也在 i will 平台发现了个人价值和集体归属。

五、i will 行动所面临的困难

（一）整个项目的管理复杂

即便i will志愿者联合行动有政府背书，但行动策略需伴随着疫情的发展和政策的变化而进行调整，在需求人数众多、与疫情争分夺秒的情况下，微信群内虽易于收集居民需求，但对不同需求进行回应的过程中也伴随着无奈，一方面政府在管控物资和协调人力方面存在限制，一方面社会组织存在资金难以补给的问题，作为项目的管理与协调方，i will的主动性难以得到充分发挥。

（二）各机构合作协调困难

京鄂i will自发起以来，品牌力、影响力等方面均得到了提升，合作组织中不仅有之前熟悉的伙伴，也有新的成员申请加入，关于每个组织的合作诉求，组织工作者需要与各方进行对接，并收集其合作意向和目的，在不同的合作机构中寻求能够稳定支持到项目的机构，但实际情况较为复杂，机构之间往往存在意见不统一的情况，为了项目的持续发展，组织方需要做出果断的决策，选择最为合适的合作机构共同发力。

（三）相似组织间的排他性

在庞大的合作机构中，来自各地区、各部门的团体，存在服务对象和领域相似的场景，并共同为有限的资源进行竞争，在大型组织与小型组织的合作过程中，因为组织功能的相似性和大型组织的兼容性，小型组织在服务过程中难免受到挤压和限制，只能通过人为干预调整负面影响，将合作的效力最大化。

六、i will 志愿者管理经验

总体来看，i will 此次对疫情的快速响应与行动离不开博能所一直倡导和建设的专业志愿者管理体系。常态化期间的志愿者管理流程和经验为项目管理团队在应急时期协调专业志愿者力量，使之各尽所长提供了保障。

（一）在最短的时间用最合适的人

自 i will 志愿者联合行动发起，需求侧在和疫区社会组织顺利对接后，迅速组建居民微信服务群，按照居民的身体状况和所面临的问题将其划分到不同的社群中。供给侧的志愿者服务力量面向社会招募，借助的资源包括工作人员与合作伙伴个人的微信朋友圈、微博、抖音、快手等自媒体途径，也有和社会组织的联合招募，同时，i will 自身还专门注册了一个微博，发起了微友行动，在多渠道传播招募信息。

在抗疫热情下，第一阶段报名参与 i will 的志愿者在短短几天内人数骤增，那这些社会力量是否与 i will 的行动目标匹配呢？工作人员在后台信息登记和统计中发现，其实并不是所有的人都适合参与，i will 主要提供“人”的支持与服务，那显然从事物流、餐饮行业等的伙伴便无法直接参与其中。经过调整之后，第二阶段的招募要求更加明确清晰，首先招募最为紧缺的医护人员，接着是具有工作经验的社工师和心理咨询师，由于存在着一定的口碑效应，加上这三类人群各自所在朋友圈的同质性，互相推荐下招募速度极快。到第三阶段，直接服务居民的志愿者数量基本达到饱和，但工作团队发现，推动项目行动有序进行还需要具备政策研究、团队管理、信息传播、新媒体运营、线上工具开发等能力的专业人才，故又着重招募相应的志愿者加入其中。在对情境的分析和把握中，灵活调整工作方法，综合招募加分类招募是 i will 在短时间内招募到合适志愿者的一大经验。

（二）岗前培训，不打无准备之仗

招募到志愿者之后就能立即投入工作了吗？答案是否定的。尽管所招募的志愿者具备足够的专业知识和服务经验，但疫情的突发性、复杂性，工作团队跨地域协作的临时性和对志愿者线上管理的困难性均使得对志愿者进行统一的岗前培训成为必要。

时间就是生命，i will 工作团队分秒必争、夜以继日地开发志愿者服务指南、志愿者培训手册、志愿者服务协议等实用材料。对于大部分志愿者来说，线上开展服务是第一次，很多在线工具的使用也是第一次，为了让每个人掌握工具使用的方法，高效对接工作与运转团队，技术组根据需求选择整理出适合团队使用的工具，制定手册并开展培训。经过一段时间的学习和运用，一、二、三线的志愿者们均能熟悉会议工具、直播工具及文档协作工具的使用。专家和督导们设计志愿者赋能课程，通过线上会议和直播工具为志愿者们开展了不同批次的培训。

一线居民服务志愿者 A：“无论从哪个层面来说，此次抗疫志愿行动都是第一次，作为志愿者，不能仅有一腔热情，及时到位的培训显得尤为必要。服从组织安排，有条不紊地开展工作时，心里才踏实，彼此都是安全的。”

一线居民服务志愿者 B：“保密协议很重要，可以看出 i will 行动快而不盲目，准备时间短但思考问题全面，以前线下服务中需要注意的事项线上也要尽可能做到，是约束，更是保护。”

（三）用战术搭建线上协作网络

经过层层筛选和培训检验，首批 i will 联合行动志愿者迅速投入到抗疫工作中，模式运作成熟后，更多的志愿力量加入。i will 和在地的社会组织如武汉逸飞对接，整体性地开设了若干个服务大群，对服务对象情况有一定了解和掌握后将其分流到不同的群中接受服务。三师志愿者按照一定的比例组建团队并分别进入不同的服务对象群中，大群人数居多，中群适中，小群属于个别案例，小群的服务对象情况好转之后可进入中群甚至大群，故小群发挥着紧急、临时和关键性的作用，中群和大群是持续且稳定的。

对微信服务社群的人员构成比例和工作内容进行考察后发现：以微信群人数上限 500 为准，群内人员构成有服务对象、医师、社工师、心理咨询师、社群管理员、群秘书、记录员等，群管理员和秘书负责发布社群管理规则、服务排班信息、疫情实时监测结果、防疫和居家隔离生活指南；记录员在群内一般不发言，只负责对志愿者服务时长、突发情况和特殊案例进行记录；三师志愿者构成工作团队，选择合适时间相应地提供在线服务，社工师收集和整理服务对象所咨询的问题对接给医师和心理咨询师，同时负责调动群内沟通氛围、处理一些紧张的情绪，将矛盾和冲突降到最低；医师和心理咨询师运用专业知识在群内对居民所咨询的问题进行回复。根据志愿者的观察，居民所提出的问题涉及防疫检疫知识、恐惧焦虑情绪、常见病与慢性病症状及用药、生活物品的购买、公共区域互动和家庭关系、亲子关系改善等，且在不同的阶段所呈现出来的服务需求和提问倾向性不同。

除了面向服务对象的咨询群，志愿者们还建立了自己的工作群，在互助和共建中，讨论复杂案例，迸发服务创意，提供团队支持，凝聚志愿力量，是总体管理和自我管理的结合。而项目管理组作为团队驱动中枢，在加强各组沟通、信息资源对接方面发挥了重要作用。

(四) 激励让志愿服务价值加倍

在 i will 行动的每一个阶段进入尾声时，项目团队均会召开志愿者表彰大会，对在此阶段付出时间和精力的志愿者以及合作机构致谢。激励的形式主要是记录志愿者服务时长并颁发证书和纪念奖牌。志愿者表彰大会不仅是对志愿者们所做贡献的肯定，更是对志愿精神和公益理念的认可与内化。在 i will 平台上，从最开始到结束全程服务的志愿者不在少数。

一线居民服务志愿者 C：“对于我来讲，最大的影响就是一开始由一个人独行变成一大帮子人共同前进，特别是在这个过程中，与各个不同专业的工作人员的配合让我学到了很多的知识，增强了力量感。最大的感受是我们是一个志愿者但同时也是一个有收获的人，我有了更多的视角去看待生命、自己的工作和世界。”

一线居民服务志愿者 D：“居民从无助、到自助、到互助，到希望参加我们的志愿服务，这是心理能量的提升，这是看到生活充满希望的开始。我们撤出微信群的当晚，大家像送家人一样，流露出不舍。那些正能量的反馈是对我们工作的认可，是团队的荣誉，是我们工作最好的见证，能让每一位志愿者感受到价值所在。这次志愿服务将成为我们美好的记忆，感受众志成城、共克时艰的精神，这不仅是爱的传递，更是对生命的唤醒和尊重。”

项目运营管理志愿者 E：“听了大家的发言，我真的很感慨，之前没有直接接触到居民，承担的多是项目沟通与协调的工作，在感受他们境遇的时候仍有距离，但在大家的抗疫服务历程回顾中，我感受到了我所在岗位的价值，在提供志愿服务时，后台也是前台。”

七、i will 行动启示

（一）线上线下相结合，精准匹配供需

在疫情的特殊背景下，线下救援的难度和挑战骤增，i will 运用

互联网技术，开发出线上志愿服务，为在地社区居民和工作者提供远程支持。这不仅在短时间内拓宽了志愿者招募范围、增加了可及性，也在志愿者管理方面减少了实地调配成本。另外，其所搭建的“三线三师三群联动”机制也让需求侧和供给侧在最大程度上达到了平衡，服务对象的需求通过大、中、小不同功能的社群得到筛选，进而较快地被输送到所对应的群中，实现需求和供给的双向匹配，提高了服务效率。此外，对于网络技术和工具的使用，如会议软件、直播软件、多人协作记录程序、打卡程序等均为线上开展服务提供了便捷，增强了人与人之间的联结。

（二）专业志愿者人力资源建制式供给

I will 志愿者联合行动强调志愿者的专业性，不仅体现在专业能力和特长方面，也体现在专业的志愿精神上。一方面与传统的、依靠热情和力量奉献的志愿不同，专业志愿服务更注重科学和组织化的结合，其是在规范的、伦理的、职业道德的、理性的框架下从事志愿服务。另一方面是具有一定的专业精神、志愿精神，强调基于个人的自由意志或一定的财富自由，能够担负自身的服务成本且在第一时间响应[①]。在本次 i will 志愿者联合行动中，通过对专业志愿者进行模块划分，使得来自全国甚至全球的志愿力量能够快速归位，成为抗疫响应和组织运转的重要力量，即让专业的人负责专业的工作以及联合更多具有专业性的人一同工作。

（三）跨界联动，协同行动管理平台搭建

与其说此次 i will 志愿者联合行动是博能基金会的一次尝试，不

① 北京博能志愿公益基金会. i will 志愿者联合行动海外支援抗疫研讨会-联合行动总指挥翟雁老师发言［EB/OL］.（2020－05－04）［2020－09－20］. https://mp.weixin.qq.com/s/Tu85Re1Nx7hVCX4k58Qr6g.

如说这是社会组织面对重大公共卫生危机所开启的联合探索。其中与政府部门的联合尤为突出，政府领导的背景增加了草根社会组织开展服务的信任背书，减少了外部社会组织进入疫区的难度，使得社会组织在短时间内能够快速把握服务对象需求，发挥所长，与政府共同进行抗疫。社会组织之间的联合行动也值得关注，此次疫情暴发，情况的复杂性和不确定性也让联合行动变得更为可能。没有一个组织是能够独立应对困难并发展的，故未来社会的公益需要社会各界积极主动寻求合作的空间和方向，提升面对风险的能力，增加整个社会的福祉。而 i will 志愿者联合行动从此次应急开始，也将在未来走向平台化支持系统，通过专业志愿者对各地 NGO 进行赋能，支持在地化发展与内驱能动是京鄂 i will 志愿者联合行动着手准备和启动的新阶段使命①。

（撰写：宋立琴）

---

① 北京博能志愿公益基金会. 1 500 多名专业志愿者的幕后抗疫行动——京鄂“i will”志愿者联合行动满月记［EB/OL］.（2020－02－23）［2020－09－20］. https://mp.weixin.qq.com/s/E0B6aq7PyiOD3xer02JvOA.

第二十三章　融于协作实践　合于守望相助

——融合中国网络抗疫行动案例

2020年年初，新冠疫情席卷各地，疫情给每个人的生活带来了诸多不便。对心智障碍者及其家庭来说，疫情带来的生存挑战更加艰巨。

心智障碍者，是指先天性智能及发展障碍人群。心智障碍者及其家庭所面临的问题不仅是身心障碍、康复训练和成长教育，还有非常重要的社会认同和融入。费萨尔·阿扎依扎（Faisal Azayza）等的研究表明，必要的社区参与能够让心智障碍者有机会与社会其他成员沟通、学习新的技能、获得成就感和尊重，生理功能和心理健康状况也会随之得到改善。

在中国，康复机构尚能在康复训练领域为心智障碍者助一臂之力，但要使他们获得无障碍人士一般的融入便利还需为其提供更多的社会参与机会。因此，心智障碍者的家长们自发形成了各种互助组织来获得更多的机会。随着这样的组织越来越多，逐渐形成了一张覆盖全国的支持网。于是在2014年，融合中国网络应需而生。

融合中国网络，即“融合中国网络心智障碍者家长组织网络”，是由全国范围内的心智障碍者家长组织和家长互助小组自愿组成的非营利性网络化组织。其理念是通过家长社群影响周边的人，让心智障碍者融入社区、走入公共视野，并且获得包容、接纳和尊重。自成立以来，融合中国网络为全国各地心智障碍者家长组织开展信息分享、组织培训、资源共享、传播和倡导融合理念等活动，致力于推动心智障碍者平等地进行社会参与。

在疫情下，融合中国网络团队作为一个民间机构，自行动之初便明确了自己的角色定位，即事件通报者、资源链接者和家庭陪伴者，积极为心智障碍者及其家庭奔走相助。

一、 及时雨：特需家庭疫情防控期间紧急救助网络

新冠病毒有极强的传染性，隔离是阻止病毒传播最好的方式。但是对心智障碍儿童来说，隔离意味着社会参与机会的减少。他们正常的康复进程被打乱，长期封闭在有限的空间里。有些孩子还会面临用药困难的问题，许多治疗型药物在疫情防控期间供不应求、运输困难。最引人关注的还是家庭照顾问题。在心智障碍儿童的家庭中，家长承担了绝大多数的职责，如果家长被隔离，孩子们就会面临短时间内无人照顾的风险。而即使在家长与孩子都在家的情况下，也存在种种问题：孩子的康复训练该如何进行？孩子的情绪该如何疏导？家长们如何在照顾孩子的同时，保持自己的身心健康、情绪稳定？

在这样的重重问题与焦虑之下，融合中国网络努力去行动，但起初救助范围太广，缺少章法。1 月 29 日，融合中国网络召集核心伙伴举行紧急会议，决定建立“特殊需求困难家庭疫情期间紧急救助网络”（以下简称紧急救助网络），希望通过家长组织和服务机构把心智障碍者家庭联结起来，让特殊家庭能够得到及时救助。

2 月 2 日，融合中国网络借助其官方公众号发布《特殊需求困难家庭疫情期间紧急救助网络响应机制启动》，面向全国招募有意愿加入紧急救助网络的家长互助组织和有关社会服务组织，力求可以及时发现需求，借助现有的政府行政网络将情况进行传达，促进信息的反馈。同时，在此期间对有紧急需求的家庭提供必要的陪伴、支持和资源链接，让心智障碍者及其家庭获得一定的安全感和基本生活保障。

文章一经发布，收到了来自全国总计 307 个家长互助组织、社会服务组织和志愿者组织的踊跃报名。经过融合中国网络的筛选，最终有 294 个组织被纳入网络，成为网格节点。

融合中国网络理事长戴榕女士在采访中多次强调，紧急救助网络就像毛细血管一样，能够为散落在各个地区的心智障碍者家庭提供支持；同时又像神经末梢一样，能够感知到这些家庭的需求，并反馈到中枢神经，从而使中枢神经做出更准确的介入。紧急救助网络的工作主要包括疫情防控期间家庭求助信息处理，防护物资的对接和发放，与各残疾人联合会、社区等相关部门密切联系，为心智障碍者家庭提供线上康复服务支持，以及通过媒体为心智障碍者及其家庭发声。

（一）多对一，紧急个案救助

2 月 25 日，一位来自广东东莞的单亲妈妈发来求助：张妈妈和 13 岁的孤独症儿子在东莞租房子居住，没有固定收入；儿子正值青春期，有严重的情绪问题与攻击行为；因为隔离管控，张妈妈无法做兼职，家庭温饱难以保证，而且儿子逐渐有了极端行为。压力之下，张妈妈不知所措。紧急救助网络的工作人员接收到求助信息后，当天就为张妈妈母子对接了当地特教护星队，为孩子提供线上干预支持，同时还向当地的家长组织东莞彩虹伞进一步核实家庭情况，讨论救助事宜。26 日晚，彩虹伞为张妈妈母子带来了当地的支持资源：有爱心人士为张妈妈订购了粮食、肉、蔬菜等，解决了其基本的温饱问题；针对孩子的情况，工作人员联系社区跟进申请低保事宜；孩子就读的公立康复学校也持续关注母子二人的情况。3 月 5 日，张妈妈收到了爱心单位支援的防疫物资，并且其儿子的情绪问题也在康复学校老师一对一的指导下有所好转。

在这一个案救助中，紧急救助网络好比传声筒、连接桥，将个案家庭对接到当地的家长组织，再由当地的家长组织根据案主需求链接当地专业机构和其他有效的资源。必要时，紧急救助网络也会将家长的诉求反馈给政府有关部门，并及时和社区、医院、精神残疾人及亲友协会、残疾人联合会等取得联系，获得更多支持，形成多对一帮扶救助的形式。

据统计，紧急救助网络的个案救助服务需求可以分为六大类，分别是：① 因家人隔离而缺少照顾；② 因疫情导致家庭面临生存温饱问题；③ 特殊用药、口罩等重要医疗物资短缺；④ 心智障碍者及其家人的情绪疏导与行为管控等；⑤ 因滞留发源地而急需住所等；⑥ 转院、就诊、线上医疗咨询等。紧急救助网络自成立以来已经接手并跟进了 20 余例个案服务，范围涉及武汉、北京、重庆等地。每一个个案都被清楚记录在册，基本得到了妥善的解决，达到了组织初衷。

（二）一对多，精品服务输出

网络平台不受地理空间限制的优点在疫情暴发后被凸显。融合中国网络借助紧急救助网络的建立和发展，采取了一系列线上行动。

一是联合各地家长组织（如北京融爱融乐、广州扬爱、西安满天星、长春喜爱加等）开展丰富多彩的线上互动活动。同时融合中国网络作为中枢平台，在各个家长群中传播活动，使各地家长和孩子能够跟随线上主持活动的老师或家长的步伐，在自己家中参与活动，适当放松。

二是信息推送。为了达到积极预防的效果，融合中国网络特别整理了疫情最新进展、政府政策和应对疫情的科学措施等，以文章形式在公众号上发布，确保每个家庭能够获得多方面、多元化的支持。

三是线上辅导与交流。例如推出“小萌课堂”进行线上赋能，内容包括针对孩子的居家康复课程，针对家长的疗愈活动等。此外还有在社群里开展一些“家务小能手”打卡、才艺表演、绘画作品评选等活动，这些活动不仅能够丰富孩子们的居家隔离生活，也帮助家长们减轻压力、获取新知识。

四是组织家长论坛，分享相关资讯和政策。融合中国网络组织了多期家长论坛，集结专业力量与团体支持，为疫情下更显脆弱的心智障碍者家庭保驾护航。

（三）专对专，四大项目助力

对于心智障碍群体，公益组织提供的帮助绝对不只针对心智障碍者个体。融合中国网络在家庭支持方面的行动尤其突出。其整合了一些康复训练和特殊教育资源，如北京利智、青岛以琳、星星雨、WABC、北大医疗、海豚乐乐等专业康复机构课程，通过社会工作者、特殊教育教师等，赋能当地的家长和小组。

其中最具代表性的是由融合中国网络、北京利智康复中心、海豚乐乐儿童发展中心、WABC 无障碍艺途负责的四大线上服务项目。早在行动前期，融合中国网络就对湖北省九个地区进行需求调研，并根据调研结果联系了诸多资源提供方。最终融合中国网络推出了线上融合伙伴服务，通过招募在校大学生开展与心智障碍者家庭一对一的线上陪伴志愿服务，即使足不出户也能满足其必要的社交需求。由北京利智研发的大龄儿童自主生活线上服务面向 15 岁以上需要提升自我生活能力的心智障碍者，帮助其在没有家长照顾的特殊情况下独立完成自主生活的挑战。海豚乐乐研发了特教护星队，由特殊教育教师为低龄孤独症患者家庭开展一对一线上服务，即使在隔离期间也能继续康复训练。WABC 无障碍艺途研发的 WABC 线上艺术陪伴，通过艺术疗愈行动助力心智障碍者家庭，缓解孩子们与家长的焦虑情绪，使其在艺术疗愈中获得力量，保持乐观的心态。

融合中国网络紧急救助工作布局见图 23－1。

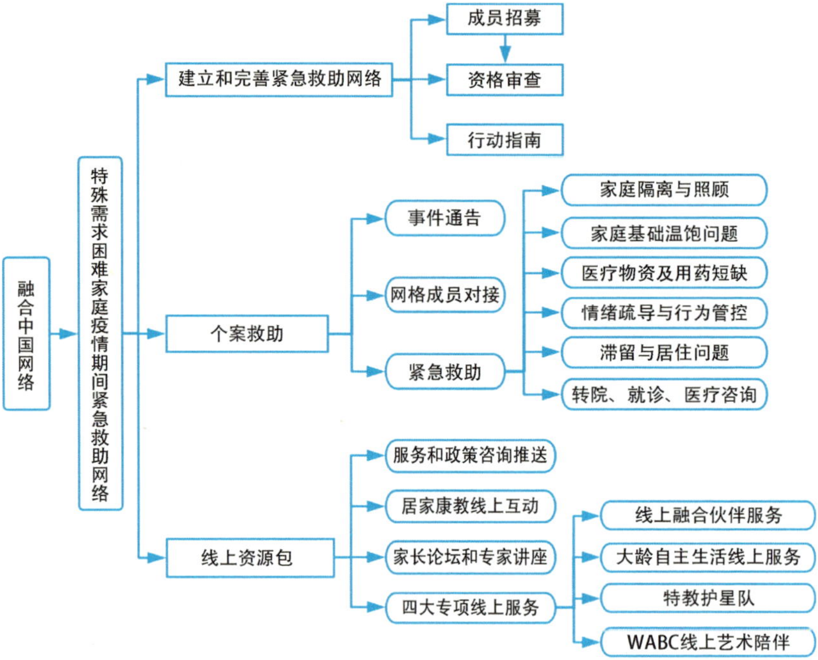

图 23－1　紧急救助网络工作布局图

二、融合者：链接多方，沟通协作，共筑融合生态

融合中国网络如同一个枢纽，将心智障碍者家庭、专业服务机构与康复机构、各级政府和官方团体组织等紧密相连，在网络技术的支持下推动建立了心智障碍者疫情防控期间有效运作的融合生态系统。

（一）孩童参与，家长助力

心智障碍儿童及其家庭无疑是重点关注的对象，借助紧急救助网络，专业人员和志愿者发挥各自所长，进行一对一的有效服务。融合中国网络特别推出了“照顾清单”，给心智障碍者家庭提供了一个模板。如果家庭发生变故，孩子需要他人照料时，这个照顾清单能够起到一定的指导作用。孩子们不只是等待救助的弱者，也是传递积极战疫能量的小使者，他们用五彩斑斓的画作（见图 23－2）为抗疫注入了力量。此外，家长们也积极行动，通过线上采访，融合中国网络集合了十余位家长的采访组成战疫人物专访系列，与全网家长分享经验和感受。

图 23－2 《携手抗疫 | 我想告诉你的，都在画里》儿童绘画图

（二）多方所需，专业对接，打造良性循环

除了家长和孩子，心智障碍者的康复生态中还有一个重要的组成部分——康复服务机构。疫情发生后，孩子们被迫停止了专业康复训练，康复服务机构也没有了收入来源，面临倒闭的风险。融合中国网络尝试着搭建这些服务机构和家长之间的交流平台：首先，开线上座谈会，了解康复机构的现状和困境；其次，做家长调研，询问家长们对于线上康复的意愿和可承受价位；最后，对接双方的需求和资源。

在多方不断的努力下，融合中国网络总共对 100 多个康复机构、将近 4 000 个心智障碍者家庭做了调研，确认了家长愿意接受线上服务、康复机构也愿意开发线上服务的共识。根据这样的需求，融合中国网络和深圳壹基金公益基金会携手搭建了一个线上康复教育的服务平台，联动行业内比较优质的康复教育机构，为疫情防控期间的心智障碍者家庭等提供陪伴服务，并为偏远地区和经济欠发达地区的心智障碍者家庭提供康复补贴，从而形成良性循环。

（三）层层递进，积极回应诉求，共筑融合生态

疫情暴发后，很多人都遇到了生活上的困难，因此仅依靠政府部门无缝隙地照顾到每个心智障碍者家庭是比较困难的，但公益组织可以填补政府在救助中无暇顾及的部分。

以紧急救助网络中“特殊药物需求”为例，当得知患有癫痫的湖北孩子因封路导致用药断供后，经网格成员及时告知该消息后，融合中国网络第一时间联系到医生提供在线解答患者问题的服务，以有效控制病情。同时，在解决“最后一公里”的问题上，先是与多方沟通确定了比较便于操作的物料形式，然后联系当地志愿者团队对接微笑明天基金会尝试解决，未果后再努力上报给湖北省精神残疾人及亲友协会（以下简称精协）、湖北省残疾人联合会申请支援，最后家长们借助媒体力量，由九州通公司专人专车服务，为湖北地区癫痫患儿解决购药送药等问题。为了保证在药物供给问题上不再犯难，融合中国网络积极联系当地政府和有关部门，与省精协、残疾人联合会反复沟通协商。自此，药物供给不再是一个家庭、几个公益组织与物流的问题，而是一个由政府把关、专家助力、物流运输、家长组织和志愿者参与的层层合作。

学者索洛克（Sollock）和凯斯（Keys）认为，心智障碍者的需求同非障碍人士相比，从本质上来说并没有差异，但他们却无法获得和无障碍人士一样的生活质量，这很大程度上与来自社会的歧视和偏见使其无法融入社区有关。[①] 而融合中国网络成立的初衷就是促进心智障碍人士平等地融入社会，所以即使在疫情防控期间，他们也在积

① 来晓维．社区休闲参与对改善特殊群体生活质量的影响：基于国外相关案例的研究［J］．湖北理工学院学报（人文社会科学版），2017，34（5）：19－24.

极借助媒体、网络等力量让大众了解、理解这个群体。影响最突出的就是4·2世界孤独症日的蓝色行动。此次行动动员社群成员超过7万人次，原创微信公众号阅读量破16万次，微博阅读量达7.6万次，抖音点击量达10.5万次，其他渠道阅读量超过137万次，极大地提升了融合中国网络的社会影响力。

从个体一对一精准救助，到社会性的全民互动参与，融合中国网络与众多家长组织一起为心智障碍者群体勾勒出疫情下的新型融合生态系统图（见图23-3）。

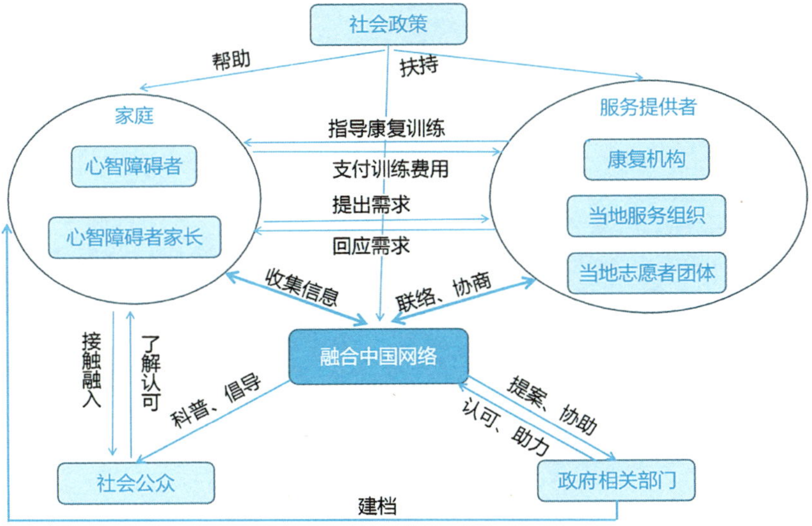

图23-3　心智障碍者融合生态图

三、践行派：无惧难，有恒心

在为心智障碍者及其家庭提供支援与帮助的道路上，融合中国网络不惧艰难、恒心践行，最终形成了网格化区域管理、及时跟进的个案服务、需求导向型专业项目和家长互助式交流平台。这与其在面对挑战和困难时的积极应对是分不开的。

（一）前方多歧路

首先，这次疫情暴露了组织缺少与当地社区的资源链接的问题。在紧急事件发生时，尤其是在服务对象的康复计划被中断时，融合中国网络不能快速地与当地服务机构进行对接。

其次，融合中国网络成立时间不长，对紧急事件的应对缺乏经验，因此在疫情初期困难重重。

最后，宏观政策不够完善，使组织缺乏重要支持，这也是大多数同类组织面临的问题。国家在公共卫生事件下的应急响应机制不够健全，社会服务组织可助一臂之力但缺乏正式渠道，最终形成一些当地政府大范围调配效率不尽如人意、社会服务组织小范围助力覆盖不足的局面。

（二）应对亦有方

在与当地社区建立资源链接方面，融合中国网络通过紧急救助网络的建设以及线上线下双边服务，加强与街道、居委会和当地服务组织等的交流与合作，建立更深层的联结。同时通过一系列大型活动加强自身品牌建设和维护，扩大影响力，使更多服务对象知晓求助渠道，也让更多潜在资源提供方成为可能的合作方。

在紧急事件应对方面，融合中国网络在需求调研的基础上紧急联系行业内专业机构，策划对口线上服务，开通多种渠道进行资金筹措。在家长组织和服务机构需求沟通会的基础上，融合中国网络完成了《应急救助网络成员行动指南》和《家长组织紧急事件应急救助预案及附件》，承诺紧急救助网络在疫情解除后将形成常态化机制，一旦有危机发生，可以迅速响应，为心智障碍者家庭提供紧急救助。

在宏观政策方面，积极发挥社会组织的政策倡导功能，加强与政府的合作，积极协调，让政府明确看到社会组织的能力与决心。2020年两会（全国人民代表大会和中国人民政治协商会议）期间，其运营支持主题晓更助残基金会通过人大代表提交了《建议多部门协同加强保障特困群体的应急预案响应机制及体系建设》。此外，还作为民间社会组织专业力量参与编写了中国残疾人联合会《重大传染病疫情残疾人防护指南（试行）》和《重大传染病疫情残疾人防护社会支持服务指南（试行）》。将本次抗疫行动中的经验、方法与技术进行总结，为今后特殊情况下的残障人士服务提供重要指导，有效保障心智障碍群体的人身安全与合法权益。

四、探索者：独行难，众行远

总体而言，融合中国网络作为一个专门为心智障碍群体提供帮助的社会组织，在此次公共卫生事件中的行动值得肯定。这归功于组织原本的规模化运营为紧急救助网络的建立与运行奠定了良好的基础；网格化管理又有效扩大了服务覆盖面，有利于今后组织服务的可持续发展；积极对接家庭与专业机构，为两者形成良性循环搭桥牵线。而其能够如此精准瞄准服务需求，一方面是认真进行需求调研的结果，另一方面是对实现障碍人士权利保障的切实执行。

但融合中国网络的行动也存在遗憾之处，例如许多专业服务缺乏科学的评估指标，取而代之的是来自服务对象、志愿者、服务提供者的主观反馈。尽管这些反馈内容十分丰富，但缺乏系统的梳理。就整体行业来看，社会组织无疑是政府的有效助力方与专业合作者，在重大公共卫生危机发生时，可以成为政府的有力助手。因此，明确与政府的正式合作渠道并进行大规模推广，值得行业组织和学者们的进一步探索。

疫情只是一个特殊背景，隔离只是更加凸显出心智障碍者的不利处境。2008年联合国制定的《残疾人权利公约》实现了国际社会在解决残障人士问题上从“医学模式”到“社会模式”的转换，强调权利主体的概念，但这一概念未能在大众之中得到普及和理解。对于残障人士而言，阻碍个人发展的从来不只是生理性原因，更多来自社会环境的限制。真正的平等和便利，绝对不是带着同情给予特殊帮助，而是真正创造合理便利的无障碍生活环境，让残障人士也能够参与普通教育、融入社区、参与社会公共事务。要达到这一应有愿景，不仅需要残障人士积极争取自身的权利，也需要政府和融合中国网络这样的专业组织的努力，更需要社会大众的参与。独行虽难，众行必远。

（撰写：陈雪）

第二十四章　青年公益人的联合抗疫

——“武汉银杏在行动”行动案例

2010 年，南都公益基金会发起并执行了“银杏伙伴成长计划”，该项目旨在资助具有公益担当的青年人突破成长的瓶颈，成为推动某一公益领域发展的领袖型人才，同时也倡导社会各界一起支持公益人才、搭建公益人才成长的支持体系。基于此项目良好的立意与发展趋势，南都公益基金会决定将其独立出来，使之成为一个更加公共化的平台。2015 年 7 月，北京市银杏公益基金会（以下简称银杏基金会）成立，以期与青年行动者们一起解决社会问题，产生联合影响力。[①] 银杏基金会将组织的发展重点放在与“人”的联结上，即通过给予公益人一些小额资助和一些长期的情感支持，建立他们之间横向的联系和一个能对社会问题予以回应的整体系统。[②] 面对疫情，“银杏伙伴成长计划”聚集起来的青年公益人才展现出了自身的责任担当，发起了“武汉银杏在行动”（以下简称武汉银杏）。本章以该行动为例，探讨青年公益人在突发性公共卫生危机面前，如何发挥联动作用，串联起生命之网。

一、行动：疫情中公益青年的联合

2020 年 2 月初，武汉银杏迅速响应疫情中患者的需求，开展制氧机和血氧仪两项重要医疗物资的筹措、采购等相关工作，并在这一过程中搭建了湖北省制氧机捐赠信息平台，使捐助更加有效、透明。

---

① 银杏基金会．机构简介［EB/OL］. http://www.ginkgofoundation.org/12.

② WorkFace. 十问｜林红：疫情之下处处危急，“武汉银杏行动”尽显职业公益人的有章有法［EB/OL］. https://www.sohu.com/a/373922039_264034.

截至 2 月 22 日，通过 1V1（对个人）与 1VN（医院、救助站）的匹配方式，武汉银杏完成了 2 584 台制氧机和 3 731 台血氧仪的输送；截至 3 月 11 日，输送了约 3 000 台制氧机到湖北省 14 个城市 62 个区县的 158 个医疗点，受益人达上万人次。[①]

（一）制氧机与血氧仪的供给

武汉银杏创始人之一郝南通过与专业医生的讨论并结合自身的专业判断，发现制氧机是治疗新冠肺炎的关键设备。制氧机能够为居家隔离患者提供吸氧帮助，血氧仪则能够监测患者的血氧饱和度，进而有效提高患者的存活率。在制氧机与血氧仪的供给过程中，武汉银杏遇到的最大问题是运输。由于交通管制，各地对来往车辆管控严格且湖北省的交通也受到影响。2 月 9 日，武汉银杏在向黄冈市运输物资的过程中，装载着 230 台制氧机的汽车被拦了下来。在武汉银杏的斡旋下，这批制氧机被转移到另一辆车上，终于在 10 号凌晨抵达湖北省黄冈市英山县人民医院（见图 24－1）。

图 24－1　230 台制氧机顺利抵达湖北省黄冈市英山县人民医院

① 深圳市慈善会．深善观察丨战“疫”“益”有道之涟漪效应下的生命接力：武汉银杏在行动［EB/OL］．https://mp.weixin.qq.com/s/OrNYOQeTE1u4dxFsi8czGA.

在制氧机与血氧仪的供给行动中志愿者发挥着极其重要的作用。专业志愿者积极收集信息辅助行动决策，配送志愿者完成“最后一公里”的重任。1V1 配送是非常重要的志愿服务内容，为了确保配送志愿者的安全，武汉银杏与 NCP 生命支援经过研究，提出了“无接触发放流程”（见图 24－2），并制定了《医疗物资配送志愿者个人防护指南》，最大限度地减少配送过程中志愿者的感染风险。另外，武汉银杏还发起了“防控新冠公益行动者防疫保险资助保障行动”项目，为一线志愿者和社区工作者购买保险，保障志愿者们的人身安全与利益。

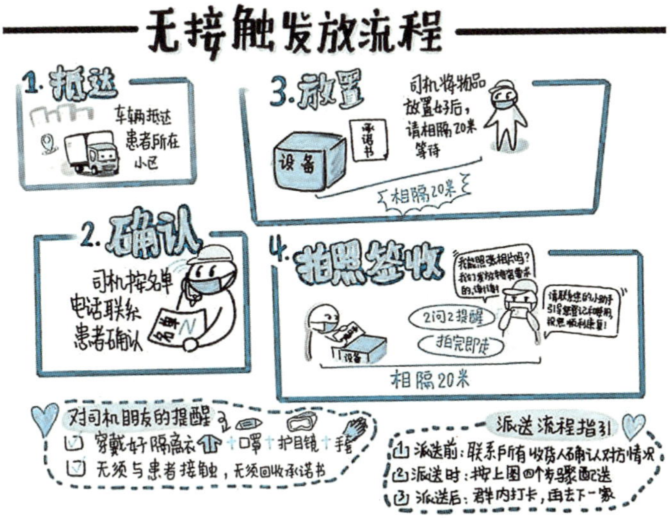

图 24－2　无接触发放流程示意图

（二）制氧机信息平台的搭建

为了让捐助更加有效、透明，武汉银杏创建了湖北省制氧机捐赠信息平台（见图 24－3）。该平台是一个公共平台，希望为有制氧机需求的医院提供支持，为计划捐赠制氧机的社会组织、企业和个人提供公益信息服务支持。截至 2020 年 2 月 22 日，平台根据对超过 5 000

台制氧机捐赠流向的调查，绘制了防治湖北新冠肺炎民间捐赠制氧机数量统计图。

（三）抗疫经验的国际化推广

鉴于全球疫情的严峻形势，3 月 10 日，武汉银杏成立了“新冠病毒感染国际救助小组”，将此前救援行动中的第一手经验总结为《应对新冠病毒感染疫情实用建议手册》（见图 24－4），翻译后传递给各国有需要的专业组织和个人，为受疫情影响的人们提供救援支持。4 月 6 日，英文版手册正式在银杏基金会官网上线。同时，武汉银杏也通过各国使领馆、各国商会和协会、跨国公司总部和分支机构、各国医疗救助机构和医护人员群体、华侨和留学生群体与媒体等，将救援行动经验在国际上传播。

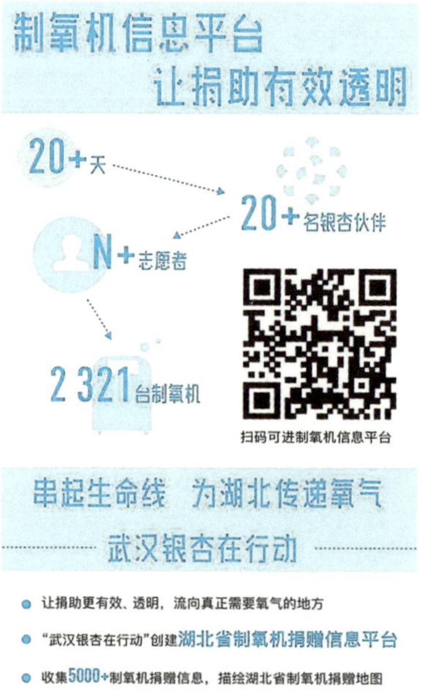

图 24－3　湖北省制氧机捐赠信息平台海报

图 24－4　《应对新冠病毒感染疫情实用建议手册》封面

二、担当：公益青年抗疫的合力

（一）以专业素养赋能抗疫行动

新冠病毒的一大特点就是对人体呼吸道造成伤害。一些患者无法撑到后续的治疗阶段就是因为体内氧气含量不足，难以维持生命。[①]

在行动方向的选择上，专业人士的判断和公益人的专业素养成为行动能够产生积极影响的重要前提。面对突发公共卫生事件，公益人需要保持清醒的头脑，甄别真实需求，发掘潜在需求，才能把抗疫行动落在实处。为此社会组织要加强人才吸引与培育，在行动开始前通过专家咨询等确立行动战略，从而为项目的稳步推进打下坚实的基础。

在此次抗疫行动中，除武汉银杏外的其他银杏伙伴也在积极敏锐地发现社会问题。有的伙伴发现了心智障碍人群的需求，便组织全国性的网络来帮助心智障碍者家庭；从事流动人口社区工作的伙伴结合自身机构的工作内容与疫情下的现实需求，有针对性地为失去经济来源或者因为父母被隔离孩子得不到照顾的家庭提供援助。银杏伙伴们的这些行动也启发公益从业者们在面对公共危机时，除了可以采取常规的支持性行动，也要积极根据自身优势，协助政府部门更好地履行服务职能。

（二）以社会资本促进社会整合

在抗击疫情的行动中，武汉银杏根据实际情况调整执行方案，以确保能够高效地响应不同的需求。在武汉银杏的协作群里，大家积极进行信息共享与行动商讨，而后各司其职，工作井然有序。社会资本

---

① 银杏基金会．爱心接力，武汉银杏在行动［EB/OL］．https://mp.weixin.qq.com/s/XIOKDVf5W41wJ33h0bFzSg.

在银杏伙伴成长计划下逐步积累，而今厚积薄发。

社会资本指的是社会主体间紧密联系的状态及其特征，只有成为该网络的成员或建立起网络联系，才能使用该资本。[①] 郭丽婷指出，社会资本中人与人之间的互动会形成一个相对稳定的关联体系，并且可以在很大程度上降低体系内成员之间的信息不对称，增加成员拥有的信息量。[②] 可见，在社会资本的作用下，社会主体通过密切合作能够在一定程度上提高社会效率与社会整合度。武汉银杏在此次抗疫行动中便发挥了社会资本的作用。

在武汉银杏链接外部主体网络的过程中，由于社会组织日常的工作与社会各界紧密贴合，因而银杏伙伴们有机会认识和接触来自各个行业的人群。此外，银杏伙伴们所在的公益组织具有一定的社会认可度，他们能够利用组织积攒的口碑让大家相互信任，而互助的过程也是巩固信任的过程，从而使社会资本得到再积累。

在武汉银杏成员的工作过程中，核心小组基于长期的合作基础与信任，能够迅速达成共识并默契地开展工作。行动过程中，团队成员利用社交软件线上办公，没有特定的领导者与工作指标。银杏伙伴们根据工作内容在微信群内发布任务、自行领取任务，并分享信息，整个过程以去中心化的模式有序开展。在与其他组织的协作方面，银杏伙伴也积极与其他组织建立合作和信任基础，从而克服远程工作的障碍。例如，最初武汉银杏在与供货商的对接工作中因为不断催促，导致彼此之间产生了一点矛盾，但与供货商讲清楚制氧机的紧迫性，以及通过照片让他们直观了解到制氧机对于病人的帮助后，供货商的态

① 社会资本_百度百科［EB/OL］. https://baike.baidu.com/item/社会资本/2310532?fr=aladdin.

② 郭丽婷. 社会资本：文献回顾与研究展望［J］. 财会月刊，2017，(30)：80-84.

度慢慢改变。后来，从签合同到拨款，再到清点出货贴箱贴、找快递等，几乎都是无缝衔接。在这场生命线的接力中，没有人冷眼旁观，而当大家都全身心投入工作中，上下拧成一股绳时，很多问题都会迎刃而解。

武汉银杏在这场联合抗疫的行动中，以人联结人，而每个人又处在不同的社会网络中，因而衍生出了组织间的联结。时立荣等指出，应急救援社会组织间是技术上的互倚关系，表现为目标性互倚和职能上的接续性互倚。① 在行动中，各协作组织会将行动目标同突发应急事件前、事件中和事件后的应急过程结合起来，据此明确组织在应急救助体系中的职能定位和其协同响应关系，从而使整个应对过程能够迅速而有序地展开。值得注意的是，“抗疫”中的自组织在“价值—结构—行动”的行动框架下，发挥了价值驱动、横向联结和本地嵌入等三重社会整合机制。② 即在参与疫情防控阻击战的过程中，社会组织能够保持统一的价值导向，在资源的链接方面，能够以强关系带动弱关系，发挥资源合力；而行动内容与当地需求的高度契合又能使行动的支持来源增加，从而保持支持网络的畅通。

三、挑战：抗疫联合行动的感与思

（一）规则与人性的博弈

规则与人性的博弈是亘古不变的难题，在此次行动中具体表现为：一对一救助中如何更好地保障志愿者的安全？紧急情况下是否要严格按照计划分配资源？易被忽视的个案需求应如何处理？虽然最后

---

① 时立荣，常亮，周芹．应急救援社会组织联动协同关系研究［J］．江淮论坛，2017（6）：90－94，78，193．

② 张超．“自组织”社会整合的三重机制：基于 COVID－19 疫情治理中志愿组织的“抗疫”考察［J］．杭州师范大学学报（社会科学版），2020，42（4）：104－112．

武汉银杏调整了行动策略，停止了一部分一对一救助，但是行动中还是会遇到令人左右为难的选择。能够确定的是，公益从业者在整个行动流程中必须做到过程公开、程序正当与结果公平，严格管理与控制，才能保证整个行动的公信力。

（二）政社联动机制亟待健全

相较于行动计划中由公益人串联起来的社社联动，政社联动存在一定程度的缺位。关信平指出，社会公益事业与政府的社会政策是两套并行的行动体系，它们具有总体相同的目标和不同的体制机制，应该在二者之间建立双赢的机制和相互的制度与功能衔接。① 从此次抗疫行动中武汉银杏遇到的一些问题可以看出，政府与社会组织的沟通机制有待完善，而这一问题将极大地影响社会组织的行动成本和行动的成效。此外，各式各样的社会组织能在抗疫行动中发现不同人群的不同需求，也能将一些公共性的问题通过自身行动带入公共视野。因而，社会组织在加强专业化与规范化建设的同时，应当积极回应政府，将社会公益事业与政府公共政策衔接起来，从而扩大公益行动的受益范围。

（三）民间救助经验如何真正跨越国界

新冠病毒感染国际救助小组编写并组织志愿者团队翻译了七种语言的《应对新冠病毒感染疫情实用建议手册》，希望将其传递给各个国家和地区有需要的专业组织，为其开展当地救援行动提供经验分享与支持。同时，新冠病毒感染国际救助小组也在推动各国当地需求调研与救助、医疗物资供应信息调研等。该手册与同类手册相比，武汉银杏的产出内容被翻译成多种语言，更有利于国际传播。然而，该手

① 关信平．社会公益事业与政府社会政策的相互促进与衔接［J］．福建论坛（人文社会科学版），2020（7）：171－179．

册以我国民间的抗疫行动经验为切入点，在适用性方面有待考量。

四、结语

武汉银杏联合行动根植于“银杏伙伴成长计划”十年来的积淀，青年公益人已然能够在突发性公共危机中展现应有的责任担当。青年公益人既要有胸怀天下的抱负，又要有脚踏实地的担当。为此，一方面要磨炼专业技能，使行动建立在可靠可持续的基础之上；另一方面青年公益人要注重社会资本的积累，在资源有限与影响力有限的情况下，唯有联合行动才能最大限度克服重重困难。在社会层面，我国的公益生态亟须改善。首先，政府应确立公益组织的合法性地位，减少民间公益行动的成本。其次，政府应明确自身与公益组织的分工，改善沟通机制的同时发挥协同作用。最后，政府与社会组织还应重视公益信息平台的搭建，发挥社会资本的“润滑剂”作用，从而在重大公共危机暴发时能够迅速做出反应。

（撰写：马尧）

第二十五章　看到、融合、发声：找药背后的希望

——中国罕见病联盟-北京病痛挑战公益基金会行动案例

新冠疫情的突然到来，给人们的生活带来了极大挑战。对于原本就存在诸多挑战的罕见病患者这一特定人群来说更是如此。疫情之下，罕见病群体用药难的问题更加凸显，信息不对等、就诊难、购药难、报销难等问题造成了其身体与心理状况的双重恶化。正是看到疫情防控期间这些容易被忽视的“难”，中国罕见病联盟与北京病痛挑战公益基金会于2020年2月10日发起了“新型冠状病毒防控期间罕见病患者用药援助项目”，通过收集罕见病患者紧急用药需求，协调各方资源，力求保障疫情防控期间罕见病患者的求医、用药，更通过融合、赋能、支持等行动策略撬动更多资源，让人们看到罕见病患者这一群体。本章通过对中国罕见病联盟与北京病痛挑战公益基金会（以下简称病痛挑战基金会）行动的梳理、分析和呈现，探索突发事件中罕见病群体公益服务的可行性路径。

一、聚焦：关注疫情之下的“少数”

罕见病是发病率低、种类繁多的一类疾病，多数为遗传性疾病，且很难被治愈。全球已知的罕见病有7 000多种，其中只有不到5%的罕见病具有有效治疗方案。而这5%的患者大多需要通过持续、稳定的用药来维持身体的日常情况，一旦断药很有可能会有生命危险。

（1）信息不对等。有些患者在北京、上海等地工作，平时也在这些地方用药。春节期间回到老家后，因为疫情他们无法及时回到工作

地，而他们对本地就医信息并不了解，不清楚附近的售药点。同样，由于罕见病患者较少受到外界关注，疫情防控期间罕见病患者及其家属应当注意哪些问题、如何缓解病痛带来的症状等信息没有得到充分宣传。

(2) 就诊难，取药、购药困难。很多患者需要在固定医院进行诊断、取药。受疫情影响，许多患者无法按时复诊、拿药。此外，疫情防控期间货物流通和出入境管制都非常严格，代购药物变得非常困难。

(3) 物流受阻。多数罕见病药物需要冷链车来运输，药企或者药厂平时大多有固定的物流合作方，在运输资质上有严格标准和要求。但疫情防控期间很多冷链运输公司停运，重新找合作物流方非常不便。而且很多司机不太愿意冒险去疫情严重的地区。特别是在湖北地区，出行、交通和物流都受到很大限制，很多人不能去医院复诊，药物无法及时送到患者手中，原来依靠远程邮寄方式的患者也无法收到药物。

(4) 医保报销困难。疫情防控期间，湖北许多大医院成为新冠病毒感染患者定点接收医院，其他患者无法正常就医，只能去普通药房买药，导致患者无法享受医保报销。而有些药物非常昂贵，比如血友病患者所需的药物，这给患者带来了很大的经济负担。

上述种种问题导致的用药困难，对患者造成了极大影响。因此，在突发危机下，如何关照这些平时很少被关注的罕见病群体的生存境遇，切实做好罕见病群体的健康支持与心理抚慰，是整个社会亟须思考的问题。

二、 行动：我们看到了，所以我们要做

中国罕见病联盟是经国家卫生健康委员会同意，由具有罕见病诊

疗能力的医疗机构、高校、科研院所、企业等主体自愿联合组成的全国性、非营利性、合作性的交流平台，其日常工作侧重为罕见病患者开展科普讲座，对医生进行专业能力培训；动员联盟医院为患者提供义诊咨询服务、患者用药指导、医保等支持。北京病痛挑战公益基金会是北京市第一家关注罕见病的公益基金会，它致力于通过社群服务、搭建平台、联动多方等途径来共同解决罕见病群体面临的迫切问题，为面临病痛挑战的患者建立平等、受尊重的社会环境。①

病痛挑战基金会主要将抗疫工作重点放在“新型冠状病毒防控期间罕见病患者用药援助项目”（以下简称用药援助项目）以及主办国际罕见病日“三亿个感谢”公益倡导活动，希望为罕见病群体提供及时的就医、用药支持，为其赋能，并逐步优化罕见病领域的公益活动运作模式。

（一）项目发起：不仅是找药，更要让大家充满希望

在疫情防控期间，中国罕见病联盟和病痛挑战基金会主要关注罕见病群体的生存状况。

1. 问题浮现：使命不只是标语，更是行动

即使在平时，罕见病患者的医疗资源都比较紧张，主要是因为治疗罕见病的医生非常稀缺。一方面，有的罕见病在全国范围内只有极少数医院能接诊；另一方面，能治疗罕见病的医生大多集中在北京市、上海市、广州市等一线城市的大医院。所以罕见病患者在平时就有求医难等问题。疫情暴发后，罕见病患者的就医用药变得更加困难。

2 月初，越来越多的罕见病患者及其家属通过社群向社会求助，以求解决罕见病患者的就医、用药等问题。病痛挑战基金会渐渐发

---

① 深度报道｜3 亿个不平凡的感谢，送给一线医护工作者［EB/OL］.（2020－03－02）［2020－09－18］. http://www.shanda960.com/shandaguan/article/19681.

现，罕见病群体就医用药问题在疫情防控期间非常急迫，亟须一些组织或平台站出来为其解决问题。于是，病痛挑战基金会很快行动起来。

2. 信息孤岛：铺开支持性网络，解决“用药难”问题

在单个患者用药援助过程中，病痛挑战基金会发现“用药难”问题产生的关键是信息不对等。信息不对等会造成“信息孤岛”的现象，这对中国罕见病患者来说是普遍存在的问题。例如，很多患者不知道可以到哪里求助，去周围哪些医院可以得到治疗，在附近哪个药房可以获得药物。诸如此类信息的不对等导致很多患者在求医用药上出现障碍和困扰。

因此，病痛挑战基金会要做的就是为各方搭建、铺开一个支持性网络，确保网络中信息对接的准确性、专业性、包容性，为罕见病患者提供药物支援和帮扶方案。

基于之前双方就有深入接触和合作，在共同关注到罕见病患者用药难问题后，中国罕见病联盟与病痛挑战基金会联合组成项目工作组，着手开展“新冠病毒防控期间罕见病患者用药援助项目”。项目发起第一天就接到了50多个需求申请。

（二）项目运作：以融合的状态协同合作，各尽所能

项目发起后，工作组内部应当如何运作，如何对援助信息进行识别、筛选和梳理？如何对接患者需求？如何统筹资源？如何与药物供给方、运输方、志愿者等各方开展有效合作？针对多样化、个性化的罕见病患者需求，用药援助项目工作组如何在提供药物援助的同时疏导患者负面情绪，为患者家属提供心理援助？这些是用药援助项目工作组需要关注的实际问题。

1. 信息管理：分类、安抚、讨论的应对之策

行动面临的第一个挑战就是如何对罕见病患者的需求进行识别与

分类管理。用药援助项目工作组摸索出了一套比较完整的、有利于大家相互配合的工作方案。

第一步，中国罕见病联盟迅速上线了罕见病患者的求助登记系统，收集到患者求助信息之后对接给病痛挑战基金会。

第二步，病痛挑战基金会负责与患者联络和沟通，处理罕见病患者的求助。这是一个比较复杂的工作，常常需要多次沟通，尤其是前期用药援助项目工作组收到的患者求助信息非常多，患者们也都非常焦急。考虑到罕见病治疗在用药上比较特殊，患者需求信息的对接和确认工作格外要求严谨、细致。所以用药援助项目工作组投入了大量人力来处理求助信息的核实工作。他们一对一地与患者进行沟通，确认患者用药规格、供药厂家等，并将这些信息及时梳理和归纳，力争以点带面，系统性解决某一种疾病的患者或某一地区患者的问题。这样之后用药援助项目工作组的商议讨论与反馈才会更加便捷、准确。

第三步，将经过梳理的信息对接给中国罕见病联盟。联盟负责协调包括医院、药厂、物流公司等单位，及时识别与处理对接过程中出现的问题。

2. 融合协作：沟通、协调、链接的审慎艺术

接收到病痛挑战基金会提供的患者信息后，中国罕见病联盟迅速开展需求识别流程。在甄别完患者需求的轻重缓急后，基于已有协作网络，用药援助项目工作组迅速在已经建立合作关系的机构组织、单位中寻找可利用的支持资源，动员协调医院、行业协会、患者组织、药厂等数百家合作主体就近提供帮助。用药援助项目工作组必要时会对接物流方提供紧急运输，把针对性的方案反馈给患者，并跟踪确认问题解决进度，具体运作流程见图 25 - 1。

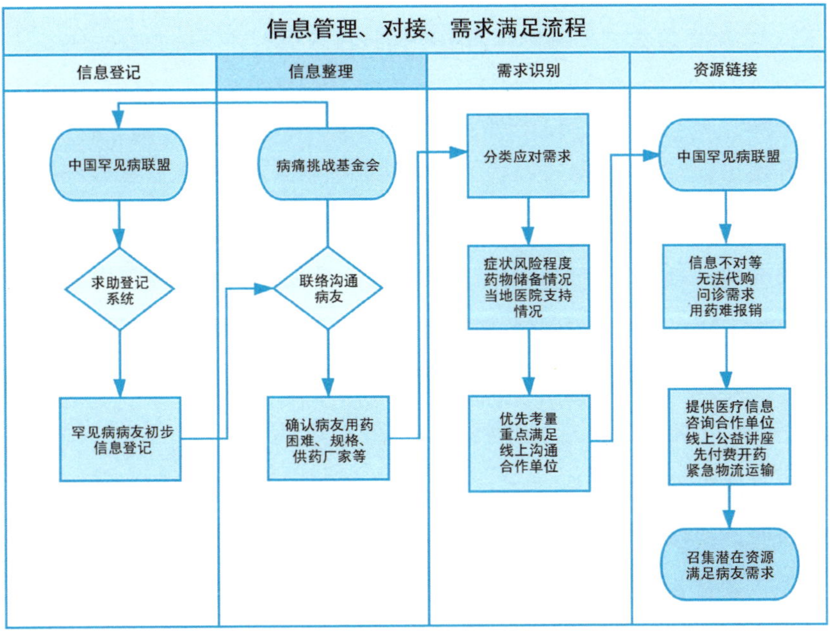

图 25－1　“新型冠状病毒防控期间罕见病患者用药援助项目”运作流程

在已解决的案例中，较有代表性的是硬皮病患者的用药问题解决过程。硬皮病患者所需的一种药物为北京协和医院自制药，只能在北京协和医院买到。用药援助项目工作组与北京协和医院有关科室、医生进行沟通协调，开通患者急需用药绿色通道，在核实患者病例资料、用药需求后，通过远程加号，由志愿者为患者集中拿药，极大提高了行动效率。①

总体而言，面对生命之重，用药援助项目工作组全体秉持审慎、认真和负责的态度，层层落实工作链上的每个细小环节，确保了项目稳步推进，使罕见病患者的健康得到有效保障。

① 北京病痛挑战公益基金会官网＿新冠防控期罕见病药物援助项目进展｜第二期[EB/OL].（2020－02－22）[2020－09－18]. http://www.chinaicf.org/category/news/id/51.

三、思考：疫情之下的协作网络如何行稳致远？

截至 2019 年 2 月，我国罕见病患者已超过 2 000 万人，每年新增患者超过 20 万人。但是，相较于巨大的需求，罕见病患者得到的关注与支持非常有限。疫情暴发后，中国罕见病联盟与病痛挑战基金会积极发动自身与合作方的力量，为正常用药受到影响的罕见病患者提供服务。在多方努力下，至项目终止，有 382 位患者得到了中国罕见病联盟和病痛挑战基金会提供的解决方案。

（一）项目成效：公益情怀与提高效率并不矛盾

对项目进行审视与反思，必须关注的问题之一就是项目开展的成效如何。仅就项目投入与产出而言，如此规模的动员与资源投入，仅为 382 名患者提供支持显然是不符合效率标准的。然而，当我们探究病痛挑战基金会的服务过程，就会发现这种"低效率"背后的价值。

一方面，"绝大多数"普通公众的生命健康自然需要得到保证，但对这些"极少数"的罕见病群体等的关注和支持才是公益组织的使命情怀所在。另一方面，在项目运转中，病痛挑战基金会基于其信息处理优势对患者需求进行识别并对合作方进行动员，展现出了较高的工作效率与工作热情。

此外，病痛挑战基金会也注意到了项目运作的成效问题，即下一步如何对协作流程进行优化，在满足多样化需求的同时扩大项目影响力，提高项目执行力。其涉及的问题包括如何召集更多人手与资源，尤其是能够提供线上支持的医务人员和心理医生，以及打通药物援助的"最后一公里"问题等。如何在满足公益所需的同时提高资源利用效率，最大化项目效益与产出，是病痛挑战基金会以及其他聚焦"少数"群体需求的公益组织需要高度重视的问题。

(二)经验挑战：应急协作网络下一步如何发展

1. 项目经验：基于信任和目标的共同协作

疫情防控期间，病痛挑战基金会所做的工作主要是基于以往经验和优势展开的。用药援助项目工作组有跟罕见病患者打交道的丰富经验，能够耐心地与患者交流沟通、协调解决方案。此次时间紧、任务重的药物援助项目对于病痛挑战基金会来说也是一次对过往工作经验的集中运用，用药援助项目工作组对工作流程的精简，对服务方向的及时调整，以及项目终止后的复盘与反思等同样值得其他公益组织参考。

其中，最大可供复制的经验就是基于信任和目标的协作与线上线下支持的绝佳结合。此次中国罕见病联盟与病痛挑战基金会的顺利合作，是基于中国罕见病联盟资源网络和病痛挑战基金会对需求的准确识别管理，二者与药企、物流公司和医院对接，形成了“信息收集—需求分类—购药支持—日常关怀”的全周期公益模式，双方相互配合，共同推动问题解决。

此外，合作双方都意识到了患者组织网络的重要性。例如之前提及的硬皮病患者购药问题的解决，病痛挑战基金会联合硬皮病患者组织共同参与，由患者组织协助远程会诊、资料收集、药物信息核实和反馈等工作，充分发挥了各自优势。

2. 项目影响：为未来的项目提供参考

从用药援助项目对日常帮扶行动的影响来看，疫情并没有在服务项目和工作策略方面为病痛挑战基金会带来质的变化。但这次行动让基金会在以往经验的基础上，加深了与合作伙伴的关系，收获了更多资源与潜在合作方，这意味着未来可以探索更多的合作可能，为罕见病患者提供更优质的服务。

用药援助项目工作组制定的很多解决方案都适用于某类罕见病患者，而非只对某一个患者有效。因此，此次用药援助项目能为后续工作提供一套标准化工作流程，为应急状态下的“少数”群体支持工作提供参考。

（三）发声赋能：为罕见病群体与行业增添有生力量

病痛挑战基金会十多年来一直坚持对罕见病患者群体的赋能，认为“患者是解决自身问题最有动力、最有潜力的人”。病痛挑战基金会致力于让患者在相关培训中获得自信，增强行动力，推动他们为解决自身问题去发声、去行动。

病痛挑战基金会没有将罕见病患者看作弱势群体，其所有项目的落脚点与出发点都是协助罕见病病人，保障其权益。这种难得的“权益倡导”既包含罕见病患者群体的权利觉醒，也包含群体内部的互助和共融。公益组织的介入是为其增加专业力量，提高患者群体社会化的效率，而不是反客为主。

同时，病痛挑战基金会也意识到，改变公众对罕见病的固有偏见与漠视，对于推进罕见病患者群体的社会融入十分重要。每年国际罕见病日，病痛挑战基金会都会联合各方开展拍摄纪实短片、编撰图文故事、绘制漫画等大型公众活动，推动罕见病患者与公众互动。2020年的国际罕见病日，病痛挑战基金会发起“三亿个感谢”活动，让患者们向人生中最重要的伙伴——医生群体表达最真挚的感谢，这不仅带给了患者们正能量，也有助于消除公众对罕见病患者的误解与偏见。

在这些活动与项目中，病痛挑战基金会也从本地患者社群和其他组织的行动中学到了很多经验。各参与方在合作过程中互相学习，思考公益问题和应急服务的优势与创新点，不断吸纳各方长处来提升自身能力，无疑为罕见病公益行业增添了一大批有生力量。

四、平台驱动，多元融合：病痛挑战基金会撬动多方资源的良方

疫情防控期间，病痛挑战基金会与中国罕见病联盟联合发起的“罕见病患者药物援助项目”以及联合近百家罕见病患者组织发起的“三亿个感谢”公益倡导活动，其实都是致力于让罕见病患者向整个社会发声，为他们逐步建立起平等、受尊重的社会环境。

贯穿这两个项目的，是病痛挑战基金会作为公益组织对自身的清晰认知与定位，即信息平台、协调平台。其作用是采集、管理患者需求，通过各种正式和非正式渠道撬动、链接、盘活多个合作单位资源，并在此过程中挖掘、吸引潜在资源，以最大限度满足罕见病患者的需求。这种“平台驱动—资源链接—需求满足”的协作网络非常值得掌握较多信息资源的公益组织学习和借鉴。

（一）平台驱动：以一己之力撬动多方资源

此次联合行动中，在病痛挑战基金会项目组的沟通协调下，众多成员单位和合作组织，以及一些临时加入的爱心企业互相动员、高效协作，凸显出了人多力量大的优势。

从根本上看，不论是对于患者还是资源支持方，这种合作和支持性网络在某种程度上其实也是搭建起了一个供有关各方进行信息传递与沟通协调的公益性平台。在此次行动中，以病痛挑战基金会项目组为核心的公益平台，通过高效的信息整理与方案制定，连接贯通起了一个个原本看似独立的患者孤岛与医药孤岛，使需求方与资源方迅速对接，形成了一个良好的生态闭环，每一方都可以在这个闭合的生态圈中互助协作，有的放矢地做事。病痛挑战基金会做到了以一己之力撬动多方资源，最快满足患者需求，这也是此次药物援助行动最大的亮点所在。

然而我们在看到病痛挑战基金会行动价值的同时，也要关注到，其之所以能够迅速进行需求识别，择定公益平台定位，其实是基于自身已有的较高的信息获取能力、沟通反馈能力，以及对医院、患者组织等罕见病关键支持资源的丰富掌握，这是此次行动顺利开展的前提。

（二）多元融合：利益之上的公益价值导向

在以病痛挑战基金会项目组为核心平台的协作过程中，各参与方不仅是被动接收信息进行资源调集，而是在病痛挑战基金会提供的信息链引导下，积极主动盘活自身与周边潜在资源链，并在满足罕见病患者需求的过程中，逐步拓展、完善利益链，乃至理解、践行“公益价值链”。这样一个“公益闭环”成功弥合了不同组织间的分歧，各主体方实现了极佳的融合协作。

具体来说，要实现多元主体的密切配合与患者需求的及时满足是非常困难的，单靠公益组织并不能驱动如此多的合作单位积极加入并迅速响应项目组的需求倡导。因此，病痛挑战基金会并未单纯依靠外界的无偿捐助与志愿服务，而是创新性地构建起了一条具备较高可行性与执行力，以“信息链—资源链—利益链—价值链”为特征，多元主体能够参与其中、各尽其责的工作链条，为各方参与提供持续动力。

由此，在整个合作过程中，每一方都感到与有荣焉，也愿意今后再次参与其中，协同助力。这种积极组织牵头、合作单位响应、资源有效链接、行动迅速展开的公益生态圈的催生与拓展，其实也是这次疫情之“危”带来的勃勃生“机”。

（撰写：魏晓莉）